高校篮球训练与教学实践

李春林　朱宗海　罗源凯　主编

全国百佳图书出版单位
吉林出版集团股份有限公司

图书在版编目（CIP）数据

高校篮球训练与教学实践/李春林，朱宗海，
罗源凯主编. —— 长春：吉林出版集团股份有限公司，
2022.8

ISBN 978-7-5731-1811-0

Ⅰ. ①高… Ⅱ. ①李… ②朱… ③罗… Ⅲ. ①篮球运
动－运动训练－教学研究－高等学校 Ⅳ. ①G841.2

中国版本图书馆 CIP 数据核字（2022）第 130220 号

高校篮球训练与教学实践
GAOXIAO LANQIU XUNLIAN YU JIAOXUE SHIJIAN

主　　编：李春林　朱宗海　罗源凯
责任编辑：王晓舟
技术编辑：王会莲
封面设计：豫燕川
开　　本：787mm×1092mm 1/16
字　　数：384 千字
印　　张：15
版　　次：2023 年 8 月第 1 版
印　　次：2023 年 8 月第 1 次印刷

出　　版：吉林出版集团股份有限公司
发　　行：吉林出版集团外语教育有限公司
地　　址：长春市福祉大路 5788 号龙腾国际大厦 B 座 7 层
电　　话：总编办：0431—81629929
印　　刷：吉林省创美堂印刷有限公司

ISBN 978-7-5731-1811-0　　　　定价：68.00元

前言

　　体育是社会发展和人类进步的重要标志，是综合国力和社会文明程度的重要体现。体育在提高人民身体素质和健康水平、促进人的全面发展，丰富人民精神文化生活、推动经济社会发展，激励全国各族人民弘扬追求卓越、突破自我的精神方面，都有着不可替代的作用。而篮球运动作为一项具有高速度、高技巧、高对抗性特点的综合性体育运动，其自发明以来就受到了世界各国人民的欢迎。随着篮球运动的不断发展，越来越多的人参与到了这项充满激情与魅力的体育运动项目当中，这在一定程度上也促进了世界篮球运动整体水平的不断提高。近年来，篮球运动在我国已经有了很大的发展，篮球联赛的成功举办使国人对篮球运动的热情进一步高涨。

　　为使本书全面、新颖、实用，在内容选编中突出了教育性、实用性、科学性与先进性。全书共分为十章，第一章主要阐述高校篮球教学理论基础。第二章至第六章重点研究体育篮球技术训练、体育篮球战术训练、体育篮球心理素质训练、体育篮球综合素质训练以及体育篮球组织工作。第七章至第九章重点研究高校篮球教学目标的创新、教学内容的创新以及教学信息化建设。第十章着重对篮球队伍管理的目标、方法以及选材和竞赛管理做了详细论述。书中所涉及内容紧跟学校体育教育改革的步伐。紧密围绕培养目标，结合高校体育专业教学实际，较全面系统地介绍了篮球运动的固有规律与技术原理及能力的培养等。在此基础上，添加和补充了新的篮球理念，充实了现代篮球运动的新概念，增强了篮球运动的先进性和科学性，旨在为广大学生及体育工作者提供参考。

　　本书在撰写过程中，参阅、借鉴和引用了国内外许多同行的观点和成果，是各位同仁的研究奠定了本书的学术基础，也为高校篮球训练与教学实践的展开提供了理论基础，在此一并感谢。另外，受水平和时间所限，书中难免有疏漏和不当之处，敬请广大读者批评指正。

作　者
2021 年 2 月

目录

第一章 高校篮球教学理论基础

第一节 高校篮球运动教学的任务与内容

一、高校篮球教学的教学任务

（一）制定任务的依据

1. 以学生的身心发展特点和规律为基本依据

在高校篮球教学中，学生的身心发展特点与规律对篮球教学有着非常重要的影响。一般来说，青少年的身体发育都要经历几个敏感时期，在这些敏感期对学生进行篮球运动素质的培养是至关重要的，可以起到事半功倍的效果。相关研究表明，我国国民身体素质发展的高峰期主要是在学生时期，而大学时期尤为重要。因此，在大学阶段加强对学生的篮球运动教育，不仅可以增强学生的体质，满足学生体育需求，还可以开发学生的智力，促进学生的心理健康发展。在大学阶段，可以制订一个科学有效的篮球教学计划，以此来指导学生参与篮球运动，这也是篮球教学的根本任务与目标。

2. 以学生参与篮球运动的兴趣与能力为依据

在高校篮球教学中，要想提高教学的质量，首先就要吸引学生积极主动地参与到篮球教学之中，激发学生主动学习篮球运动的兴趣。而要激发学生学习篮球运动的兴趣，就要根据学生的身心发展特点，结合实际情况，合理选择教学内容与方法，由易到难、由浅入深地帮助学生掌握篮球运动的知识和技能。

3. 以促进学生综合素质的全面发展目标为依据

在高校中开展篮球教学活动的主要目的不仅仅是提高学生的篮球技能，其中一个非常重要的目的就是培养学生的综合素质。因此，高校篮球教学要将学生的综合素质的发展作为主要依据。

第一，在德育方面，现代篮球教学要注重培养学生顽强的意志品质，教导学生要遵循一定的道德规范和准则，努力实现自己的目标。

第二，在智育方面，现代篮球教学要培养和提高学生独立发现问题、解决问题的能力，努力开发学生的智力，提高智力水平。

第三，在美育方面，篮球教学要培养学生感受美、欣赏美的能力，在制定篮球教学任务时要综合考虑学生身心发展的各个方面，促进其综合素质的全面发展。

（二）制定任务的基本程序

1. 了解教学对象

在制定篮球教学任务前，首先要充分了解篮球教学对象的实际情况。主要是要了解与分析学生的体能状况、运动技能水平、篮球知识储备等，并在此基础上制定出科学、合理的篮球教学任务。

2. 分析教学内容

在制定篮球教学任务前，还要充分了解与分析篮球教学内容的特点与功能，因为篮球教学任务的设定与教学内容之间的联系非常密切，可以说，不同的篮球教学内容具有不同的特点与功能，没有无目标与任务的篮球教学内容，也没有无教学内容的篮球教学任务。

3．编制教学任务

篮球教学任务具有重要的指引、导向、评价篮球教学活动质量等作用，因此，篮球教学任务的制定至关重要。在具体的篮球教学活动中，要处处体现篮球教学的任务，要依据篮球教学任务组织与开展教学活动。

（三）高校篮球运动教学的基本任务

1．增强学生的身体素质

良好的身体素质是一个人从事其他工作的重要基础，因此在高校体育教学中，学生身体素质的提高是一个极为重要的方面。篮球运动可以说是一项综合性运动，能有效提高学生的跑、跳、投等能力，通过篮球教学，不仅可以全面增强学生的身体素质，而且还能促进学生心理水平的发展与提高。另外，大学生要提高自己的篮球技能，首先也要提高自身的身体素质。

2．提高学生的篮球知识与技能

高校篮球教学一个重要的目的就是使学生学习和掌握基本的篮球知识与运动技能。其中，篮球知识是学生掌握与提高篮球运动技能的基础和依据，而篮球运动技能中，篮球技术是篮球战术的基础。可以说，篮球运动知识与运动技能之间是相互作用、相互统一的关系，因此在制定教学任务时要高度注意。

3．激发学生的创新意识和能力

高校篮球运动是一项富有创造性的体育活动，在篮球的技战术方面，学生的运动能力具有明显的复杂性、多变性及灵活性。因此，学生的创新意识和创造能力是高校篮球教学过程中非常重要的教学任务之一，学生创新能力的培养是高校篮球教学必须重视的。

4．培养学生的集体精神和意志品质

篮球运动是一项综合性的集体对抗性项目，通过篮球教学能培养学生良好的集体主义精神和顽强的意志品质。首先，通过篮球教学能培养学生顽强的意志品质，使学生形成正确的世界观、人生观以及价值观。其次，篮球教学过程本身就是一个人才培养的过程，能培养学生的各种综合素质。因此，集体主义精神和意志品质的培养也是高校篮球教学的重要任务之一。

二、高校篮球运动的教学内容

我国主要是以教学对象的层次及其目标作为依据，来对高校教学内容进行选择的。以下三个方面为教学的主要内容。

（一）理论知识

对于大学生学习篮球技能与进行篮球活动实践来讲，高校的篮球理论知识的教学具有重要的指导作用。

我国高校篮球运动教学，到目前为止已经形成了比较完善的理论知识体系，其具体内容为：篮球竞赛的组织、规则与裁判法，以及教学训练的理论和技战术分析等，通常情况下，经过学习之后，学生都能够熟练地掌握这些理论知识。

（二）技术动作

技术动作是运动技能中最基础的内容，技术动作的内容有技术动作方法要领、规格及运用等。教师在教学过程中需要重视示范动作的规范性，这样才能够让学生形成正确的技术动作定型，并为之后的教学活动奠定基础。

（三）战术配合

战术配合方法是高校篮球教学中很重要的一项内容，之所以会这样，是因为特定的战术布阵是此项运动集体对抗所形成的主要形式。另外，在篮球运动竞赛中，战术阵势与战术配合是重要特征之一。

在高校篮球实践教学中，全队培养及两三人的基础配合，为篮球配合教学的主要内容，而且在教学过程当中，教师需要达到两点要求，具体如下：①应通过合理、有效的方法，让学生认识并了解人与球移动的攻击点、路线、运用时机及其变化等内容。②应当重视学生的战术配合与协作意识的培养，这样才能够让他们在实战中做到配合默契。

第二节　高校篮球运动教学的原则与方法

篮球教学是教师组织学生进行篮球运动实践的教育认知过程。通过篮球教学的过程，实施对学生的全面素质教育，使学生更深入了解篮球运动的相关知识，掌握篮球运动的方法和技能，进而把篮球运动作为终身体育锻炼、增进健康的方法手段。然而这一特殊的认识过程本身又有其固有的规律，篮球教学只有遵循这些基本规律，才能达到理想的效果。

一、篮球教学中的教学原则

教学原则是教育客观规律在教学过程中的反映，是在长期教学实践中积累起来的具有普遍指导意义的经验总结和概括，是教学过程中必须遵循的准则。具体表现为在篮球教学过程中，教师应按照篮球教学计划，有目的、有组织、有系统地进行教学，同时紧密结合学生自身的特点以及篮球运动的特点，在启发式、讨论式等教学形式的基础上因材施教。篮球教学中主要运用的教学原则可分为以下几点。

（一）自觉积极性原则

自觉积极性原则是指在篮球教学过程中，教师通过各种措施，激发学生自觉学习篮球运动知识的欲望和练习的积极性，从而发挥学生的主动性和创造性的原则。因此，应注意以下几点：①加强思想教育，使学生明确学习目的，端正学习态度，树立勤奋学习的决心，培养他们顽强拼搏、团结互助的良好学风。②根据教学任务和具体条件，严密组织整个教学流程，科学地安排各种技能的学习顺序，使学生充分理解每个技战术的要领、用途、运用时机和动作的变化等，从而提高学生学习的积极性。③积极引导学生多动脑、勤思考、提高学生主动、自觉分析问题和解决问题的能力。④在教学过程中，多鼓励和表扬学习认真并喜欢钻研的学生。⑤教师应积极钻研教材、教法，注意教材内容的多样性、系统性和实用性，并适当增加一些竞赛性的内容，以提高学生的学习兴趣。

（二）直观性原则

直观性原则是指在教学过程中，教师借助学生已有的经验，通过各种形式的感知，丰富学生的感性认识，使学生获得生动的表象，从而更快掌握所学的知识、技能，并培养学生的观察、思维能力的原则。

在篮球教学中，直观性原则具有重要的意义。篮球教学过程是学生认识和掌握运动技能的过程，教师正确的讲解示范，有助于帮助学生建立正确的动作表象，对形成正确的动力定型非常重要。因此，应注意以下几点：①运用多种直观形式和手段进行教学。运用挂图、图片、图表，观看比赛、电影、幻灯片、录像等手段，使学生感知动作的表象以及动作过程中的时间与空间的关系，从而提高教学的效果。②生动形象的语言具有直观的作用。教师在讲解、提示、指导时要运用具有启发性的语言，联系学生已掌握的有关知识、技能，用生动形象的肢体语言，通过分析、比较等方法，使学生较快地理解动作的要领和完成的方法。③在篮球教学过程中还可采用视觉信号（如手势），或利用标志点、线、物等来集中学生的注意力，从而提高教学效果。

（三）从实际出发原则

从实际出发原则是指篮球教学的任务、内容、方法、要求以及运动负荷的安排，要以教学场地、设备、器材、气候等实际条件为基础，力求符合学生的年龄和身体素质发展水平等。因此，应注意以下几点：①要深入调查研究，真正了解学生的思想状况、身体条件、技战术特点、个性特征、家庭背景等各方面的情况，以便能采取有效措施，做到既有统一要求，又能区别对待。②根据学生的实际水平和接受能力来确定教学任务，有的放矢地选择与安排教材内容，组织教法，合理地安排运动负荷。

（四）循序渐进原则

循序渐进原则是指篮球教学的内容、方法和运动负荷的安排必须符合人的认识规律，符合动作技能形成规律和人体生理机能活动变化规律，真正做到由易到难、由简入繁、逐步深入、不断提高。因此，应注意以下几点：①在安排教学内容的组织教法时，一般应遵循由浅入深、由易到难，由已知到未知不断递进的原则。同时，还应注意对易和难、简和繁、浅和深的把握应结合学生的特点和现实条件来全面考虑。②教学方法要结合篮球运动的特点，注意教学过程的连贯性和实效性，及时变换教学步骤，使学生由了解到理解，由掌握到运用，逐步提高。③全面系统与重点突出相结合。对篮球教学内容以及教学活动各个环节的安排，既要考虑到系统连贯，但又不能等量齐观，平均分配，而应抓住其关键的内容，重点地进行教学，以突出重点带动全面。④运动负荷要由小到大，有节奏地合理安排。随着运动技术、技能的不断熟练，可以逐步增加运动的强度和负荷。

（五）巩固提高原则

巩固提高原则是指在篮球教学中，以实际应用为最终目的，在学生牢固掌握篮球技战术的基础上再给予一定程度的提高，真正实现从量变到质变。因此，应注意以下几点：①在教学过程中要有计划地安排作业，使已经学习的内容能够得到及时复习，尤其是对于教材重点、关键技术还应适当增加复习时间。②增加训练时间和练习密度。根据课程的任务和要求，在教学过程中尽可能增加学生练习的次数和练习强度，并适当安排教学比赛，以提高学生篮球技战术的运用能力。③紧跟时代发展的步伐，注重知识的更新，不断改进教学方法，尝试创造新的教学方法，使教学内容、方法、手段更具科学性和先进性，从而更好地促进学生的提高。

尽管上述各教学原则之间具有相对的独立性，但是它们并不是孤立存在的。它们互相联系，互相促进，共同作用于整个教学过程。只有全面综合地运用各个教学原则，发挥教学原则的整体功能，才能顺利解决教学过程中一系列的问题，更好地指导教学实践。

二、篮球运动教学方法

篮球运动教学方法是指在篮球教学过程中，教师和学生为实现教学目的、完成教学任务而采取的教与学相互作用的活动方式，是篮球教学过程整体结构中的一个重要组成部分。篮球教学方法的选择直接关系到教学工作的成败。在篮球运动教学中，常用的教学方法有以下几种。

（一）学习指导法

篮球教学中的学习指导法，是指学生在教师指导下进行学习的方法，主要包括语言法、直观法、预防与矫正错误法等。

1. 语言法

语言法是指教师运用各种形式的语言指导学生学习的方法。在篮球教学中，语言法的正确使用对教师顺利完成教学目标、提高教学效率有重要的意义。首先语言法可使学生明确学习目标，激发学习动机，实现师生互动；其次又可启发学生学习的积极性，加深对教材的理解；同时，还有利于培养学生分析问题和解决问题的能力。

（1）讲解

篮球教学中讲解的要求有以下几点。

①讲解目的明确并具有教育性

教师讲什么？讲多少？怎样讲？都要根据教学的具体目标、内容、要求、教学进程以及学生的实际，有的放矢地进行讲解。

②讲解要生动形象、简明易懂

讲解时教师要正确使用体育专业术语，广泛采用比喻、口诀、概要等形式生动形象地进行讲解。要注意突出教学的重点、难点、关键点，要口齿清楚、用词贴切，层次分明并符合学生的接受程度。

③讲解要富有启发性

讲解时教师要善于设问质疑，可通过提问、引导、联想等方式使学生积极思考，将看、听、想、练有机地结合，以取得良好的讲解效果。

④讲解要注意时机和效果

不同的教学阶段、不同的学生、不同的教材，讲解的方式和时机有所不同。例如课程的开始，教师宣布课程的教学目标、内容时，语言要精练、果断；在分析动作要领时，对技术的重点、难点可通过手势、语气以及语调的变化加以强化。

⑤注意精讲多练

教师应在教学过程中根据实际需要判断和运用讲解，该讲则讲，能少讲不多讲，把更多的时间留给学生自己主动地去学习、练习和体验。这就要求教师除了抓住重点和关键点以外，还要放手让学生自己去探索和尝试。

（2）口令和指示

口令和指示是教师用最简明的语言，以命令的方式指导学生体育课上自主学练的一种语言法形式。如在队伍的调动、队形的变换时经常采用口令和指示。教师在运用口令指示时，要声音洪亮、节奏分明、发音准确有力。

（3）口头评定

口头评定是指教师根据教学目标和要求，以简明的语言评价学生学练效果、成绩和行为的一种语言法形式。例如，学生在练习过程中或练习之后，教师的"很好""有进步"等一句话评价。这种口头评定有利于激发学生的学习兴趣，使学生及时了解自己的不足，提高学习效率。教师在运用此法评价学生时，要准确及时，以鼓励为主，并注意指出学生的缺点和不足。

2. 直观法

（1）动作示范

动作示范是指教师以自身的动作示范给学生观摩，指导学生进行学习的一种方法。动作示范主要有正面示范、侧面示范、背面示范、镜面示范以及完整示范、局部示范，还有常规示范、慢速示范、静止示范等。

篮球教学中动作示范的要求有以下几点。

①示范要正确、熟练并具有感染力

动作示范的正确性应从两个方面来理解：一是示范动作要符合动作的技术规格和技术要求等；二是动作示范的难易程度、达到的标准、展示的重点以及示范的表示方法等，要以学生的实际需要为依据，不应低于或高于学生的需要。此外，只有示范做得轻松、优美，具有感染力，才能够激发学生的学习动机。

②示范的方向和位置要利于学生观察

为了使动作示范便于学生观察，教师要正确地选择示范的位置和方向。示范时还应依据实际需要讲究各种示范的“面”，如：实践中为了显示动作的左右距离，可采用正面示范；为了显示动作的前后部位，可采用侧面示范；对于方向、路线变化比较复杂的动作，可采用背面示范；对于动作技术结构简单、学生易于模仿的练习，可采用镜面示范。总之，示范时教师与学生的相对位置，以及要观察的动作面和部位，应以使每个学生都能清楚观察到为原则。

（2）教具和模型的演示

教师要根据教学的实际需要选择、使用教具、模型，并注意演示的程序、时机，以提高教具模型演示的直观效果。

（3）视频影像

视频影像是利用电影、幻灯、投影、电视和录像等现代化的电化教学手段进行直观教学，借助于电化教学的视听工具可以完整、准确地再现和重复动作，对一些复杂的动作还可调控速度或暂停进行分析，这对于激发学生的兴趣，启发思维并加深其对问题的理解具有显著功效。

3．预防与矫正错误法

学生在学习掌握动作技术时，出现错误动作是正常现象，动作失误也是训练过程中避免不了的。教师要采取合理有效的措施，及时给予预防和矫正，否则就易形成错误的动力定型。因此，教学过程中必须采取有效的措施，对学生出现的各种错误进行预防和矫正。

通过分解法解决复杂技术问题，通过诱导性练习以及转移性练习等手段消除学生的紧张情绪；加强基本技术的教学，全面发展学生的身体素质等。

学生错误动作矫正的快慢往往与教师的指导有密切关系，要充分发挥教师在教学过程中的主导地位，对症下药、有的放矢、耐心细致。把预防与矫正法贯彻于篮球教学的整个过程之中。

（二）动作练习法

1．变换法

变换法的特点是练习条件的变换。因此，它可以有效地提高学生中枢神经系统和身体各器官系统间的协调能力、对环境和负荷的适应能力以及练习的积极性和运动技术水平。运用变换法的注意事项如下：①要根据特定需要选择和安排变换的条件。变换什么条件要根据实际需要有针对性地安排，如：在改进提高运动技术时一般改变技术要素；在提高应用能力时，一般改变环境和条件因素。②对变换的条件和内容要做出明确的要求和限定。③用于发展学生体能时，要使运动负荷符合练习的要求以及学生的负荷承受能力。④运用变换法练习时应注意对正确动作的干扰，防止错误动作的产生。

2. 持续法

持续法的特点是练习时间相对较长，一次练习的强度虽然较大，但力度相对较稳定。因此，运用持续法可使学生心血管系统和呼吸系统的机能得到稳步的提高。运用持续法时应注意的事项如下。

（1）因人而异，控制好负荷强度

在体育教学中，要依据不同教材、季节气候和学生的体质妥善安排运动负荷。如果练习强度较大时，就要缩短练习时间；而当延长练习时间时，练习强度就不能太大。

（2）加强医务监督

教师在教学中要善于观察学生练习时所产生的生理、心理反应，及时进行调整。

（3）加强思想教育

由于持续法较枯燥，因此，教学中除广泛采用多种练习组织形式外，应不失时机地向学生进行吃苦耐劳、坚忍不拔的意志品质教育。

（4）培养学生自练、自控的能力

教学中应向学生传授持续法的基本知识及控制与调节运动负荷的方法，使学生自觉而科学地参与练习。

3. 间歇法

间歇法由每次练习的时间和距离、练习重复的次数和组数、每次练习的负荷强度、每次（组）练习的间歇时间和间歇时的休息方式等五大要素构成。根据这五大要素，可组成不同的间歇练习方案。间歇法的主要特点是每次练习之间有间歇，但必须控制间歇时间和休息方式。即机体还没有恢复，就要进行练习，且要采用积极性休息方式，因此，间歇法能有效地提高练习者呼吸系统和心血管系统的机能。由于间歇法对机体的影响较大，所以，应注意总负荷和局部负荷的安排和控制。

4. 循环法

循环法既是一种练习方法，又是一种教学组织形式。它的主要特点是能有效地增强练习密度和运动负荷。循环法大多用于发展学生的身体素质和机体机能。

（三）一般教育法

1. 表扬法

表扬能增强学生的自信心和自尊心，鼓励学生不断上进，并创设一种蓬勃向上的良好氛围。篮球教学中的表扬法可通过口头称赞、点头、微笑、鼓掌等方式表达，运用时应注意以下几点。

（1）表扬要及时

教师要善于捕捉学生身上的"闪光点"，不失时机地给予肯定和鼓励，尤其对于后进的学生，更应给予及时表扬，以增强其上进心和自尊心。

（2）表扬要适当

教师对于学生的表扬要实事求是，不要过分夸大。

2. 批评法

批评法是对学生的不良行为做出否定的评价，用以令其克服和改正缺点错误的一种教育方法。批评能使学生认识到自己存在的不足，明确标准，从而尽快地改正错误。篮球教学中可通过当众批评、个别批评、表情、眼神、手势等方式表达。运用时应注意以下几点：①批评学生要从爱护的角度出发。通过批评要使学生明白错在哪里，为什么错，有何危害，如何改正，以使其能尽快改正错误。②批评要使学生心悦诚服。教师在批评学生前一定要深入调查情况，弄清事实，有理有节。③批评要注重方式。学生的自尊心较强，最好以表情、眼神及个别批评的方式进行，尽量不要采用当众批评的方式，更不应该采用体罚及经济制裁的手段。

3. 说服法

说服法是通过摆事实、讲道理等说教来影响学生言行的一种方法，篮球教学中的说服法通常采用讲解、座谈、讨论、谈话等方式。运用时应注意下述几点：①说教时应观点明确，联系实际，符合学生特点。②运用座谈或讨论方式教学时，教师应注意启发诱导，鼓励学生广泛发言，并对问题及时总结。③要注意以事实为依据，以道理作引导，热情耐心地实施教育。

4. 榜样法

榜样法是以模范行为、先进事例等来对学生进行鼓励、教育的一种方法，由于学生可塑性大、模仿性强，所以，榜样对其有很大的感召力。运用时应注意以下几点：①篮球教师要以身示教，教师要通过自己的言行举止、教态、修养对学生进行潜移默化的影响，以发挥教师的楷模作用。②教学中要善于树立典范，教师要不失时机地表扬先进、树立典型，使学生学有榜样。③运用榜样法时，应实事求是，切忌把榜样特殊化。

5. 评比法

评比法是利用竞赛、检查、评估等方式在篮球教学中对学生的表现、行为进行比较评价，以鼓励先进、激励后进的一种教育方法。学生好胜心较强，运用评比法可在学生中形成一种你追我赶的竞争氛围，能起到良好的激励作用，教学中进行竞赛评比的内容很多，既可在班与班之间进行，也可在小组或个人之间进行；既可进行组织纪律性评比，也可进行贯彻执行教学常规的评比或行为表现评比等，此外，还可根据实际情况进行优秀体育班级、优秀体育小组、优秀体育骨干和体育积极分子的评比活动。运用时应注意以下几点：①评比要有明确的目的。评比是一种教育手段而不是目的。要通过评比起到一定的宣传教育作用。所以，运用评比法时，对于评什么、怎样评、达到什么预期结果等均要有具体的操作计划。②评比要有明确、具体的条件和标准，要利于学生公平竞争。③评比时，要发扬民主，让大家充分发表意见。④评比的结果要及时公布和总结，以扩大评比的影响。

高校篮球专项教学的各种教学方法，在教学实践中常常是教师结合实际运用，共同完成教学目标的。任何一种教学方法都不可能是万能的，教师应不断地总结教学实践经验，从实际出发，灵活地运用各种教学方法。

第三节 高校篮球运动教学模式及其选择

一、分层次教学模式

（一）分层次教学的基本原则

1. 因材施教原则

分层次教学遵循因材施教原则。一方面，这一原则是现代教学论的一项核心原则；另一方面，也是我国历代教学处理教学过程当中个体差异的教学原则与策略。因材施教包括三个方面的含义，具体如下：①教师需要对学生的个性特点、学习能力与学习情况等方面的差异都有所了解与把握。②教师要以不同学生的实际情况为依据，来组织教学活动。③在教学过程当中，教师需要面向全体学生，这样才能够使所有学生都得到全面发展，并学有所长。

上述因材施教三个方面的含义，正蕴藏着素质教育的三个要义，具体如下。

（1）让学生主动发展

只有让学生自主发展，才能够培养学生的创造性，使人才发展具有多样性。因材施教的前提就是承认个体差异性，并且其还强调绝不可以只用一种标准来要求所有的学生，而应当鼓励学生们自由地展现与发展自己的兴趣爱好与个性特征，进而将他们的个体潜能最大限度地挖掘出来。个体潜能的挖掘过程，实际上就是实践操作能力以及创新意识与能力的培养过程。

（2）要面向全体学生

教师应当做"园丁"，而不是"伯乐"，之所以会有这样的要求，是因为伯乐想要的是千里马，而园丁的心愿则是"满园的春色"。而因材施教实际上就是从整体出发，来对个体之间的差异进行辨析，教师的目的并不是为了选拔适合完成教育的人，而是要让教育适合每一个人。

（3）促进学生全面发展

因材施教一定要做到的就是要让每一位受教育者都能够比之前的自己更好。教师在选择充分培养与发展优良个性的同时，也选择用不同的方法来让目标的共性达到要求。

因材施教原则包括三个基本环节，具体如下。

第一，调查教育对象，研究教学目标，这是因材施教的基础与前提。只有清楚地了解了学生的兴趣爱好、心理、能力、个性以及思维特征，并进一步了解他们的信仰、价值观念、影响因素与追求之后，才能够提出合适的教学目标，并进行针对性的施教。

第二，从实际情况出发，对教育的内容与要求进行调整。教师一方面要做到提出对每一位学生都适合的教育内容与要求；另一方面又需要区分个体之间存在的差异，并以此为基础，提供不同的教育内容与要求，除了要能够使学生的特长兴趣得到发展之外，还要做到能够弥补学生的个体缺陷，进而让个体的发展需要和社会的发展需要保持一致。

第三，要具有针对性，也就是说，教师应当针对学生的思维特点，对教育的手段与方法加以改进，使学生的主体发展得到有效促进。

需要注意的是，近代的班级授课制使得因材施教与提高全体学生的教学效率之间产生了矛盾，因此，要想将因材施教真正地落实下去，很有可能需要以牺牲一部分人的自主发展，抑或是以牺牲效率为代价。

2．主体性原则

教育教学的主体应该是学生，而教师应该是学生的辅导者与引路人，并且还要将不同层次的学生当作教学的主体，并以此为基础，设计出不同层次的学案，组织不同的教学过程，进而培养出不同层次的参与意识、创造意识与主体意识。

3．团结协作原则

教师想要以一己之力完成培养学生的任务是根本不可能的，他需要与其他教师相互协作与配合才能够完成，有时甚至还需要社会与家长的配合与支持。分层交叉教学模式由于有内部分层，使得教师之间的团结协作显得更加重要，另外，家长与社会是否理解这一模式，也对分层次教学的顺利启动有很大的影响。

4．正视矛盾并促使矛盾转化的原则

学生在学习、运动、思想等方面的差异是在他们的教育、天赋、环境的共同作用下逐渐形成的，是一个长期的过程。因此，教师需要循序渐进地进行教育，这样才有利于学生掌握知识。当然，学生的各项成绩并不是持续提高的，而是会出现反复甚至倒退的现象，此时，就需要利用分层次教学模式来让教师持续地分析与观察学生，并及时给予指导与强化，最终，让学生真正地掌握篮球运动的各种技战术。

5. 创造性原则

创造性原则包含以下两层含义。

(1) 教师应创造性地教

教师应当以学生的层次共性以及具体的教学内容为依据，并以培养学生创造力与终身学习能力为目的，进行创造性的教学。

(2) 教师要启发学生创造性地学

在学习过程当中，教师应当将个体的差异性体现出来，或者是以培养学生的独立探索、思考的精神与能力为主。需要明确的是，创造性的学习，强调的是过程的创造性，而不是结果的创造性。分层教学模式提供了进行创造性教学的模式依托，并且使这一过程具有了实践性与可操作性。

总而言之，分层次教学模式，就是一种全面贯彻教育方针，培养创新人才的有效载体。这种教学模式以承认学生在教学中的主体性以及个体差异性为前提，来促进全体学生的发展，并做到"分而未分，合而不合"，充分体现出了个性与层次，使学生的潜能充分地被挖掘出来，且十分重视学生终身学习能力的发展与培养，从而切实提高学生的整体素质。

(二) 分层次教学的基本方法

不同的高校篮球课程会有不同的教学方法，下面将分别对选修课与专修课的分层次教学的基本方法进行介绍。

1. 高校篮球教学选修实践课

篮球选修课教学模式以实践课为主，教师会采用讲解与示范、比赛、自学、练习等方式完成教学；而理论则采用阅读、图片、录像、讲授等方式完成教学。篮球教学作为一项运动，其能力的培养应当采用布置作业、座谈、课堂提问、评论等方式完成。需要注意的是，无论采用何种方式，在整个篮球教学活动过程当中，都应以现代教学理论作为指导，与此同时，还要全面贯彻素质教学的思想，只有这样，才能够将能力的培养体现在教学的各个环节当中。

2. 高校篮球教学专修理论课

篮球理论知识的教学方法有很多，比如，专题作业和讨论相结合的方式，课堂与讨论相结合的方式，以及电化教学（录像、电影、图片等）等直观的教学方式。

一般情况下，篮球理论知识主要的教学手段为教师所进行的课堂讲授，所以要求教师对篮球理论知识做到熟练掌握、融会贯通、思路清晰，并且还能够以知识的内容层次为依据，重点指导学生，并要求他们完成课前预习。在讲课的过程当中，要通过提问的方式来了解学生的理解与接受的情况，这样更便于反馈与改进教学。在课后，教师要有针对性地安排作业，批改作业，与此同时，还要及时让学生知道他们的作业完成情况。除此之外，体育教师还要注意引导学生关注中外篮球的发展状态，并引导他们结合国内外文化经济的发展状况来对篮球这项运动进行论述，从而使学生对篮球能够有一个系统的了解。

(三) 分层次教学的主要特点

分层次教学有其独特的特点，通过对分层次教学模式下的班级和传统集体授课制的班级进行比较，能够得知前一种教学模式的主要特点。源于工业时代的传统集体授课制，相对来讲，其教育内容比较单一、稳定，且知识体系多是以继承前人的知识为中心，并将知识的记忆与复现当作教育的基本目标。这是因为在大工业时代，普通人在继承与积累足够的知识之后，就能够终身都不用学习了。

班级授课制的特点包括以下几点。

第一，分班的依据很单一，通常会以学习成绩与年龄作为分班的标准。

第二，在每一个阶段内班级都是固定不变的。

第三，班级比较大，而且班里的人数较多。

第四，教育的主要目的是掌握知识。

班级授课制作为前人积累、传授知识的重要方式，培养出了很多社会所需的人才，一直以来，都为创造与继承人类的灿烂文明做出了很大的贡献。但是，在当今社会更重要的是培养学生终身学习的能力。然而，人们并不需要推翻过去的传统教育思想和作为科技传播载体的班级授课制，因为这一制度也有它的优势，但也必须要跟上当今社会知识迅速更新的脚步，在维持现行班级授课制的基础上，创设一种新的教学模式，即分层次教学模式。

分层次教学模式和现行班级授课制的班级的不同之处，包括以下几点。

1. 班级"合而不合、分而未分"

班级"合而不合、分而未分"指的是，分层次教学法即对原有班级首先按照综合素质（包含确定分层教学的学科成绩）进行分层，然后对同一个教师所教两个平衡班进行归级重组，最后再进行交叉上课。这种教学方式在上完分层次教学科目的课程之后，其余课程则需要回到原班级上课。这样的话，原班级在大体上并未改变，但是，在不变中又有变化，因此，就会最大限度地照顾不同层次的学生需要，做到有的放矢、区别对待。进而，让不同层次的学生通过不同的方法与途径，将自己的篮球潜能最大限度地挖掘出来，并激发他们的实践能力与创造力。

前人的经验告诉我们，越是与学生"最近发展区"接近的教学（俗称"跳一跳摘到个桃子"），就是越有效的教学。但是，不同的人会有不同的"最近发展区"。如果强迫学生做一些他自己不愿或者不会做的事情，一方面，会浪费学生的精力与时间；另一方面，还会伤害他们的心理与人格。而分层次教学模式就体现出了尊重学生的个体差异性，要求教师在备课、辅导、作业、授课、测试当中都要重视学生之间的差异，并寻求与学生健康成长相符的最佳教学方法。

2. 引进良性竞争机制

针对传统班级授课制班级阶段内不变的弱点，引入了良性竞争流动机制，这种机能能够培养学生的实践与创新能力，还能够使不同层次的学生都拥有展示自我的舞台与机会。无论以哪一种标准分班，在分班之后，都一定会因为各种各样的原因（包括内因与外因），而分化出不同层次与需要的隐形层次。

传统班级管理经常忽视隐形层次的存在，依旧选择按照班级进行教学，这样的话，就会使学习好的学生变得越来越强，而且不能够受一点委屈，使他们的耐挫力下降，从而对智力的开发产生影响；中间层次的学生，感觉自己"比上不足、比下有余"，从而产生无所作为的感觉，这不利于潜能的开发与利用，对创造力的培养更无从谈起；对于学习困难的学生来讲，长期失败导致他们无法看到被肯定或者成功的希望，进而就会变得自卑、自暴自弃、麻木不仁。而这些都是传统班级管理无视隐形层次所产生的后果，长此以往也会产生很多教育教学的不公平，是应试教育一个致命的弊端。

创造实际上就是变不可能为可能的过程，与此同时，也是一种打破先例的活动。分层次教学模式就是一种创造性的教学模式，即将学习情况、能力、态度以及兴趣爱好等方面都比较接近的同学集中在一起，使他们产生一种"惺惺相惜"的亲和力，并从中找到自信与不足，进而产生展示自我的冲动，并主动参与到教学活动当中，最终，将"教、学、做"的知行合一真正表现在实现角色改变上，而这也会激发出他们超越自我的情商，最终使他们的创造性思维与创造力在实践中得到开发。

分层次教学模式中的既公平、又严格的良性竞争机制，使得学生的心能够紧紧贴合在一起，精力能够被吸引到集体活动与学习当中，这对班风、校风与学风都会产生一定的积极影响。可以说，在实行分层次教学模式之前，学生是在教师与家长的要求之下被动学习的，而在良性竞争的机制下，学生逐渐变成了真正意义上的主动学习。

在竞争机制的调控之下，各个层次的学生都能够保持适度的压力，并且能够有效地将压力转换为动力，这使得传统班级的"一潭死水"变成了活水。学生在亲身体验之后，开展了分层次教学的竞争流动机制，使得公平、公正竞争的机制真正得以实现。只有自己努力，才会获得晋级的机会，反之，如果不努力，就会退级。因此，流动就让传统班级成了"源头活水"，并在不知不觉当中培养了学生的耐挫力。

（四）分层次教学的理论与实践

1. 高校篮球普修课教学的理论

（1）学习动机理论

一定水平的运动学习动机，能够让高校篮球参与者在篮球运动中集中注意力，坚持长时间的练习，并且表现得更加努力；低运动动机，可能会让个体放弃高校篮球运动。

在高校篮球教学的过程当中，教师通常会从以下几个方面来增强学生的学习动机。

①明确学习的目标

如果学生清楚了学习目标以及活动价值，就会有学习的需要产生，进而才会尽全力地完成学习。盲目学习，效率一定会很低，在确定学习目标的时候，一定要考虑学生的能力与知识水平，目标既不可以过大，让学生感到无法实现；又不能够过小，让学生感到太容易实现，从而失去学习动机。与此同时，还需要将远大目标与具体目标有机地结合在一起。

②积极的鼓励

对于学生学习高校篮球来讲，积极的鼓励，其中，包括适当的表扬与及时的评价，会对其有强化作用，并且还能够将学生的集体荣誉感、上进心与自尊心等激发出来。

第一，一般情况下，及时评价的效果都好过不及时评价，原因在于，前者能够利用不久之前留下的鲜明记忆，让学生有改进高校篮球运动学习的愿望，后者在这方面的作用就会比较小，因为学生对完成任务后的情景的印象已经淡化了。

第二，对于学生而言，适当的鼓励、表扬能够将学生的学习动机更好地激发出来。如果表扬过多的话，就会让学生产生骄傲的倾向，并且还会出现忽视自身缺点的问题，从而引发消极的效果，因此，表扬一定要适度。另外，除了要表扬之外，还需要明确指出学生的不足与接下来的努力方向。

③期望

不同的学生对自己会有不同的期望，通常来讲，较为优秀的学生对自己的期望比较高；中等的学生期望水平不等；较差的学生对自己的期望水平则较低。如果期望过高，就会因难以达成而产生失望的情绪，并且可能因此失去信心；如果期望过低，就会让学生产生厌倦的情绪，降低他们的学习动机，导致他们不再积极地学习高校篮球这项运动。

④评价

对于学生学习动机的形成来讲，教师的评价同样具有积极的作用。通常来讲，含有期望因素的评语能够让学生产生积极向上、再接再厉地学习高校篮球的热情，并且对增强他们的学习动机也是有利的。

（2）学生主体理论

培养人才是教育最基本，也是最重要的功能，而现代人才全面发展的核心就是主体性发展。启发学生的主体意识，培养他们的主体能力，从而让学生实现从"自在"主体转变为"自为"主体的目标，最终，培养出具有自主创造性与能动性的新型人才，而高校篮球教育同样肩负着这样的使命。学生主体理论具体如下：

第一，学生是认识以及学习活动的主体，教师需要引导学生在运用与学习知识的过程当中，主动完成高校篮球的各种学习任务。

第二，学生是发展的主体，教师应当重视培养学生自主发展，以及自主创造的能力，并引导他们做发展的真正主人。

在高校篮球运动的教学过程当中，人们非常重视学生的主体作用，不仅重视学生"主体参与"的必要性，而且还采用了相应的合理措施来发挥学生的主体作用。

由于学生本身就具备创造性、能动性与自主性，因此，在高校篮球运动学习的过程当中，学生是发展与学习的主体。可是，学生如果想要真正成为学习的主体，就必须要具备明确的学习动力与学习需要。

当然，人们并不是一味地强调学生主体能力的培养与主体作用的发挥，实际上，教师在教学过程中的主导作用也是很重要的，因此，对教师的整体素质会有更好的要求，教师除了需要将既定的教学任务完成之外，还需要在高校篮球教学过程中明确自己作为控制者的角色。

（3）信息反馈调节理论

反馈调节指的是，在整个高校篮球教学过程当中，师生要能够及时地从教与学中获得反馈信息，以便了解实际的教学情况，并以此为依据对教学活动进行控制与调节，最终，使教学效率提高。运用现代信息论、系统论与控制论的基本原理，来对高校篮球普修课进行剖析，也就是说，可以将整个教学过程看作是一个控制系统。在整个系统当中，师生双方必须要进行信息交流，而且要通过信息反馈，实现教学的调控，进而实现提高教学质量的目标。

由于实施分层教学模式，不同班级会有不同的进度与教学内容，此时一定会出现教学内容难或易、进度快或慢的问题，那么教师就需要以学生的知识掌握程度和他们对教学的反应为依据，及时调整教学内容与进度，从而使学生适应学习进度。

高校篮球普修课教学过程中，进行反馈调节的具体程序如下：第一步：及时获取学生的反馈信息。第二步：及时评价获取来的反馈信息，并对高校篮球普修课教学活动做出恰当地调节。高校篮球普修课在实施分层教学时，就有效地利用了反馈调节的理论。教师在客观、全面地了解学生，并将他们看作是学习活动主体的基础上，建立了民主、友好、平等的师生关系。在有了这种关系之后，教师与学生之间的交流与沟通就会变得更加容易，而且教师也能够及时收到更多的反馈信息。最后，教师需要对这些信息及时做出评价。

2．高校篮球普修课教学的实践

在高校篮球普修课教学实践过程中，应始终贯彻主体参与的原则。承认在整个过程中，学生才是学习与发展的主体。在教学实践中，为学生提供发挥自身主体性的机会，并鼓励学生积极参与教学活动，这会让学生的学习动机提高，并使学生多个方面的能力都得到发展。

在一系列的主体参与教学过程当中，让学生们逐渐了解自己的主体地位，与此同时，还需要引导学生形成一种主动参与学习过程的习惯，这样就能够有效地提高学生的学习动机。

二、启发式教学模式

作为高校篮球运动教学重要组成部分的启发式教学，对高校学生学习、掌握篮球运动基本知识和技术技能有着重要的指导作用。本书主要介绍启发式教学的基本理论、主要特点，重点分析了启发式教学下高校篮球教学模式，同时对高校篮球启发式教学的评价方法进行了具体阐述。

（一）启发式教学的基本理论

1．认知理论

（1）加涅的信息加工认知学习论

加涅的理论认为，教学即为教师以学生的自身学习条件为依据，创造、设计某些适合学生学习的外部条件，让他们能够进行有效的学习，并实现预期的教学目标。另外，在教和学的关系方面，教师的教是在学生的学的基础上建立的。现代启发式教学方法，需要在充分了解学生原来认识水平的基础上完成教学，这样才能够更好地激发出学生学习的热情，从而获得更好的教学效果。

（2）布鲁纳"认知发现说"

布鲁纳认为，学习的本质并不是被动地形成刺激反应的联结，而是主动地形成认知结构。对于学习者来讲，不仅要主动地获取各种知识，而且要将所获知识和本身已经具备的知识结合在一起，在脑海当中形成一个框架，并积极地建立起属于自己的知识体系。布鲁纳认为，教学指的是教师将知识转换成为一种以表征系统作为发展顺序，让学生自主地发现学习、整理就绪，并成为学习的发现者的活动。现代启发论认为，学生才是教学环境的主人，才是教学的主体，因此，想要创造一个优秀的教学环境，就必须要有学生积极的支持、配合与合作。

（3）维特罗克"生成学习论"

维特罗克是在信息加工心理学的相关研究的基础之上，得出的人类学习的生成模式。维特罗克的观点认为，学习的生成过程就是学习者将已有认知结构（已经储存在长时记忆中的事件和信息加工策略）与从环境中接受的信息（新知识）相结合，主动地选择注意信息并主动地构建信息的过程。维特罗克主张对学生进行启发式教学。他的"生成学习论"是一种自始至终贯穿着启发式教学指导思想的理论，他所谓的"启发"不仅是在教学过程中认识学习的启发，更是关于学习技巧的启发。按照生成学习模式的理论，教学目标不仅指向知识，还指向智力发展和能力的培养。

2．人本主义理论

"以学生为中心"是人本主义教育心理学的核心，其注重学生能力的发挥，也尽力做到让学生自由、愉悦地学习。人本主义认为，在面对学生时应给予充分地理解与尊重，并且要让他们在快乐、自由的氛围当中完成学习任务，另外，还要将学生们的学习积极性充分地激发出来，不赞同强制性学习。当然，人本主义也不是完美的，其对人的全面发展不够重视，而对智育则过于重视。对于人本主义，教师可取其精华，去其糟粕，争取成为促进学生学习的合作者、引导者。

（二）启发式教学的特点

在将教师主导作用充分发挥出来的前提下，以学生的认知规律，以及本学科的规律为依据，将学生的求知欲望激发出来，并将他们的积极性调动起来，从而让学生最大程度获得技能与知识的一种方法被称为启发式教学。将学生学习的积极性、主动性调动起来，发展他们的综合能力与素质，为这一教学方法最主要的特点。

1. 启发式教学目的观

将学生们的能动性、创造性与主动性淋漓尽致地发挥出来，使学生学习的兴趣显著提升，让他们获得全面发展，并养成自主学习的好习惯为启发式教学的目的。

在高校篮球教学当中运用这种教学模式的目的是将学生在学习过程当中的主体地位发挥出来，使他们学习篮球的积极性被激发出来，从而做到全面、灵活、熟练掌握各种篮球技巧。

2. 启发式教学过程观

启发式教学的过程观一方面是灵活多变的，另一方面也是协调统一的。此外，教师还应结合自身创设的情景让学生自己发现问题来完成教学。启发式教学的基本要求有以下两点：第一，要对学生收敛性思维与发散性思维的培养给予充分重视。第二，要对全面发展非智力因素以及智力因素都给予充分重视。

3. 启发式教学课程观

针对过去填鸭式教学方式所提出的启发式教学，其强调的是，在教学课堂中，教师应当采取各种不同的方式来引导学生更加独立、积极地进行思考，争取自主获得新知识的一种教学方法。这种教学方式的实质为：将学生学习的主动性调动起来，引导、启发他们积极地进行自主思考，并将他们的内在潜能挖掘出来，进而让外部教学产生内化作用。篮球中启发式教学的课程观，主要强调的是教学内容应当以技术熟练程度为主，转变为以学生自主创新、实战练习为主，这样有助于学生将自己的创造思维充分地发挥出来，从而获得"举一反三"的学习效果。

（三）启发式教学的理论分析

在高校教学改革不断深入的今天，传统体育技能教学模式的缺陷也逐渐凸显出来，并且很难使培养对象的需要得到满足。传统体育技能过于单一的教学模式，忽视了对技术效果、目的与时机的传授，而只关注传统技术动作，这样就会造成学生所学的技术无法灵活地运用到实践当中。针对这种情况，最为关键的就是要改变过去的教学方法，最重要的是要清楚地了解到，对于不同的教学方法来讲，是有不同的运用范围、条件与时机的。由此可知，积极地研究与探索新的教学方法，以及改变过去的教学思想和观念是非常重要的。

目前，高校篮球课程教学的一个全新的课题，就是如何让学生对学习的课程产生兴趣，如何将学生的专项技能提升，如何让教学的效果得到改善，以及如何让教学方法适应学生自身状况。一直以来，在体育改革道路上，教师都在深入地研究怎样对篮球教学方法进行改革，怎样将学生学习篮球的兴趣提升，并最终将篮球教学的质量提升。截止到现在，已经取得了一些成果。高校篮球教学活动的培养目标是全面性的，在培养学生的意、行、知、情等方面不但有了长足的发展，而且还能运用于教学当中，课堂教学除了能够使学生的认知能力提升之外，还对培养他们的情感控制力，增加其情感体验有一定的帮助。

三、"掌握学习"教学模式

（一）"掌握学习"理论的提出

"掌握学习"的概念来源于美国著名的教育心理学家布鲁姆，在布鲁姆看来，只要给予足够的时间和适当的教学，几乎所有学生对所有的内容都可以达到掌握的程度。在"掌握学习"的概念提出之前，美国学者约翰卡罗尔提出了学校学习理论。这是在传统的测评学生学习能力的基础上提出的新的学生观。学生学习能力的高低取决于学生学习速度的快慢。而学校学习理论更是为"掌握学习"理论提供了理论基础，对"掌握学习"理论的发展起到了一定的推动作用。

经过对卡罗尔理论的研究，布鲁姆发现自己和卡罗尔在某些事物的认知上是一样的，所以在结合了斯金纳和布鲁纳的观念之后，卡罗尔根据当时的课堂教学模式，提出了"掌握学习"的新型教育模式。在一定程度上都赞同学生学习能力的判定因素是他们的学习速度，而与遗传因素无关的观点。

（二）"掌握学习"基本理论

"掌握学习"理论的出发点是人人都能学习。通过集体授课的形式，"掌握学习"的教学模式对学生进行有针对性的教学，尽量保证每个学生都能够完成每个篮球学习单元的目标，达到预期的教学成效。除此之外，"掌握学习"理念的价值还在于能够帮助学生寻找到合适的方法，提供合适的教学帮助来缩短他们之前所耗费的时间，从而增加学生的学习兴趣。

（三）"掌握学习"教学模式理论

在传统的教学模式中，教学成效的评估通常都是根据学生的成绩进行的，这样一来教师就会产生一些错误的观点。例如：一个班里，有学得好的学生就一定会有学的不怎么好的学生，这是正常的现象。最终教师就只把注意力集中在学得好的学生身上，而忽略了那些学的一般或者不怎么好的学生，导致他们由于跟不上教师的教学进程，缺少教师的个别指导而半途放弃，失去了对学习的兴趣。在布鲁姆看来，每个人的学习能力都是与生俱来的，在很多方面表现出来的差异都源自后天的人为因素的影响，而非智力方面的差异。所以如何改进教学模式，帮助学生找到适合的学习方法是现在面临的主要问题。

在布鲁姆的研究中还表明：认知前提能力、教学质量和情感前提是影响学生学习效果的因素。其中，认知前提指的是学生在学习一些知识之前就已经掌握的一些知识技能；教学质量就是指教师在讲课过程中设置的难易适中的学习程度，从而达到教师讲的学生都能学会的教学目的；而情感前提就是指学生在学习的过程中所持有的态度，正所谓"态度决定一切"。如果学校能够从这三方面出发，根据学生的具体情况有针对性地对教师的教学方式和学生的接受程度进行改革，会更有利于提高教学的成效。

（四）"掌握学习"教学模式的要点

1. 教学目标的结构性更合理

"掌握学习"进一步明确和细化了教学目标，将其划分为了三个方面：主动承担学习任务，认识到学生本身具有的情感目标；明白教材含义，了解动作的原理、特点、要点、技术结构、应用时机以及发力顺序的认知目标；通过"反馈——矫正"，在大脑中建立动作表象，促进技术动作不断规范和完善的技能目标。高校篮球"掌握学习"教学模式根据篮球教学自身特点，明确建立多层次的目标体系，严谨和细化了高校篮球教学的目标。

2. 及时有效的教学评价体系

"掌握学习"教学模式将教学评价主要分为了诊断性评价、形成性评价以及总结性评价三种，其中，诊断性评价是教师在课前对学生的篮球技术以及身体素质等基本情况进行评价，并以此作为制定和实施教学计划的依据。形成性评价是教师在授课中对学生在学习和练习中出现的错误技术动作进行及时的反馈，纠正错误的一种行为评价。总结性评价是教师在学期末对学生整个学期的学习情况做出评价。诊断性评价、形成性评价以及总结性评价三者相互联系、互为因果，三者结合组成一个完整的体系，贯穿于篮球教学的始终。

3. 兼具集体性和个别针对性的反馈——矫正措施

教师进行集体授课，并将相关的教学内容传授给学生，学生在对教师授课内容的理解的基础上进行模仿练习，在这期间教师仔细观察和分析学生的练习情况并从中获得大量的反馈信息，这种反馈信息有利于教师对学生进行纠正，采取矫正措施。学生在学习过程中各方面身体活动会表现出明显的共性，同时也会存在一些个体性差异，教师通过观察这些共性和个性，设计出更为合理的练习手段，有利于进一步提高学生的篮球技术水平和篮球教学质量。

4. 更重视非智力和非体力因素的影响

"掌握学习"教学模式关注教师的教学态度以及教师在教学中对学生的态度，倘若教师的教学热情提高，则会进一步加深师生之间的联络和情感，这有利于为教师教学以及学生学习营造平等、轻松的教学环境和氛围。在这一环境中学生的团结互助精神以及合作精神能够得到明显的培养，进一步激发学生的学习兴趣，培养学生的学习情感，使学生能够积极投入学习，形成正确的学习情感认知，树立正确积极的学习目标和学习动机，进一步提高高校篮球教学效果。

第四节　篮球运动负荷安排及教学组织实施

一、篮球运动负荷及其合理安排

（一）篮球运动负荷的基本要素与特征

1. 运动负荷的基本要素

构成运动负荷的要素主要有三种，分别是运动负荷强度、运动负荷时间和运动负荷积分。这三种要素有着非常密切的联系，同时又相互区别。

（1）负荷强度

所谓负荷强度是指人的整个生理机能在受到相应运动负荷刺激的作用下所产生的反应幅度或程度。一般来说，运动强度与负荷强度呈现平行关系，即运动强度越大，那么产生的生理负荷也会越大；反之则不然。

（2）负荷时间

这里所说的负荷时间是指运动负荷在整个运动过程中所持续作用的时间。由于运动前状态等因素，使得负荷时间增加，再加上停止运动之后人体生理机能需要恢复的时间，实际上运动负荷所作用的时间要远远长于运动时间，但一般情况下，负荷时间是指人体在运动阶段承受负荷的时间。

（3）负荷积分

所谓负荷积分是指生理负荷强度在运动过程中随负荷时间的变化的函数关系。就本质而言，它是指负荷强度与负荷时间的积分，既能够对运动负荷量进行反映，也能够更好地对人体运动生理负荷的机能潜力进行反映的一项综合指标。

2. 运动负荷量的决定因素

运动强度、运动时间和负荷反应是决定运动负荷量大小的三个重要因素。其中，运动时间与运动强度和负荷反应成反比关系。如果运动强度越大，它所引起的生理负荷反应就会越大，运动持续的时间也会相应缩短，负荷积分值也会相对较小；如果运动强度刺激较为适宜，那么它所引起的负荷强度反应相对较大，并且能够持续最长的运动时间，所产生的负荷积分值也最大。但从运动负荷反应来看，不同的个体对于同一运动强度的刺激也会产生不同的反应。

3. 篮球运动负荷的特征

（1）负荷水平的极限化

在进行篮球运动训练的过程中，如果机体所承受的训练负荷没有达到最大的承受能力水平，那么身体机能、技术、战术水平也就很难得到相应的提高。对于运动员的有机体来说，只有通过各种身体、技术和战术练习给予其最为强烈的刺激，才能促使有机体产生强烈的反应，并发生相应的深刻变化，这样才能将运动员有机体的机能潜力充分挖掘出来，以更好地适应和满足运动员参与激烈比赛和创造优异运动成绩的需要。

（2）负荷量度的个体化

人的个体化差异以及人体存在的复杂性，要求教练员要针对每个运动员的个体实际情况来对个体和整体的适宜负荷进行确定。

（3）负荷内容的专门化

随着篮球运动技战术水平的不断提高，这就对运动员要根据篮球运动专项的特点和功能特征进行训练提出了更高的要求。这种专门化训练，其内容并不是仅仅只针对篮球运动本身，而是要求所采用的运动负荷内容要促使运动员有机体的身体素质、技战术水平得到不断提高。

（4）负荷水平的动态化

对于运动训练负荷，运动员有机体有着非常强的适应性，对于原有的运动负荷，机体在产生适应之后，这种负荷就失去了对机体的刺激作用。此时，只有使负荷水平不断增加，才能更好地促使机体的能力得到不断提高。不管是从个体还是从负荷发展的总趋势来看，整个负荷都是在动态变化中不断提高的。

（二）合理安排运动负荷

从传统训练观点的角度来看，只有通过进行大运动量、高强度的训练，才能促使运动成绩得到提高。中国女排曾经五次蝉联世界冠军，正是得益于这种理论。很多运动研究都表明，运动员竞技水平的提高，是在训练负荷不断增加的条件下，进行多年系统训练的结果，根据国外有关针对优秀运动员成长过程的研究可知，运动成绩随着运动训练量和负荷强度的不断增加而得到相应的提高，两者之间的相关系数也是非常高的。

在训练的过程中，如果只是一味地追求大强度、大运动量的训练就有可能导致发生运动损伤，就会过早地扼杀运动员的发展潜力，从而给运动员竞技水平的提高带来不利影响，这就要求在训练过程中要对训练负荷进行监测和控制。

1. 合理安排负荷的基本要求

依据机体在适宜负荷下的生物适应现象和过度负荷下的劣变现象，在篮球运动教学和训练课中进行运动负荷的安排要遵循适宜负荷原则：①能够更好地促使运动员达到更高水平的专项竞技能力。②运动员有机体训练负荷的可接受性。③能够促使运动员各种能力产生定向性变化。④训练负荷的量与强度要有适宜的比例。⑤负荷安排的节奏要保证课与课之间衔接，能产生后续效应。

2. 科学探求负荷量度的临界值

运动个体负荷量度临界值随着运动个体的发育程度、竞技水平、训练水平等比较稳定的状态的变化，其大小也会产生变化，同时也会受到运动个体日常休息、健康状况和心理状态因素的影响。在对运动负荷进行评价和测定时，必须要有充分的科学依据，对负荷量度的临界值采用科学的诊断方法来进行准确掌握。目前来说，在人们还未能完全认识和把握负荷极限的情况下，一般来说，要注意保留余地，从而更好地避免出现运动损伤和过度疲劳。

3．科学安排教学与训练课的运动负荷

（1）训练课的负荷

在篮球运动训练中，对训练课的训练负荷进行合理、科学的安排，能够获得更为理想的训练效果。因此，在针对篮球运动训练课进行训练课计划的制订时，要做到以下两点：①训练内容方面要有足够的难度和要求，从而使训练内容能够成为有效的刺激因素，更好地促进运动员运动机体能力得到不断提高。②要保证训练计划能够适应运动员的机能状态和训练水平。

此外，还要注意以下两点要求：①在身体逐渐疲劳的情况下，要保障运动员训练达到一定的训练度，这样才能使运动员机体达到极限负荷量的同时，给予机体所需要的应激性和较高的训练效应。②在运动员有机体出现明显疲劳的情况下，训练活动所持续的时间不要太长，这样能够有效避免对运动员的技术训练水平产生的不良影响。

（2）体育课的负荷

对于一般人来说，心率保持在 120～140 次/分钟，此时的运动强度为最佳，能够获得理想的健身效果，在时间方面，要保持这一强度占每次锻炼总时间的 2/3 左右；心率在 110 次/分钟以下时，健身价值不大，这主要是因为机体的血液成分、血压、心电图、尿蛋白等都没有发生明显的变化；心率在 130 次/分钟时，此时的运动负荷能够使心脏的脉搏输出接近或达到最佳状态，能够获得明显的健身效果；心率在 150 次/分钟时，心脏的脉搏输出量开始下降；心率达到 160～170 次/分钟时，虽然不会出现不良反应，但健身效果也不佳。因此，一般情况下，将心率保持在 110～150 次/分钟的区间，为运动负荷有效价值阈；将心率保持在 120～140 次/分钟的区间，为运动负荷最佳价值阈。

中等强度和高密度是高校篮球运动教学课的运动密度和强度趋势。教师要对篮球课进行精心的准备，并进行精练、简明扼要、生动的讲解和准确、恰当的示范，避免将篮球教学课视为教师讲解课或示范课，鼓励学生有更多的时间参与锻炼，这样才能使学生在愉快的氛围中得到更为充分的锻炼，以促进学生身心得到更为全面健康的发展。

二、高校篮球运动教学课的组织与实施

对于高校篮球运动教学课来说，课堂教学是其最主要的组织形式，在组织和实施篮球教学课的过程中，要明确篮球教学课的类型、组织和具体实施这三方面的内容。

（一）篮球运动教学课的划分类型

所谓篮球运动教学课的类型，其实就是指课的种类。从本质上讲，篮球运动教学课的类型对课的功能有着直接决定作用，也就是说，不同的篮球运动教学课类型，具有不同的教学功能。对课的具体分类进行深入地认识，并从中选择最为适合的课的类型，能够有助于教师对各类课的性能进行了解和掌握。要保证在每一节课上都要贯彻教学目标，只有这样才能充分发挥各类课的具体功能，更好地保证整个教学过程的完整性，从而提高篮球运动教学质量和教学效率。

篮球运动教学课根据课的具体性质可以划分为两种类型，分别是教学课和训练课。

1．篮球运动教学课的类型

我国高校篮球运动教学课主要分为理论课、实践课、考试和考查课、实习课四种类型，具体如下。

（1）理论课

向学生传授篮球运动的理论知识是篮球运动教学理论课的主要任务。该类型教学课常

采用的教学形式主要有讲授课、讨论课、自学答疑课等。在具体实践中，要结合具体实际情况来进行有针对性的选择。

（2）实践课

向学生传授篮球运动基本技术、战术和比赛等实践内容是篮球运动教学实践课的主要任务，该类型教学课常采用的教学形式主要有技术教学课、战术教学课、教学比赛等。此外，也可以结合具体实际来选择和运用其他类型的教学课。

（3）考试和考查课

对学生所学的基本理论知识和实践进行考核和评价是篮球运动教学考试、考查课的主要目的。该类型教学课常采用的教学形式主要有口试、笔试、达标、技评、作业和比赛等。

（4）实习课

专门针对学生所学的篮球运动教学及比赛的相关知识进行实习的教学课，即为篮球运动教学实习课，该类型的教学课常采用的教学形式主要有竞赛组织、裁判实习、教学实习等。此外，还可以根据具体实际情况来对其他教学形式进行针对性地选择。

2．篮球运动训练课的类型

就目前来看，我国高校篮球运动训练课的主要类型包括身体训练课、技术、战术训练课、比赛训练课、综合训练课、调整恢复训练课、测验课等。下面主要针对这些训练课的主要任务和目的进行阐述。

（1）身体训练课

训练学生的一般身体素质和篮球专项身体素质是篮球身体训练课的主要任务，该训练课的目的就是促进学生运动素质的发展，提高学生的身体机能水平，从而使学生能够更好地适应较高强度的篮球运动训练和比赛。

（2）技术、战术训练课

训练学生的篮球运动基本技术和战术是篮球运动技术和战术训练的主要任务。其主要目的是促进学生运动技战术水平的快速提高，以及综合运用技战术的能力。

（3）比赛训练课

针对篮球训练和比赛中的各项能力，对学生进行训练，这是篮球比赛训练课的主要任务。该类型课的主要目的是促进学生运动技战术水平的快速提高以及对技战术进行灵活运用的能力，并提高学生的比赛适应能力。

（4）综合训练课

篮球综合训练课的主要任务是对以上三种训练课内容加以综合的课程。该类型训练课是将多种形式的训练课形式进行结合运用而形成的。详细地说，就是将各个不同的篮球运动训练内容进行交替安排，从而更好地促使学生的各项运动素质和运动技能产生有效积极的转移。该训练课的目的也是促使学生的身体素质、技战术水平和比赛等方面的综合水平和能力得到快速提高。

（5）调整恢复训练课

使篮球运动训练之后学生的身体机能进行快速地恢复和调整是篮球运动调整恢复训练课的主要任务，该类型训练课主要适用于处于过渡期的学生身体机能状况，以更好地消除学生的身体疲劳，促进学生体力的快速恢复，更好地提高学生篮球运动技术水平。

（6）测验课

检测学生的身体素质指标和运动水平指标是篮球运动测验课的主要任务。该类型课的目的是通过有针对性地检测各个相关的指标，来客观、准确地评估训练水平，这样能够更好地帮助教师有针对性地开展下一阶段的篮球运动教学工作。

（二）篮球运动教学课的组织

1. 篮球运动教学课组织的要求

（1）加强学生的理论知识学习

①加强学生的思想政治教育

在对篮球运动教学与训练的任务和目的进行明确之前，一定要对学生的思想政治教育给予充分重视，充分调动学生参与篮球运动学习和训练的积极性，以进一步提高学生的责任感和荣誉感。在篮球运动教学中，教师需要完成很多工作，主要有以下几种：要始终贯彻严格训练、严格要求，及时发现教学过程中学生存在的问题，并针对问题提出正确、有效的解决方法，对于学生未能完成的各个训练任务要给予一定的鼓励。该部分内容在教学中有着非常重要的作用和意义，它是进行具体实践练习的基础，能够为实践提供科学指导。

②重视学生良好品德的培养

在教学过程中，教师要始终坚持全面贯彻党的教育方针，对学生顽强的意志品质和高尚的思想道德进行培养，这是作为一名优秀的学生所必须具备的素质。此外，要根据每个学生的个体差异和实际情况选择适宜的方法和手段，向学生传授篮球运动的基本理论和技术，不断提高学生的各种实践能力，以增强学生的体质，增进学生的身心健康发展。另外，还要做到课与课之间的承上启下，只有如此，才能更好地保证教学的系统性和完整性。

（2）加强学生的实践练习

①合理选用训练方法

篮球运动教学具有自身的特点，只有在组织方面采用有效的措施，才能保证教学任务顺利完成。但由于在客观条件方面存在差异，这就造成所采取的措施也不尽相同。比如，有的学校场地、器材少，班级的人数多，这就要求教师在组织练习时，要坚持从实际出发，灵活采用各种练习方法，在保持一定运动量的基础上，来达到调动学生积极性提高学生身体素质的目的。

②加强学生的合作意识和集体意识的培养

作为一项对抗性、集体性的运动项目，在篮球运动练习和比赛中，学生常常会出现一些思想和作风问题以及违反纪律问题等负面的现象和做法。这就要求在篮球运动教学中，要重视对学生进行思想方面的教育，对学生的思想和作风进行严格要求，并禁止学生出现负面的行为和现象，以保证在和谐、合作的环境中开展篮球运动教学课。

2. 篮球运动教学课组织的手段

篮球运动教学的组织管理主要是通过以下几个基本手段来实现的。

（1）课堂常规

课堂常规是进行课堂管理的重要依据，他对教师和学生都有着相当的约束力。教师在篮球运动教学课管理中，应对课堂常规管理给予高度重视，并根据相关规定，严格制定学生的课堂考勤、语言行为等，并始终进行贯彻。此外，对于课堂常规的相关规定和要求，教师也要进行严格遵守。

（2）课的结构

课主要是由准备部分、基本部分和结束部分共同构成。在篮球运动教学课中，在遵循课堂教学客观规律的基础上，教师要针对课时结构顺序采用不同的管理方法和措施，以避免出现课程混乱现象。此外，在面对突发事件时，也要采取果断而有效的措施。

（3）发挥学生干部的作用

在对班级进行组织管理时要采用合适的方式和方法。对于教师来说，班干部和技术骨干是其进行课堂管理的得力助手，要进行精心培养，为促使他们组织管理能力的提高创造有利条件，在班级里帮助他们树立起威信，从而让他们真正发挥助手的作用。

在篮球运动教学中，由于练习相对较为分散，教师在进行管理工作和照顾学生方面存在较大的难度，这就需要教师培养一些学生骨干，以协助自己进行分组练习。在小组中，学生骨干能够起到带领、组织、帮助小组同学进行练习的作用，这样既能够帮助教师顺利开展教学活动，完成教学任务，同时还能够促进学生骨干进一步提高组织和管理能力，以及他们发现、分析和解决问题的能力，从而为我国篮球运动事业的发展培养和输送更多的优秀人才。

（三）篮球运动教学课的具体实施

在具体实施篮球运动教学课的过程中，要对篮球运动教学课的结构进行合理安排。所谓课的结构实施，是课堂教学与训练的内部组织形式，具体是指课的组成部分以及进行的顺序和时间的分配。掌握和运用课的结构理论有着非常重要的意义和价值，这既能够帮助教师对教学训练的程序进行合理的规划和操作，科学分配教学训练的时间，对教学、训练活动进行合理、有效的调节，对教学内容进行严谨的组织，促使教学课堂显得更加紧凑，同时还能够保障教学任务在规定的时间内有效完成。

1. 篮球运动教学理论课的具体实施

课堂教学是高校篮球运动教学理论课主要采用的形式。这种授课形式主要是以教师的讲解为主，同时再适当安排一些课堂讨论，以更好地激发和调动学生的学习兴趣，理论课教学的具体实施步骤如下：

①教师通过采用讲述或提问的形式，引出篮球运动教学上节课的教学内容，从而为本节新授课的教学内容做好准备。②对本节课的教学内容进行讲授，在教学过程中，教师要对本节课的重点和难点进行反复论证，达到强化学生印象的目的，使学生能够更好地掌握和理解本节课的主要内容。③在本节理论课教学的结束部分，教师要简明扼要地对本节课的主要内容做出总结，并对重点进行归纳，同时布置一些课后作业，并向学生预告下节课的教学内容。

（1）篮球运动教学不同理论课的类型结构

通常来说，篮球运动教学理论课主要分为新授课和复习课两种，下面就这两种理论课的结构和组织来进行阐述。

①新授篮球课

新授课的结构主要包括组织教学、导入新课、讲授新课和布置作业四部分。其中，对本节课的新授内容进行讲授是其中非常重要的环节，教师常常会在这一部分花费更多的时间和力气。对于这一部分，教师单纯用来进行讲解的时间要占整节课 13%～15%，如果讲解时间过长，就会影响学生的练习时间，难以获得理想的教学效果。

②篮球复习课

复习课的作用主要是帮助学生对已学知识进行巩固、强化、加深理解，并做到融会贯通，复习课主要包括三个方面的结构，一是组织教学，提出本次复习的目的和具体要求；二是采用多种方法来进行复习；三是做出小结。

促使学生掌握篮球运动基本的理论知识是开展篮球运动教学理论课的主要任务，其内容主要包括篮球运动发展及趋势、篮球运动的技术和战术基本理论，以及篮球运动教学、训练、裁判、组织竞赛的方法等。

（2）篮球运动教学理论课的实施目的

对于学生来说，在篮球运动教学理论课中，通过对篮球运动基本理论知识的学习，学生要达到理论指导实践、理论联系实际的目的。常用的现代化教学设备主要有投影、幻灯、录像等，通过借助于这些现代化教学设备来开展篮球运动理论教学是目前篮球运动教学理论课现代化发展的重要趋势，对于培养学生分析问题和解决问题的能力具有非常显著的效果，是值得大力提倡的。

2. 篮球运动训练课的具体实施

在组织篮球运动教学课的过程中，教师发挥着非常重要的作用，为了使篮球运动教学课组织得更加科学，首先，教师要做到严于律己、以身作则；其次，教师要做到态度诚恳、热情，能够与学生进行良好交流和互动，这就要求教师不仅要关心学生的日常生活、思想活动和作息生活，同时还要关心学生的技术水平；最后，教师除了要做一个称职的鼓励者、教育者之外，还要做一个虚心受教的学者，对于学生反馈的意见和建议要虚心听取，将学生的真实想法和需要结合起来，集思广益，同时也要将自己的意图和要求告知学生，使学生学会自觉、自律约束自己的行为，这样才能更好地促进篮球运动教学效果的提高。

对于篮球运动训练课的组织，必须要给予充分的重视。通过上好训练课，能够更好地完成训练计划，提高学生的训练水平，并贯彻好科学系统的训练原则。根据教学大纲的具体任务和要求，针对训练课的内容、顺序、要求和进度做出合理的安排，就要求教师必须把握好教学大纲的精神和思想。

3. 篮球运动观摩讨论课的具体实施

与其他类型的篮球课程相比，篮球观摩讨论课有着更为灵活的形式，其主要目的是促使学生的表达能力得到提高，发展学生的分析和观察能力，促使学生的创造性思维得到激发。这种形式主要在进行篮球运动规则与裁判法以及篮球运动技战术分析等教学时采用。

在组织开展篮球运动教学观摩讨论课之前，教师要将观摩的内容、观察重点和需要解决的问题以及纪律等方面的具体要求向学生说明。观摩对象既可以是篮球课或篮球比赛，也可以是有关篮球运动技战术的录像片或电影等。在观摩的过程中，要求学生要做好笔记，将自己的体会和感想记录下来，并提出疑问，为接下来的讨论做好准备。在观摩讨论的过程中，教师要做引导性发言，围绕本节课的议题，组织学生进行民主式的发言，对于学生的不同意见要给予鼓励，并让他们开展激烈的讨论。在篮球观摩讨论课结束时，教师应做总结性发言，对讨论的问题和学生的讨论情况进行评述。未能得出结论的问题可以留待日后或下节课上继续探讨。

4. 篮球运动实习课的具体实施

促使学生篮球运动学习和训练能力、组织竞赛能力以及裁判水平得到不断提高是开展篮球运动实习课的主要目的。

在实习开始时，教师要对参与实习的人数进行检查和确定，并指导学生做好实习准备工作。

在实习过程中，教师要做好观察和记录工作。在实习结束时，针对学生的具体实习情况，教师要做出及时的评价，同时也可以鼓励学生参与实习课的讨论和讲评。所有参与实习的学生都要写出实习总结，为提高自身的学习能力打好基础。

第五节　高校篮球运动教学课的实践指导

一、备课

对于教师来讲，备课是其必做的功课，在备课的过程中，教师要做好以下几个方面的工作。

（一）认真钻研教材

通过对教材进行认真钻研，能够更好地帮助教师对篮球运动教学课的内容进行合理把握，并根据学生具体实际来选择适宜的教学内容。详细地说，教师应做好以下几方面工作：①对篮球运动教学大纲进行研究，并根据本学科的教学总目标以及各个单元、本次课的具体教学目标来更好地学习和领会篮球运动教学的基本要求，准确地把握好篮球运动教材体系的深度和范围。②对于篮球运动不同的教学内容，教师要有针对性地筛选，并同时研究所选定的多项教材中的难点和重点，以及前后的联系，做好总结工作。

（二）深入了解学生

在篮球运动教学中，学生是教学活动的主体。在篮球运动教学课实施的过程中，只有做到将课堂教学活动与学生的具体实际和需要相结合，才能更好地促进学生的发展。这就要求教师要全面了解学生，包括学生的身体健康、基础知识、运动能力水平、认知能力、个性特征、学习态度、兴趣需要，等等。

（三）选择教学方法

在进行篮球运动教学备课的过程中，教师要根据篮球运动教学的任务要求、教材的具体性质、学生的具体实际以及学校现有的场地器材条件等，对篮球运动教学中所使用的课堂教学方式进行合理的设计，并确定好篮球运动教学活动的具体类型和结构。

（四）正确编写教案

这里所说的教案，其实就是课时计划。教案是对每一堂课具体深入的教学准备，同时也是对师生课堂上预期的教学活动的描述和设计。备课的最终结果就是编写教案。在了解教学对象和钻研教学内容的基础上，教师通过对教学的组织设计来编写教案。对于体育教师来说，教案是其进行体育课堂教学的直接依据。

一个内容完整的教案主要包括以下几个方面：教学目标、教学内容、教学方法、本节课教学重点、运动负荷以及场地器材等，有的教案中还有课后记录等。

在进行教案编写的过程中，为了更好地保证教案的可行性和质量，教师必须重视以下几个方面：①教案的编写要以教学大纲的具体要求和学校的相关规定作为依据。②体育教师要对学生的实际情况进行如实详细的记录，如体育基础、体育骨干、伤病情况等，同时要考虑到场地、器材的实际情况等。③教案的编写必须要符合规范，在详略程度方面要做到合理。④在备课时，要做到语言精练、准确，正确运用教法。

（五）设计教学过程

教学过程既是一个比较特殊的认识过程，也是一个能够促进学生发展的过程，它是为了促使体育教学目标的顺利实现而计划和实施的。

1. 篮球运动教学过程设计的原则

在对篮球运动教学过程进行设计时要遵循以下几个原则。

（1）发挥教师主导作用原则

在篮球运动教学中，体育教师是信息的传递者，体育教师在篮球课堂教学中除了对信息进行编码，讲解内容之外，还要发挥主导作用，由对知识进行单纯的讲解转变为对学生所掌握的知识内容进行引导，引导学生能够主动地获取知识和培养实践能力。

（2）以学生为学习主体原则

体育教师在篮球运动教学过程中的主体作用主要表现为，对学生的学习积极性进行充分发挥，使他们能够拥有更多的参与机会，使师生之间的"双边活动"得以活跃，从而促使学生能够从过去的被动接受知识转变为主动获取知识。

（3）体现篮球教学方法原则

篮球教学方法是为了更好地实现学校篮球运动教学目标，体育教师和学生共同采取的方式，它主要包括体育教师"教"的行为和学生"学"的行为，在对篮球运动教学方法进行选择时，必须要考虑篮球运动的专项特点、学生特点、具体的教学目标和所选用媒体的特点。

（4）教学媒体优化原则

教学媒体的系统功能要想在篮球运动教学过程中充分发挥出来，就必须将多种媒体进行组合，形成一个更为优化的结构来实现，这就要求篮球运动教学媒体要对各种媒体的优化组合进行考虑，使它们各施所长、互为补充、相辅相成，为提高学生的学习兴趣服务。

（5）遵循学生认知规律原则

在对篮球运动教学过程进行设计时，必须要对学生的认知规律进行遵循，只有与学生特有的认知要求相符合，才能获得更好的满意效果。随着年龄的增长以及知识经验的积累，学生的认知能力也会随之提高，这就要求在篮球运动教学设计的过程中教师要对这一点进行充分考虑。

2. 篮球运动教学过程的设计

教学过程的表述是采用类似于计算机流程图的形式，把复杂的教学过程分解为相对简单的环节，将教学过程中各个要素之间的关系很好地显示出来，这既能够对教学过程进行优化，同时还能够保证教学过程得以有序开展。大多数体育教学内容的操作过程都可以使用流程图来进行表示。

我国高校篮球运动课堂教学过程中，练习型、示范型、探究发现型是教学过程设计常用的三种形式，具体内容如下。

（1）练习型

这种类型的教学过程主要以篮球运动技能的练习为主，在具体操作过程中，教师需要借助于媒体或进行动作示范，将动作的路线、结构等主要动作要领，以及动作变化发展过程传授给学生，学生通过感觉器官来进行观察和模仿动作练习。

（2）示范型

对于那些需要进行运动实践的体育教材内容来说，示范是在设计体育教学过程中必不可少的手段和途径。示范教学过程在篮球运动教学中有着非常广泛的应用，该类型的教学过程能够将篮球运动教学以身体活动作为主要形式的学科特点充分体现出来。

（3）探究发现型

探究发现型在篮球运动教学中主要用来组织学生进行观察、思考、探究原因、寻找规律等，这是教学生学会体育学习的主要教学方法。如表现为某一动作技能的结构或原理等，这样能够使学生的学习主动性和积极性得到充分激发和调动，更好地培养学生发现问题、探究问题、解决问题的能力。

在对篮球运动教学过程进行设计的过程中，教师要对在教学内容的特点以及学生对篮球运动基本理论和技能的掌握情况进行充分考虑的基础上，结合具体的课堂教学目标，来对符合学生学习和发展需求的教学过程进行合理选用和设计。

（六）准备场地器材

对于体育教学活动来说，场地器材是其基础，篮球运动教学同样也离不开教学场地、器材、设备，这些都是开展篮球运动教学活动非常重要的资源。在组织开展体育课前，体育教师要准备好课上所要使用的器材、场地，这是上好体育课的必备物质保证。此外，针对场地和器材，教师要认真规划场地，并科学布置器材。

二、课堂管理

通常来说，篮球运动教学是学生学习篮球运动基本理论知识的重要途径，因此对篮球运动课堂教学加强管理有着非常重要的意义。

（一）课堂管理的目的与要求

1. 篮球运动教学课课堂管理的目的

对于高校篮球运动教学课来说，其有着非常明显的课堂教学管理目的，主要体现为：向学生传授篮球运动文化、基本理论知识、技战术和机能等，同时培养学生参与篮球运动锻炼的兴趣，学习篮球的积极性和主动性，进一步提高学生的活动能力和健康的身体素质，培养学生的终身体育运动观念和意识，以为社会培养全面素质的人才。

2. 篮球教学课课堂管理的要求

进行篮球课堂教学管理需要做到相关的一些基本要求，具体来说，主要涉及以下几个方面。

（1）突出篮球教学管理特色

篮球运动教学管理应突出以下几点：①思想管理方面，要将学生需要与社会需要、育体与育心、校内体育教育与社会终身体育有机结合起来。②教学内容管理方面，将文化性与健身性、知识性与实践性、灵活性与统一性、民族性与国际性有机结合起来。③教学宏观控制方面，将统一要求与分类指导、业务督导与行政管理有机结合起来。④体育教学评价方面，将基本评价与特色评价、专题评价结合起来。⑤教学过程管理方面，将以情导教与以理施教、教师主导与学生主体、活泼的教学气氛与严厉的课堂纪律、培养刻苦精神与学生兴趣激发结合起来，从而培养出高素质、全面型的篮球运动人才。

（2）加强篮球教学管理的科学性和专业性

篮球运动教学活动包含了很多内容，并且非常复杂，也具有非常强的专业性。因此，在篮球运动教学过程中，体育教师要准确把握好篮球运动教学机制，并进行渗透化管理。同时还要定期或不定期地检查篮球运动教学管理的效果，从而建立起科学有效的篮球运动教学管理机制。

（3）检测篮球教学的质量和效果

对篮球运动教学课堂加强管理，其目的就是促使篮球运动教学的效果和质量得到有效提高，它要求既要在整个篮球教学活动过程中进行落实，同时还要在高校篮球运动教学管理的所有环节进行有效落实。

此外，体育教师在篮球运动教学过程中要充分发挥自身的管理主体作用，控制好其他的教学因素，以保证篮球运动教学活动得以顺利开展。

（二）课堂教务管理

1. 编班

编班是高校篮球运动教学中进行教学管理的重要内容之一。篮球运动教学要参与到具体的编班过程中，并且要将篮球运动专项的特点和学生的学习与发展要求充分体现出来。此外，编班要结合每名学生的具体实际来进行。

具体来说，在篮球教学课程的编班过程中，应对以下事项引起注意：①混合编班是我国目前高校所采用的主要形式。在进行混合编班的过程中，学校要针对各班体育基础好的学生以及男女学生比例尽可能地安排妥当，以更好地保证学生得到共同发展。②在编班的具体过程中，要重视不同学生的合理搭配，以保证能够顺利开展篮球运动教学活动。③在进行编班的过程中要对每个学生的篮球技能水平和运动基础进行充分考虑，以更好地对不同班级的学生进行合理分配。

2. 安排课表

在安排篮球教学课表时，为了保证课表的可行性和合理性，需要对以下几个方面引起注意：①作为一项教学活动，篮球运动教学主要是以肢体活动为主，这就需要学生能够在活动中保持高度的注意力，因此在对篮球运动教学课表进行安排时，最好将课安排在上午的第三节和下午。②要将每个班每周各个体育课之间的时间间隔控制在合理的范围之内。在安排篮球运动教学课时，还要对其他体育项目的课程时间进行安排。③如果教学的进度相同或者内容一致，可将不同的班级统一起来上课，但是，要对每节课教学的人数进行有效的控制。④对场地器材进行有效的布置和使用，同时还要注意做好器材的保养工作。

3. 有效控制课堂教学

（1）体育教师的上课管理

体育教师既是篮球教学中的教学者，同时又是管理者，由此可见，做好篮球运动教学课堂管理工作是促使篮球运动教学质量得以提高的重要基础。在篮球运动教学课堂管理方面，体育教师的主要工作包括：建立课堂常规，做好思想政治工作，调动学生的积极性，进行合理分组，运用多种教学方法和手段，掌握好运动密度和强度，使用运动场地和器材，采用各类安全保护措施，以及确定教师和学生的服装要求等。

篮球运动教学目标的顺利实现是以篮球运动课堂教学活动顺利开展为前提的，这也是整个篮球运动教学计划得以完成的重要基础。这就要求体育教师要高度重视篮球运动课堂教学的控制。

必须引起重视的是，篮球课堂教学文件的制订对篮球教学实践起着积极的导向作用，而在篮球教学的实践过程中，已经制订完成的教学计划常常会和教学的实际情况产生矛盾。例如篮球考核课的某一考试标准可能定得有点高，从而使得很大一部分学生都不能及格；或者在篮球教学过程中出现了场馆器材条件不能使教学需要得到满足的现象，或者由于某些客观原因使得某一个单元的篮球教学课产生多次连续的缺课，造成教学计划无法按时完成或者无法保质保量地完成。这些问题都会在一定程度上阻碍篮球教学活动的开展，因此，这就要求体育教师在篮球教学过程中及时发现上述问题并及时控制篮球课堂教学中产生的各种矛盾，以便于合理安排篮球课堂教学活动，使篮球教学课程顺利开展。

（2）高校对体育教师的上课管理支持

在教学中，上课是教师开展教学和学生学习知识最为重要的形式，高校管理者要为体育教师提供相应的支持，以更好地促进体育教师顺利完成课堂管理。

在目前的学校体育教学管理系统中，要充分发挥控制职能，必须要将一定的机构作为基础，但控制机构在体育课堂教学控制过程中并不是单独存在的，它与体育教学部、器材室、教研组等组织机构是同一个。但这样做，会造成一个组织机构承担了过多的职能，这在体育课教学控制方面会造成一定程度的阻碍。这就要求高校相关管理部门要像其他文化课程一样给予体育课教学同样的支持和关心，并提出相关要求。高校相关部门及领导应积极主动地深入课堂，对体育教师的教学情况进行充分的了解，使对体育课的检查与督导力度进一步加强，同时，应积极组织一定的示范课、公开课、研究课，并对其进行积极的探讨。为体育教师创造良好的教学环境，并进一步促进教学水平快速提高。

具体到篮球运动教学课的管理来讲，对篮球课堂教学的控制一定要职责明确，责任到人，充分发挥体育教师在篮球教学管理和篮球教学过程控制中的作用，给予体育教师一定的管理权力和管理弹性。

（三）教学训练管理

1．个人训练管理

个人训练的主要目的是提高学生对篮球技战术的掌握和熟练程度，改进个人技术动作的不足，发展各项运动素质和能力。对于集体训练来说，个人训练是补充和辅助，学生进行独立思考和反复实践，以便更好地领悟篮球运动技战术的规律和运用技巧，并逐步形成自身的技术风格。此外，需要注意的是，在对个人训练进行安排的过程中，要结合学生的具体实际、教学目和教学任务等，进行有针对性的安排，以保证获得更为理想的训练效果。

2．班级训练管理

一般来说，学校的班级体育锻炼实行的形式是以班为单位分成若干小组，这些小组在班干部和锻炼小组长带领下开展具体的体育训练活动，因此这就要求班主任和体育教师要合理指导并管理班级体育训练，从而使班级体育训练得到有力保障并取得良好的锻炼效果。目前，在时间、内容、生理负荷和组织等方面，班级体育锻炼都提出了很多具体要求。这就要求在组织班级篮球运动教学训练以及选择篮球运动教学内容时，要将其与训练结合起来，以保证学生学习的有效性。对于学生来说，早操是其训练生活的一个重要环节。其主要作用是消除身体疲劳，增进健康，并在生理和心理方面为当日的训练任务做好准备。此外，还能够进一步增强运动器官的发展，对技术动作进行强化和改善。在早操内容选择方面，教师可以考虑将篮球运动的一般体能训练纳入其中，鼓励学生积极学习篮球，具体要根据训练任务、目标、客观条件以及学生的实际情况等进行有针对性的选择和运用。这里需要注意的是，要合理安排适宜的早操运动时间和运动负荷，否则会影响学生学习篮球教学课中的专项运动训练。

（四）意外事故管理

篮球教学是以身体练习作为主要内容的，这就造成教学过程中难免出现一些运动损伤和运动疾病，甚至一些意外伤害事故，因此教师应加强在教学过程中对学生意外伤害事故的管理。当学生出现重大的意外伤害事故时，教师要做到根据意外伤害事故的性质做出正确的判断并实施相应的抢救措施，轻伤者可送医务室治疾，重伤者或生命危险者应立即转送医院抢救，教师还要立即将伤害事故发生的时间、地点、原因、后果与处理措施等具体情况及时汇报给学生家长、学校领导和当地派出所或有关部门，并填写相关的意外伤害事故报告。填写的报告内容要实事求是，必要时提供相应的人证、物证。如果出现意外死亡情况，最好请当地的法医进行鉴定报告。

三、课后总结

（一）课堂情况总结

对课堂任务的完成情况进行总结是课后总结最为首要的工作，这主要包含以下内容：首先，对本次篮球教学课的任务完成情况、教学内容完成情况、课堂组织的合理性、内容安排的合理性、时间分配的可行性等进行总结。其次，对在本次篮球教学课中教师的执教情况进行总结，并对教师的教态、讲解示范效果、教学方法以及课程完成的得失进行分析。最后，对本次篮球教学课中学生的学习情况进行总结，内容包括学生是否按教师的要求完成了计划规定的练习内容，掌握知识、技术、技能的有效程度。

（二）发现教学问题

1. 教师的自我评价

客观、全面地评价教师在篮球教学课中的具体表现，在进行具体评价过程中要考虑以下两个方面：①是否合理地组织。②在讲解和示范动作中是否存在问题，包括示范位置、教学进程、内容顺序、对错误动作纠正等。

2. 对学生的评价

在评价学生的过程中，能够找出篮球教学课中存在的不足，具体内容如下：①在课堂上，学生练习的积极性、组织纪律性。②在练习中，学生存在的普遍问题和个别问题。③学生的接受能力以及掌握和理解能力等。

（三）提出改进对策

提出改进对策包含以下方面：①针对篮球运动教学的内容、形式、手段、练习方法等方面，要广泛地收集和分析意见，为接下来的篮球运动教学提供参考依据。②结合课的时间分配、练习强度、课的密度等方面，以及学生课上的表现来进行分析，为接下来的篮球运动教学提出改进设想和对策。③结合教师讲解、示范动作、示范位置对学生学习效果的影响，为更加充分地发挥教师的主导作用提出改进措施。④对于本次篮球教学课的内容，要分析学生的认识、理解、学习情况，为更加合理地安排篮球运动教学内容提出良好的建议。

第二章　高校篮球技术训练

第一节　移动技术及运球技术

一、移动技术

移动是队员在篮球场上跑、跳、停（急停）、转（身）、变（向）、滑（步）等各种身体动作通过脚步移动形式所体现的一项技术动作，它是篮球技术的基础。在比赛中，各种攻防技术的应用往往都与移动技术相关。因此，在篮球课的教学计划与教学安排中，移动技术通常都是作为首先学习的课程，它也是青少年篮球基础训练的重要内容之一。

（一）移动技术训练要点

在比赛中，队员运用各种移动的实质是为了争取比赛中的主动，有效地完成进攻和防守的任务。因此，在训练中应着重抓好以下几点：①移动技术训练是以脚步动作的练习为主要形式，内容相对比较枯燥，体力消耗较大。在训练中要教育队员正确认识移动技术的重要性，尽可能地采用多样化的练习方法或竞赛性的练习，以提高练习的积极性和训练效果。②抓好移动技术动作训练的同时，应重视腰胯力量、腿部力量和身体灵活性的训练；抓住脚的用力与蹬地方法、控制与转移身体重心的问题，强调踝、膝、髋关节动作的协调用力与上肢动作相配合，做到突然、快速、多变；要求合理地控制与转移重心，随时保持身体的平衡。③在脚步动作训练的初级阶段，可降低移动速度，在慢速中反复体会动作，以掌握正确的动作，建立正确的概念和动力定型。然后逐渐加快移动速度和加大练习难度，逐步提高练习要求。④移动技术的训练应与身体训练紧密结合。应特别重视发展运动员的专项运动素质，注重运动员下肢力量、身体的协调性与灵敏性的训练，不断提高完成动作的速率。⑤在训练中，应重视和加强移动与其他技术的结合训练。在掌握其他技术的同时，进一步提高队员控制和转移身体重心的能力，促进移动技术的熟练掌握和提高，以适应现代篮球运动的对抗需要。⑥移动经常是在不同条件下多个动作的结合运用，如起动—快跑—急停—转身；快跑—变向—空切—起跳等。移动的教学，应在掌握单个动作方法的基础上，重视技术的组合练习，加强组合动作的强化训练，然后进一步组织与篮球技术的结合训练，提高综合运用能力。⑦练习中要重视各种步法和假动作的训练，强调利用移动速度和动作快慢节奏的变换来超越或控制对手，要求做到方向的改变与速度的变化要统一，即变向后必须加速。⑧移动技术的运用，无论采用哪种方法和变化形式，都有赖于对场上情况的观察和判断。因此，应重视视觉的训练，可采用多种手段和方法，要求队员养成抬头观察的习惯，提高观察判断能力和反应，做到机动灵活地运用脚步动作。

（二）移动技术训练方法

移动技术的训练可分为：移动的基本动作练习、移动技术的强化训练、结合攻守战术意识的移动技术练习等三个部分。

移动技术教学的基本动作练习，主要任务是通过这一阶段的系统练习，使队员了解不同技术动作的要点，初步掌握各个移动技术的动作方法与动作规格，逐步提高脚步动作的灵活性。

1. 移动教学的辅助练习

在移动技术教学中，适时、正确地运用各种辅助性练习，有利于队员更好地体会篮球场上腰髋、膝踝、脚掌不同部位的用力方法，发展队员身体动作的协调性，培养良好的专项动作意识，以便尽快地为学习与掌握各种移动技术打好基础。

（1）原地蹬、跨练习

动作方法：全队站位成体操队形。练习时，队员在原地从基本姿势开始，根据教练员的指令，做向前、向左、向右不同方向的蹬地、跨步、向后撤步的动作练习。

提示：开始时，动作速度可由慢到快。体会蹬、跨时身体重心的变化以及蹬地动作的方法与足部肌肉的用力。强调队员要根据移动的方向确定哪个是蹬地脚以及脚的蹬地部位和重心转移与蹬地的配合。

要求：随时保持基本站立姿势，身体上、下肢积极配合，控制好身体平衡。

（2）行进间脚步动作的模仿练习

动作方法：全队成纵队沿球场边线行进，依次做以下练习。

第一，队员沿着球场边线行进，用前脚掌着地做快速走的练习。

第二，队员沿着球场边线行进，用脚内侧着地做向左、右跨步行走的练习。

第三，队员沿着球场边线行进，走动中模仿变向跑的动作练习。

提示：开始时，速度不要太快，要求队员着重体会前脚掌不同部位的蹬（地）跨（步）时的肌肉用力感觉；双膝微屈适度降低身体重心，做到动作协调、连贯，逐渐加快行进速度。

（3）原地碎步移动练习

动作方法：队员站位成体操队形。练习时，根据教练员的指令，队员做原地碎步移动练习。练习数次后，队员可视教练员的手势，做侧跨同时单手触地，还原后再继续碎步移动，如此反复进行；也可根据教练员的指令，各组队员由原地碎步移动变为向不同方向的起动快跑。

提示：要求队员脚后跟离地，前脚掌用力；上体要自然放松，两臂在体侧自然摆动，身体重心落在两脚之间，并保持一个较低的状态，两脚交替的频率要尽可能地快或随教练员的信号变换频率。

（4）一对一的"影子"追仿练习

动作方法：两人一组，面对面分别于球场线两侧准备，开始时，线内队员沿线移动做快跑、急停、折返、转身、跳跃等动作，线外的队员视同伴的动作迅速做出相同的动作反应，像同伴的"影子"快速移动追仿。此练习可规定30秒或1分钟一组，相互交换练习。

提示：要始终与同伴的动作保持一致；降低身体重心；动作变换时，反应要快，强调快速跟进，动作协调、灵活。

（5）限制区、中圈沿线追逐跑练习

动作方法：两人一组，如图2-1所示，开始时，○听到信号后起动，沿限制区或中圈圈内各线快跑，●在后面追逐，在规定时间内追上对方则为胜。然后两人交换练习。

提示：强调沿线追跑，否则违例。要求队员反应要快，跑动快速。此练习也可以追拍，队员视教练员的信号急停，待教练员再次发出信号，两人交换追跑。

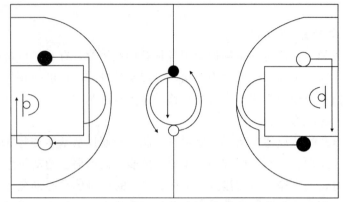

图 2-1　限制区、中圈沿线追逐跑练习

（6）移动"抢占位置"练习

动作方法：全队分布在整个球场内，相互间隔4～5米。练习前，选出2～3人做抢占者，其余都在各自的脚下画一直径约1米的圆圈。开始时，队员看到教练员发出信号后，圈内的队员必须跑出来重新抢占另一个圆圈。此时，原来选出的抢占者也可抢占任一空位，未抢占到位置的队员可罚做原地收腹跳或俯卧撑，接着继续进行。

提示：练习时为了增加难度，也可改为看到信号后必须连续抢占二或三次位置（不准抢占原位位置），也可采用运球方式进行。

要求：队员必须看信号后才得起动，反应要快，起动迅速，急停要稳。

（7）全场两人面对面牵手侧身快跑练习

动作方法：两人一组，开始时，两人位于端线外，双手互相牵住，面对面转头注视跑进方向，视教练员的信号直线快跑直至对面端线，各组依次进行。

提示：自然快跑，转头注视前方，适当降低身体重心，脚尖朝向跑进方向。

（8）全场弧线绕圈快跑练习

动作方法：全队依次按既定路线做弧线绕圈快跑，直至对面篮下。

提示：训练队员快跑中身体重心的变换与平衡能力。

要求：绕圈时步幅小、频率快、身体向内倾斜，加快跑动频率。

2．移动的动作练习

移动的动作练习是学习与掌握移动技术的基础；通过此练习，使队员系统地掌握移动不同技术动作的方法，明确动作要领。

（1）起动技术的动作练习

起动是队员实现场上快速位移的基本方法。它是队员由静止状态向动态变化的一种脚步动作。它往往结合跑动技术加以运用，具有方向和时间不确定、快速、突然的特点。在训练中，应多组织不同形式的起动练习，重视视觉反应能力的训练，把起动与快跑、急停结合起来进行练习，以发展队员的灵敏性与爆发力。

起动时要求做到：反应要快，蹬地有力，上体前倾，重心前移，积极摆臂，加速跑动，前两三步短而急。

①原地起动练习

动作方法：4人一组，在球场端线处站位。开始时，队员听或看到教练员的信号迅速起动向前快跑，跑出三分线外减速，返回到排尾，各组依次练习。

提示：起动前保持基本站立姿势，眼视前方；起动时，重心前移迅速，蹬地用力，前两三步做到短（促）而快（速）。

②不同情况和状态下的起动练习

动作方法：4人一组，开始时，队员蹲着或坐地，原地侧向（背向）站立或原地向上跳起后，听或看教练员发出的信号，迅速向指定方向起动快跑，各组依次进行。

提示：强调反应要快，动作变换时，蹬地用力，重心前移快速起动。

（2）跑动技术的动作练习

篮球场上跑动的技术方法较多，它是移动技术的主要内容，也是教学训练的重点。跑动的技术动作主要有：变向跑、变速跑、侧身跑和后退跑。跑动中不仅要求快速、灵活、突然、多变，而且要重视队员观察判断能力的培养，突出速度的变化，做到方向的改变与速度的变化相统一。

因此，在教学训练中应抓住这一特征，强调跑动速度的同时，加强跑动节奏的训练，要求跑动中抬头观察，掌握好脚的蹬、碾、伸与腰髋的转动和身体动作的协调配合。

①移动中看信号变向跑练习

动作方法：教练员、队员站位如图2-2所示，开始时，先由④队员向前快跑，跑动中看教练员的手势向指定方向做变向跑，然后回到原排尾，如此依次进行。练习一定时间后，可增加练习难度，要求队员向教练员手势的相反方向做变向跑，即教练员将右手侧平举，队员则向左做变向跑，反之亦然。

提示：跑动时要抬头观察前方；变向时反应要快，动作快速、突然。如向左变向，则右脚前脚掌内侧用力蹬地，同时左脚向左前方迈步要快，腰髋带动上体向左积极转动，上、下配合一致，变向后要有明显的加速动作，向右变方向时，动作相反。

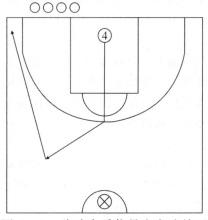

图2-2 移动中看信号变向跑练习

②变方向跑练习

动作方法：队员跑动中在障碍物前做变向跑，直至对面篮下。

提示：开始时可在慢跑或中等速度中进行，强调变向后加速；待队员基本掌握后，再要求队员在快速中完成动作。

要求：变向要突然，蹬地、转体、移重心、跨步、上体前倾加速跑动要连贯。

③半场弧线向内侧身跑练习

动作方法：练习时，队员依次沿三分线外从右边跑到左边，跑动同时侧身注视篮下的教练员；然后再从左边沿着三分线外跑到右边，做向内侧身跑的练习，之后反复进行。

提示：跑动时，上体向球篮方向侧身，脚尖沿着三分线快跑，目光注视篮下。

④全场侧身跑练习

动作方法：队员依次沿边线向对面篮下侧身快跑，跑动时向内侧身转头，注视侧后方篮下的教练员，直至到对面端线，然后排至另一侧队尾，两侧同时进行。

提示：跑动时上体侧身，脚尖向前，逐步加速，头肩向内转动，观察场上情况。

⑤全场变速跑练习

动作方法：队员依次从端线开始，沿边线向前快跑，跑动做加速—减速—加速的变速跑，直至对面端线。

提示：强调步幅的变化，注意上体动作的配合；做到反应要快，速度变化要明显。

⑥全场分段变速跑练习

动作方法：全队4~6人一组，练习时把全场分成4个区域，要求队员在规定的区域内做加速—减速的变速跑。

提示：动作变换要及时，变速要明显，身体上、下动作要协调。

⑦全场"8"字绕圈侧身跑练习

动作方法：队员按既定的跑动路线，沿场内三个圆圈做"8"字侧身快跑，直至对面篮下，依次往返进行。

提示：掌握跑动节奏，接近圆圈时向外侧身加速，同时做出接球的动作。

（3）急停技术的动作练习

急停是队员在跑动中突然制动速度的一种动作方法，它也是各种脚步动作衔接和变化的过渡动作；比赛中多与其他技术结合运用，在教学训练中应给予重视。

急停的动作有跨步急停和跳步急停两种。跨步急停常用于快速跑动，要求跨步时重心下降，上步抵地，脚用力，上体内转，腰胯用力保持平衡。跳步急停常用于中速移动，要求轻跳双（脚）落，两脚开立，重心下降。

①急停动作的模仿练习

动作方法：队员成基本站立姿势，听或看到教练员发出的信号，立即向前跨步做两步急停或上步做跳停的模仿动作练习；连续做数次后，回到排尾，下一组继续练习。

提示：明确动作要领，着重体会急停时脚着地的顺序和屈膝及身体重心的变化。练习数次后，可要求队员原地小步跑，听或看信号后做跨步急停和跳步急停的练习。

②半场弧线跑动中的急停练习

动作方法：队员从一侧端线开始，依次沿三分线侧身跑动，视篮下教练员的信号，做出跨步急停或跳步急停的动作，直到另一侧端线，左右两侧交替练习。

提示：要求队员跑动中侧身注视篮下，急停动作要快；停步同时做出接球的模仿动作，身体迅速转向球篮方向。

③行进间急停动作练习

动作方法：开始时，队员走动或慢跑三、五步接着做跨步急停或跳步急停。练习数次后，逐步加快跑动速度，要求队员在快跑中做跨步急停。

提示：两步急停时首先强调脚的着地方法与动作节奏，跳停时做到轻跳双（脚）落；重心下降，腰腹用力，控制好身体重心的位置，做到停得稳，起得快。

（4）转身技术的练习

转身是在比赛中队员为完成下一个动作而改变身体方位时所运用的一种方法。它既可在原地进行，也常用于行进间。转身可分为前转身和后转身，转身时，要求重心下降，蹬跨有力，碾（地）、转（体）相结合，腰胯用力，重心不要上、下起伏。

①原地转身动作练习

动作方法：队员在球场内成体操队形，两列横排，面向教练员。练习时，队员根据教练员的信号分别以左、右脚为轴，做原地前（后）转身练习，如此反复进行。

提示：身体重心不要上、下起伏，保持屈膝降重心，转身时，蹬（地）、辗（地）配合一致，腰胯带动上体积极用力转动。

②不同条件下的转身动作练习

动作方法：队员按下列方法，在不同条件下练习各种转身技术动作，即队员原地持球，分别以左、右脚为轴，做前、后转身练习；队员跑动中急停，然后做前、后转身，再起动快跑；队员原地抛球，跳起接球落地后做前、后转身。

提示：练习安排时，注意循序渐进，做到先原地，再移动；先无球，再有球。

（5）跳动技术的练习

跳动是队员在球场上争取高度和远度的一种方法。它具有方向、时机不确定的特点，要求跳得快、跳得高，滞空时间长。双脚跳时，两膝弯曲降重心，用力蹬地，向上摆臂，充分伸展，落地屈膝，保持身体平衡。单脚跳时，踏跳脚用力蹬地，起跳腿上摆，身体充分向前上方伸展，控制身体平衡。

①原地向不同方向的跳动练习

动作方法：队员根据教练员的信号或规定做以下各种跳动的动作练习，即原地双脚起跳，向上跳；侧跨一步双脚起跳，向上跳；前跨一步双脚起跳，向上跳；助跑二三步单脚起跳，向前上方或向上跳；后撤一步双脚起跳，向上跳；原地双脚起跳，连续向上跳；后转身（或前转身）侧跨一步双脚起跳，向上跳；向左或右侧跨步双脚起跳，向侧前方跳。

提示：起跳前屈膝降重心，起跳时前脚掌用力蹬地，同时向上提腰、伸臂，动作要快速协调。做到起跳快、跳得高。落地屈膝缓冲，保持身体平衡。

②单脚连续向左右侧的跨跳练习

动作方法：在场地上画出两条直线，队员从端线出发，在右侧边线外用右脚向左侧前方奋力起跳，同时双臂向左侧上方伸出。左脚落于左侧直线后，立即用左脚向右侧前方起跳，同时双臂向右侧上方伸出，如此连续进行至对面端线。

提示：此练习也可要求队员右脚蹬地向右侧跳出，落地后，左脚蹬地向左侧跳出，锻炼队员连续向不同方向跳起的能力，提高队员的协调性。

③双脚连续侧向起跳练习

动作方法：队员沿球场两侧依次在跑动中做双脚斜向右侧起跳，双臂向右侧上方伸出，双脚同时落地后，向前助跑2～3步，立即用同样的方法向左侧斜上方起跳。如此连续进行至对面端线。

提示：强调落地屈膝、快蹬地、摆臂、伸膝、腰用力，加强动作的连续性与协调性。

（6）防守步法的练习

防守步法是个人防守技术的基础，也是移动技术之一。主要内容有滑步、后撤步、攻击步、渐进步、跨步、碎步、绕前步等。其中，滑步是最基本的一种防守步法，它易于保持身体平衡，可向任何方向移动。滑步可向侧、向前和向后进行滑动和做后撤步，与其他步法相结合以阻截对方的行动；它也是队员学习和掌握其他防守步法的基础，在教学训练中应特别给予重视。

①后撤步与滑步动作练习

动作方法：队员在场内两列横排成体操队形，面向教练员听和看教练员的手势做向左、向右、向前、向后滑步；向前滑步变后撤步接侧滑步；向前或向后滑步，接攻击步变后撤步接侧滑步。

提示：强调降重心、保（持）平稳，后撤时前（脚）蹬后（脚）跟，动作连贯协调，有速度。

②全场"Z"字形侧滑步练习

动作方法：队员依次按规定路线做"Z"字形侧滑步接后撤步练习，直至对面端线。

提示：要求动作规范，做到屈膝降重心，滑动时摆动脚迈步积极，蹬地脚用力跟进，两脚一致，上、下协调，始终保持身体平衡。

二、运球技术

（一）运球技术训练要点

1. 形成正确的运球技术动力定型

（1）建立正确的运球技术动作表象和完整的动作概念

运用直观法，利用示范动作、图片、电影、录像、网络等演示运球技术动作，使学生了解运球技术动作的形象结构；向学生讲解运球的目的和作用，使学生了解清楚各种运球技术的运用时机、动作方法、动作要点及其关键环节，指导其进行正确的运球技术学习。

（2）掌握运球技术动作，形成正确的运球技术动力定型

在初学阶段，把握由易到难、由简单到复杂的原则。先让学生掌握正确的运球手法和基本姿势，然后再教学生不同的运球技术，如运球手法和身体协调及掌握重心变化，最后让学生反复练习各种运球技术（可采用交叉或轮换的方法练习）。运球的教学顺序是：原地运球—行进间直线高、低运球—运球急停急起—体前变向运球—背后运球—转身运球。

2. 学会组合技术的初步运用

（1）掌握运球技术动作和其他技术动作的衔接

学生在掌握各种运球技术后，可以和持球突破、投篮等技术动作衔接起来，或与各种运球技术动作衔接进行组合技术的练习。

（2）提高完成组合技术的质量

在能衔接连贯组合技术动作的基础上，进一步掌握组合技术的节奏、速度和动作的准确性。如背后运球和转身运球的组合技术练习，转换动作间要有一定的时间停留。

（3）提高应变能力

按照比赛实际需要，把运球和突破、投篮等动作结合起来练习，提高运球的应变能力和战术意识。

3. 在攻守对抗条件下提高运球技术

①在消极对抗的情况下，提高运球选择的运用时机和运用能力。

②在积极对抗的情况下，提高在对手堵截、抢断、干扰情况下的运球能力。

（二）运球技术训练方法

1. 熟悉球性练习

（1）原地拍起静止不动的球

将球放在地上使之静止不动，然后用腕、指不断地拍球，利用球的反弹作用将球拍

起，随后再把球拍至地上静止，再重新把球拍起。

（2）固定手臂运球

准备姿势同上，把运球手的肘关节放在膝上固定不动，利用腕、指力量低运球。

（3）直臂对墙运球

一手托球于头前上方，利用腕、指力量对墙进行运球。速度由慢到快，两手交替练习，最后双手同时对墙练习。

（4）坐位运球

运球者坐在地上，两脚向斜前方分开，运球者沿腿的内外侧进行运球练习。

（5）单臂支撑旋转运球

运球者单臂支撑成侧卧撑，以支撑手为轴，另一手运球旋转移动，然后换手支撑。反复练习。

（6）双手运球练习

双手同时体侧运球或不同时依次交替运球练习。

2．原地运球

（1）原地高、低运球

运球者两腿开立，约与肩宽，左、右手交替进行原地体前左、右手变向运球，右手运球按拍球的右上方使球弹向左侧，左手按拍球的左上方使球弹向右侧，反复练习。

（2）原地体侧前后推拉运球

运球者两腿前后开立，运球手按拍球的后上方使球向前弹出，运球手迅速前移至球的前上方，按拍球的前上方使球弹回。熟悉后可加大动作幅度与速度，反复练习。

（3）原地胯下左、右运球

运球者两脚前后开立成弓箭步，右手持球加力，使球从胯下向左反弹，左手迎引球后，再加力使球从胯下向右反弹，依次两手交替运球，动作速率可逐渐加快。

（4）原地胯下绕"8"字运球

两腿左、右开立，约与肩宽，其他动作方法基本同上。只是迎引球的手接触到球时，引球从腿外侧绕过来再推向另一侧。

（5）原地背后换手变向运球

运球者两脚左、右开立，约与肩宽，左手持球向左挥摆至体侧，然后用手指、手腕加力，使球经身体左侧向后右下方落于体前，使球向右侧上方反弹，右手在背后右侧控制球，然后再加力向左运拍。依次在背后交替换手运球，反复练习。

3．行进间运球

（1）全场直线运球

分三组站立，做直线高、低运球练习。

（2）弧线运球

沿罚球圈中圈做弧形运球到对面的底线，再沿边线直线运球返回。

（3）运球急停急起

每人一球，根据老师信号练习急停急起或变速运球。

（4）曲线运球

全场进行曲线变向运球练习。

（5）运球后转身或背后换手变向运球

按图示路线到障碍物后做后转身一次或背后运球再换手加速继续前进，然后站另一组排尾，按顺序进行练习。

（6）领跑运球练习

一名队员不带球在前面时快、时慢，做变向、急停、后转身等动作，另一队员持球在后面跟随他做相应的运球动作。

4．运球对抗练习

（1）全场一攻一守练习

两组同时进行全场一攻一守的练习，然后分别到站队组的排尾，依次轮流练习。

要求：开始时只准堵位，不准抢、打球，然后逐渐由消极到积极防守，最后到强烈对抗，真攻真守。

（2）全场二防一练习

一人运球，两人防守，进行全场攻守练习。

要求：开始时只准堵位，然后逐渐由消极到积极防守，进行围堵、拼抢，以提高运球能力。

（3）弱手攻防练习，半场二对二或三对三攻守练习

都要用弱手运球，否则视为违例，目的是提高弱手的运球能力，进一步提高控制球的能力。

5．运球技术综合练习

（1）运球与传、接球结合练习

如图2—3所示，②开始运球，在运球中将球传给③，然后跑至③排后。③接球后运球中把球传给④，然后跑至④排后。以此类推，连续练习。

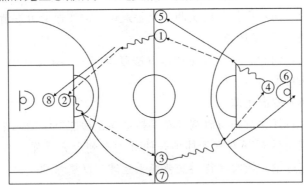

图2—3　运球与传、接球结合练习

要求：运球与传球的衔接要快而协调，不出现走步违例，此练习目的是提高运球和其他技术动作的衔接能力。

（2）运球、传接球、投篮练习

如图2—4所示，①和④各持一球，同时开始运球，运至罚球线延长线时，分别将球传给⑧和⑦，传球后迅速向篮下切进，途中再接⑧和⑦的回传球，快速运球上篮。投篮后自抢篮板球，分别传给⑤和②，依次练习。

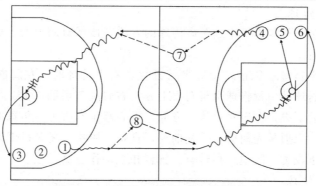

图 2-4　运球、传接球、投篮练习

　　要求：技术动作的衔接要连贯协调，不出现走步违例，此练习目的是提高队员快速运球上篮和抢篮板球后第一传的技术。

　　（3）运球交叉、传接球、投篮练习

　　如图 2-5 所示，①运球与②交叉时，将球传给②，②运球中将球传给①，连续进行，接近篮下时，掩护①投篮，然后交叉练习。

　　要求：交叉后，接球队员要加速运球，传球队员要注意保护球，无球摆脱和运球变向要突然，运球时注意保护球。此练习目的是提高技术的运用能力，逐渐培养战术意识。

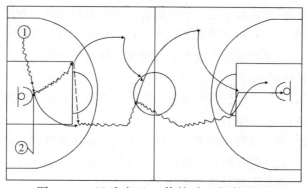

图 2-5　运球交叉、传接球、投篮练习

第二节　传接球技术及投篮技术

一、传接球技术

（一）传接球基本技术

1. 双手胸前传球

　　双手胸前传球是篮球比赛中最基本、最常用的一种传球方法，具有传球快速有力、准确性高、容易控制、便于与其他动作相结合的优点。

　　动作方法：双手持球于胸腹之间，两肘自然弯曲于体侧，身体成基本站立姿势，眼平视传球目标。传球时，后脚蹬地发力，身体重心前移，两臂前伸，两手腕随之旋内，拇指用力下压，食、中指用力拨球将球传出。球出手后，两手略向外翻。

　　提示：持球动作正确，用力协调连贯，食指、中指拨球。

2. 单手肩上传球

单手肩上传球是一种常用于中远距离传球的方法，传球时用力大，球飞行速度快，常在发动长传快攻时运用。

动作方法：双手持球于胸前，两脚平行开立，右手传球时，左脚向传球方向跨出半步，右手靠左手拨送球的力量将球引至右肩上方，右肩关节引展，大、小臂自然弯曲，手腕稍后屈，持球的后下方，左肩对着传球方向，重心落至右脚上。传球时，右脚蹬地发力同时转体带动上臂，以肘领先前臂，手腕前屈，食指、中指、无名指用力拨球将球传出。

提示：自上而下发力，蹬地、扭转肩、挥臂扣腕动作连贯。

3. 单手体侧传球

单手体侧传球是一种近距离隐蔽传球的方法。外围队员传球给内线同伴时常用这种方法，与跨步、突破等假动作结合运用效果较好。

动作方法：两脚开立，双手持球于胸前。右手传球时，左脚向左侧前方跨步的同时将球引至身体右侧呈右手单手持球，出球前的一刹那，持球手的拇指在上，手心向前，手腕后屈。传球时，前臂向前做弧线摆动，手腕前屈，食指、中指、无名指拨球将球传出。

提示：跨步与向体侧引球同时进行，前臂摆动要快，传球手腕用力。

4. 双手接中部位的球

动作方法：两眼注视来球，两臂迎球伸出，双手手指自然张开，两拇指成"八"字形，其他手指向前上方伸出，两手成一个半圆形。当手指触球时，双手将球握住，两臂顺势屈肘后引缓冲来球的力量，两手持球于胸腹之间，成基本站立姿势。

提示：伸臂迎球，在手接触球时收臂后引缓冲，握球于胸腹之间，动作连贯。

5. 双手接高部位的球

这种接球方法与双手接中部位高度的球相同，但要求两臂必须向前上方迎球伸出。

6. 双手接低部位的反弹球

动作方法：接球时要及时迎球跨步，上体前倾，眼睛注视来球方向，两臂迎球向前下方伸出，掌心斜对来球的反弹方向，五指放松，自然张开，手指触球后，两手握球顺势将球引至胸腹之间，保持身体平衡，成基本站立姿势。

提示：跨步迎球要及时，手臂下伸要快。

7. 单手接球

单手接球范围大，能接不同部位和方向的来球，有利于队员接球后的快速行动。接高部位、中部位、低部位的动作方法基本相同，只是在接高部位的球时，掌心向上。

动作方法：原地单手接球时，接球手向来球方向伸出，五指自然分开，掌心正对来球，手腕、手指放松。当手指触球时，顺球的来势迅速收臂，置球于身体前方或体侧，另一手迅速扶球，保持身体平衡，做好下一个进攻动作的准备姿势。在移动中接球时，要判断来球的时间和落点，及时向来球方向跨步移动，接球后要迅速降低重心，衔接下一个进攻动作。

提示：手指自然分开，伸臂迎球，触球后引要快，另一手及时扶球。

（二）传接球技术训练方法

1. 熟悉球性的练习方法

（1）用双手手指、手腕连续拨翻球（手指弹拨、手腕翻转）

两手持球，手臂伸直于身前，用手腕、手指连续拨翻球，使球在两手之间快速移动。

两手之间要保持一定的距离，练习时节奏可由慢至快、由快至慢，并不停改变球和两臂的高度（上至头、下至脚），反复练习。

（2）双手胸前抛接球

两腿左、右开立，双手持球向空中抛球，并在胸前或身后把球接住。待动作熟练后，可以跳起接球或接不同方向的地面反弹球。

（3）环绕头、颈、胸、腿交接球

两脚并立，双手持球置于面前，围绕头、颈、胸、腰、腹、腿围绕交接球，从上到下，再从下环绕到上做数次后换方向。

（4）单、双手体后抛球接球

两脚左、右开立，左手持球于身后，然后抛球过异侧臂前方，右手迎上接球后用同样的方法从背后抛球至异侧肩前方，左手迎上接球，也可以双手背后抛球过顶双手胸前接球。

（5）环绕双腿交接球

两脚开立，约与肩同宽，体前屈，用右手将球从两腿中间交给左腿后面的左手，左手持球绕过左腿外侧至左腿前，继续用左手将球从两腿中间交给右腿后面的右手，右手接球后经过右腿外侧还原成开始姿势，反复练习。

（6）行进间胯下交接球

两脚左、右开立，略宽于肩，持球于膝前。练习时，向前迈出右腿，同时左手持球在两腿中间将球交右手，左脚继续向前行进，右手持球经右腿外侧在两腿间将球交左手，依此前进做胯下"8"字交叉接球，行进速度与方向可不断变换。

2．原地传接球的练习方法

两人一组对面站立，做各种传球练习，也可对墙进行练习，并用各种方法接反弹回来的球。间隔距离根据需要由近至远，原地跨步，跳起接不同方向的传球。

3．移动传接球的练习方法

（1）两人一组一球，相距4米面对站立

一人原地传球，另一人向左右、前后移动接球。传接球一定次数后，互相交换练习。

（2）迎面上步传接球

如图2—6所示，练习者排成纵队，①持球距纵队5～7米，②上步接①传来的球并回传给①，然后跑回队尾，接着③、④、⑤依次反复练习。此练习还可要求练习者跑动接球、急停、上步传球、跑动，以加大练习的难度。

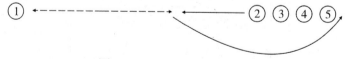

图2—6　迎面上步传接球

（3）横向移动换位传接球

如图2—7所示，4人一组两球，成"口"字形站立，相距3～5米，④、⑤各持一球，开始④、⑤同时分别传直线球给⑥、⑦，然后两人立即横向移动换位接⑥、⑦回传。⑥与⑦传球后，同样横向移动换位接球，依此反复练习。此练习也可固定一组只传球，另一组移动接传球。

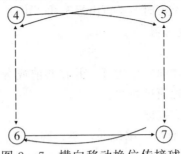

图 2—7　横向移动换位传接球

（4）三角形移动传接球

如图 2—8 所示，站位成三组，①传球给②后迅速跑至②组的队尾，②立即将球传给③后迅速跑至③组的队尾，③接球后迅速传给①组的第二名队员，依次循环练习。

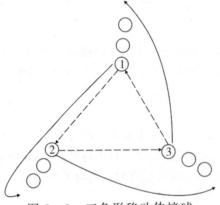

图 2—8　三角形移动传接球

（5）半场四角弧线跑动传接球

如图 2—9 所示，站位成 4 组，⑤传球给⑥后，切入接⑥的回传球再传给⑦，然后跑到⑦组的队尾，当⑤传球给⑦时，⑥紧跟着起动切入接⑦的传球并传给⑧，并跑至⑧组的队尾，依次连续进行。

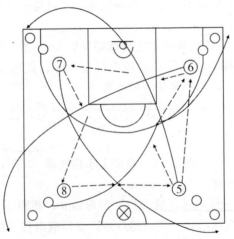

图 2—9　半场四角弧线跑动传接球

（6）全场弧线侧身跑动传接球

如图 2—10 所示，⑤分别传球给⑥、⑦、⑧，并沿全场三个圆圈做侧身跑动传接球，最后投篮，做一定次数后可换另一侧进行。

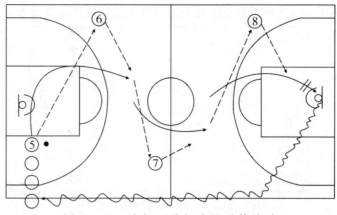

图 2—10　全场弧线侧身跑动传接球

（7）两人全场行进间传接球

如图 2—11 所示，两人一组一球，⑤传球给⑥后立即起动向前跑动接⑥的回传球，⑥传球后向前跑动接⑤的回传球，如此反复传接球至前场篮下投篮，然后再传球返回，人多时可在场地另一侧两组同时进行练习。

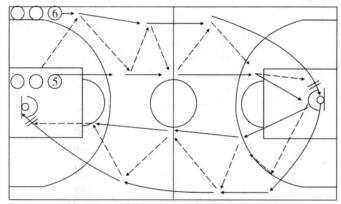

图 2—11　两人全场行进间传接球

（8）三人直线跑动传接球

如图 2—12 所示，三人一组一球，开始由中间⑤持球，传球给向前跑动的⑥，⑥接球后立即回传给向前跑动的⑤，⑤接球后传给另一侧向前跑动的⑦，⑦回传给⑤，依次推进到篮下投篮，以同样的方法传接球返回。

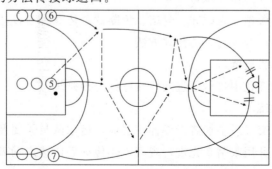

图 2—12　三人直线跑动传接球

（9）全场四角移动传接球

如图 2—13 所示，④传球给接球的⑤后快速跑至⑤组的队尾，⑤接球后将球快速传给

⑥并跑至⑥组的队尾，⑥接球后传给⑦跑至⑦组的队尾，依次反复练习。

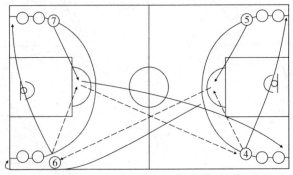

图 2—13　全场四角移动传接球

4．传接球技术综合练习

（1）两人传球，一人防守练习

如图 2—14 所示，篮球半场，④和⑤相距 5 米互相传球，❹在两人中间防守，开始可消极防守，协助传球队员练习，逐渐转为积极防守。如果④或⑤传出的球被防守人触到或抢获，则与传球人交换位置。

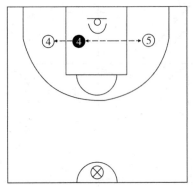

图 2—14　两人传球，一人防守练习

（2）三传二防守练习

篮球半场，5 人一组，三人站成三角形相互传球，两人居中防守，积极抢、断球，触到球的防守者即与传球者互换防守。

（3）行进间越过防守的传球练习

在全场三个圆圈内各站一人防守、封堵、抢断球，传球者要设法避开防守者封堵与阻拦，选好传接时机和运用合理巧妙的传球方法。

（4）行进间传接球投篮练习

在不同队形的移动变化中进行行进间传接球结合投篮练习。

（5）交叉点拨传球练习

如图 2—15 所示，交叉后空切者⑤要伸手要球，运球队员④要及时点拨传球到位，⑤接球后迅速斜线运球，并用眼睛余光进行观察，④传球后快速启动做弧线空切，跑到适当位置再伸手要球。

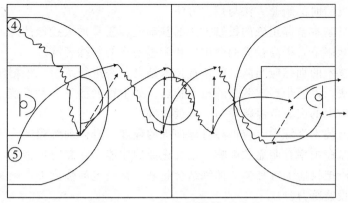

图 2—15　交叉点拨传球练习

（6）接应交叉跟进传接球练习

如图 2—16 所示，④传球给⑤后斜插接应⑤的球，⑤传球后跟进交叉，④做向后反弹传球后加速快下，再接⑤的球后再回传，然后跑到对面一组的排尾，⑤传球给⑥后跑到⑥组的排尾，⑥和⑦以相同的形式传球，连续做传接球练习。

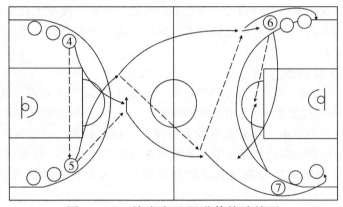

图 2—16　接应交叉跟进传接球练习

二、投篮技术

投篮是进攻队员将球投入篮筐的一种专门动作，它是篮球比赛中唯一的得分手段。投篮命中率的高低直接影响比赛的胜负。所以说，投篮是一切攻守技术、战术运用的最终目的和攻守对抗的焦点。因此，加强投篮技术的教学与训练，正确地掌握和熟练运用投篮技术，提高投篮命中率，对提高球队比赛成绩具有十分重要的作用。

（一）投篮技术训练要点

第一，投篮是一项重要的进攻技术，在训练的不同阶段或每次课都应安排投篮的练习，并应注意动作的正确性和强调命中率；把投篮做到课课练，以强化队员的投篮技术，提高投篮命中率。

第二，投篮技术的训练应首先抓好原地投篮，通过原地投篮使队员基本掌握投篮的动作方法与要领，严格动作规格，强调投篮动作的全身协调用力以及投篮抛物线和球的旋转，掌握投篮的方法。

第三，在初学阶段，掌握由近到远、由一点到多点的练习原则，让队员逐步掌握不同距离和不同角度投篮时的瞄篮方法与用力方法。

第四，在队员基本掌握正确的投篮方法的基础上，逐步加大投篮的练习力度，使队员在一定运动量的状态下，提高投篮的命中率和完善动作的熟练程度。

第五，投篮技术的训练应与队员的位置技术结合起来进行练习，根据队员的不同位置练习各种投篮方法，以逐步形成队员的技术特点。如中锋的篮下各种投篮、前锋的接球或运球急停跳投，后卫的突破急停跳投与三分远投等。

第六，在投篮技术训练中，应提高身体训练的程度。身体训练程度是完成各种技术动作的基础，对投篮命中率有明显的影响。没有充沛的体能，在高对抗情况下很难保证投篮命中率。因此，应把投篮训练和体能训练结合起来，在一定的强度下，限制一定的时间和数量去完成各种投篮练习。

第七，在投篮的训练中应重视队员的投篮心理训练，逐步提高队员抗干扰的能力，使队员能在各种心理压力下提高投篮命中率。

第八，在组织好投篮技术训练的同时，应加强投篮与运球、传接球、假动作等技术动作的组合练习。设置不同场景的投篮训练，以达到投篮技术的熟练性与稳定性。

第九，可根据队员的训练水平与训练任务，把投篮训练与全队的战术配合结合起来进行练习。加强投篮在战术练习的训练，结合不同的战术体系，使学生在各种战术运用状况下熟练掌握和合理运用各种不同的投篮技术，既提高队员的投篮命中率，又增强队员间的配合意识与配合能力。

（二）投篮技术训练方法

投篮技术的训练分为：投篮的基本动作练习、行进间上篮的基础练习、投篮技术的强化训练、定时定量的大强度投篮练习、配合投篮的多球练习、对抗条件下的投篮练习六个部分。

学习和掌握投篮的基本动作是教学的重要环节。在此环节，通过各种基础投篮练习，使队员学会在不同位置和距离的条件下，掌握投篮时的瞄篮方法，掌握球出手后的抛物线与旋转，学会全身的协调用力和投篮时的腕指用力，为掌握正确的投篮技术动作打好基础。

1. 投篮教学的辅助练习

投篮教学的辅助练习主要是通过对投篮动作的模仿、技术动作的分解（如上篮）和简化练习条件等形式，让队员体会投篮技术动作主要环节的要领和动作方法的基本过程，逐步建立正确的技术动作概念，为更好地学习和掌握投篮技术打下基础。这些练习方法与手段既可在教学的初期阶段采用，也可用于学习和训练中错误动作的改进。

（1）原地投篮动作的模仿练习

动作方法：队员在教师的指导下原地徒手做投篮的模仿动作练习，然后持球做投篮模仿动作；再按照教师的口令，向前上方投篮出手。

提示：教师注意不同角度的示范，可根据动作的分解，特别强调投篮的持球动作和手型，反复体会投篮的协调用力。纠正持球的身体姿势与手的动作；投篮时，两脚蹬地，腰腹伸展，两臂向前上方伸出，两手腕同时外翻，拇指稍用力压球，食指、中指拨球，使球从拇指、食指、中指指端飞出。球出手后，脚跟提起，身体随投篮出手方向自然伸展。

（2）原地两人互投练习

动作方法：两人一组，每组一球，持球队员将球投向对面的队员，然后交换练习。

提示：强调投篮时全身用力的顺序，重点体会腕、指的用力，掌握正确的持球方法。此练习也可采取队员坐在地上或椅子上进行，着重体会投篮手的用力。

（3）原地对墙投篮练习

动作方法：队员持球面对墙距离 3～4 米，做原地投篮或跳投动作练习，体会投篮手法和用力顺序。

提示：参照上一节练习的要求，练习时，强调球触及墙的高度，球要有一定的抛物线。

2. 原地投篮练习

原地投篮练习主要是通过原地的练习形式，使队员初步掌握基本的投篮方法，主要练习内容有原地单手投篮、原地上步接球投篮，多采用定点投篮的方式，在不同点上，逐步改变投篮角度与投篮的距离。

（1）篮下定点投篮练习

动作方法：全队分成两组，每人一球，两组分别在半场限制区左、右两侧和篮板正面 3 米左右，依次做原地定点投篮。

提示：体会投碰板篮和空心篮的瞄篮方法；投篮时全身协调用力，投篮手法要正确。

（2）不同形式的原地投篮练习

动作方法：队员持球在教师的指导下依次做以下原地投篮练习。

第一，两人一组，一人在三分球范围内投篮，投出 10 个球为一组，另一人抢篮板球后传给投篮的学生，达到规定的次数后，两人交换。

第二，两人一组，自投自抢传给同伴，连续进行，由教师规定完成的组数。

第三，罚球比准，全队分成两组采用竞赛的形式，在两个球篮同时进行，在规定的时间内投进次数多的一方胜出。

第四，两人一组，每人先投一个三分球，自己抢篮板球，在限制区外投一次两分球，再拿球在篮下投篮；然后两人交换。

提示：根据训练需要，合理选择上述练习，逐渐变换投篮距离与角度。

（3）原地定点连续投篮练习

动作方法：如图 2—17 所示，④在篮下抢篮板球依次传给三分线位置的队员，投篮数次后，轮流与④位置的队员交换练习。

提示：接球与投篮动作转换要快，身体姿势要正确；投篮时全身用力要协调，球出手后，投篮手的跟随动作要充分。

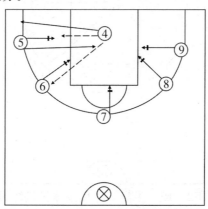

图 2—17　原地定点连续投篮练习

（4）跨步接球投篮的步法练习

动作方法：两人一球，两人面对面相距 2 米左右，开始时，无球队员原地碎步移动，突然向传球队员的身体一侧跨步接球，上步快速起跳做跳投的模仿动作；落地后将球交给同伴，迅速碎步后退，然后再在另一侧跨步接球起跳做跳投的动作，如此反复10次，两人互换练习。

提示：跨步降重心，上步起跳要快，动作连贯，传球动作正确。

（5）原地上步接球投篮的练习

动作方法：队员依次上步接教师的传球后投篮。

提示：强调上步方法要正确，协调快速；接球重心下降，接球后迅速转向面对球篮；投篮动作要快，用力要协调，此方法也可在练习跳投时运用。

（6）半场上步接球投篮的练习

动作方法：如图2—18所示，④传球给⑤，⑤迅速做原地投篮或原地跳投；④抢篮板球给同伴，然后两人交换到对方排尾。

提示：接球上步重心下降，接球后迅速转向面对球篮；投篮动作要快，投篮用力要协调，此方法也可在练习跳投时运用。

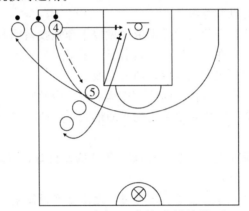

图2—18　半场上步接球投篮练习

（7）半场二人传接球投篮练习

动作方法：如图2—19所示，二人一组一球，⑤投篮后自抢篮板，将球传给④投篮，⑤移动选位接④的传球投篮，二人依次交替连续进行。

图2—19　半场二人传接球投篮练习

（8）弧线移动左、右上步急停接球跳投练习

动作方法：如图2—20所示，分成两组，相距4～5米，⑥不持球，其他人各持一球。⑥做弧线移动接④传球右脚上步急停跳投，⑥投篮后自抢篮板到另一组队尾。④传球后做

弧线移动接⑦传球左脚上步急停跳投。⑦投篮后自抢篮板到另一组队尾，依次进行练习。

图 2-20 弧线移动左、右上步急停接球跳投练习

3. 行进间上篮的基础练习

通过行进间上篮技术动作的分解与完整练习的结合，使队员基本掌握上篮的脚步动作与上篮手法的正确方法，再逐步过渡到其他上篮技术的练习。

（1）行进间上篮的模仿动作练习

动作方法：队员在教师的指导下依次完成下列练习。

第一，碎步走，徒手做跨步接球、起跳、举球的动作；

第二，慢跑中练习跨步，起跳动作；

第三，自己抛接球，跨步接球后起跳举球。

提示：上篮的脚步动作要正确，强调跨步接球，上步跳起，动作连贯。

（2）原地跨步"拿"球上篮练习

动作方法：队员每人一球。开始时，队员依次传球给队友，单手持球伸出，练习者左脚在前、右脚在后（右手投篮时），右脚向前跨步拿手中的球，左脚上步跳起，做单手高手或单手低手上篮动作。

提示：练习一定时间，上篮者的跑动距离逐步延伸到罚球线、弧顶、中线等，也逐步由"托"球转为抛球或传球。

（3）三人跑动传球投篮练习

动作方法：如图 2-21 所示，三人一组二球，⑤、⑥、④移动过程中可运球，相互之间传接球，达到一定投篮距离后有球队员将球传给无球队员投篮。

图 2-21 三人跑动传球投篮练习

（4）两人跑动"拿"球上篮练习

动作方法：两人一球，两人相距5～8米。开始时，无球队员快跑到持球同伴的身侧跨步主动"拿"球，上步起跳做低手或高手上篮的动作，两人轮换练习。

提示：跨步降重心，上步起跳举球，动作连贯协调；脚步动作正确。以上练习既可作为初学行进间上篮时练习手段，也可作为纠正错误动作时的辅助方法。

（5）半场跑动接球上篮练习

动作方法：队员传球给后弧线侧身跑动，接着回传球上篮。

提示：左、右两侧轮换进行。

（6）半场跑动传接球上篮练习

动作方法：如图2－22所示，队员站位，除一人外，其他队员每人一球。开始时，⑤传球给⑥后，侧身向篮下快跑接⑥的回传球上篮，自抢篮板球到队尾，⑥传球后到⑤的位置，如此继续练习。

提示：左、右两侧轮换进行，传球及时到位。

图2－22　半场跑动传接球上篮练习

（7）全场九人投篮练习

动作方法：如图2－23所示，队员站位，①、②、③、⑦、⑧、⑨每人手持一球，分别站在两个半场投篮位置，④、⑤、⑥面向一侧站在中央位置。队员听到指令开始投篮，投篮后自抢篮板，然后将球运出，①、②、③队员分别将球传给④、⑤、⑥队员，④、⑤、⑥接球后投篮，然后跑向⑦、⑧、⑨队员，由⑦、⑧、⑨队友接球并完成投篮，依次循环进行。

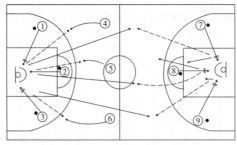

图2－23　全场九人投篮练习

4．篮下勾手投篮练习

通过勾手投篮提高左、右手勾手能力，改善身体机能水平。

动作方法：队员站位，一名队员在篮下限制区右侧持球用右手勾手投篮，接到球（不能让球落地）后在左侧用左手勾手投篮，在球落地之前拿住球，再到限制区右侧用右手勾手投篮。该练习可规定投中次数，也可以限定投篮时间。

提示：正确使用脚步动作，右手勾手投篮时左脚起跳，左手勾手投篮时右脚起跳，在勾手投篮时持球点应在肩部以上。

5. 四角弧线跑动传接球投篮

通过四角弧线跑动传接球投篮，提高队员弧线跑传接球投篮的能力。

动作方法：如图2-24所示，队员站位，站位成4组，⑥传球给⑦后，切入接⑦的回传球上篮，然后跑到④组的队尾，⑦抢篮板球后再传给④，弧线跑接④的回传球后再传给⑤，然后跑到⑤组的队尾，④传球给⑦时，紧跟着起动弧线跑接⑤回传后，将球传给⑥，然后跑至⑥组的队尾，依次连续进行，可增加至三球练习。

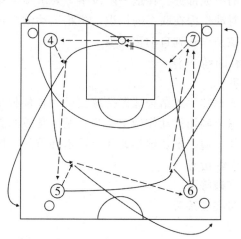

图2-24　四角弧线跑动传接球投篮

6. 对抗投篮

通过对抗投篮练习，提高队员心理和身体的强烈对抗意识，并能在强对抗情况下，掌握进攻得分的手段。

动作方法：队员站位，两名队员一组在篮下攻防。无论谁进攻都要尽力完成投篮得分，防守队员要给对手施加压力。双方队员抢到篮板球后要积极进攻投篮，除了过分的犯规动作不允许使用之外，可利用任何形式的攻击手段，一方投中三球后即结束。

第三节　持球突破技术及防守对手

一、持球突破技术

持球突破是持球队员运用脚步动作和运球技术的结合，快速超越对手的一项攻击性很强的技术。持球突破技术若巧妙地与投篮、传、假动作等技术动作有机结合起来，将使持球突破技术更加灵活多变，从而显示出持球突破技术的攻击性。

（一）持球突破技术训练要点

在持球突破技术教学中，应先教持球交叉步突破，接着教持球顺步突破，最后教前转身持球突破和后转身持球突破等难度较大的动作。

在具体教学中，教师应首先通过形象的讲解、正确的示范以及该技术在实践中的意义，使学生建立整体的动作概念，不要在细节上花费过多精力，以免因过强或过弱的刺激引起泛化现象，应强调掌握动作的主要环节，以取得重点突破的效果。随着学习的深入，大脑皮质中分化抑制逐步发展，大脑皮质运动区的兴奋、抑制过程在时空上的分化都日趋完善精确，运动技能也逐渐准确、熟练，学生基本上学会了动作，前后动作连贯准确，初步形成运动动力定型。这时，教师应该强调对持球突破动作细节的要求，加强对持球突破动作的分析和思考，并纠正整套动作中不合理和不正确的部分，以促进其分化抑制进一步发展。通过反复练习，使学生运动动力定型趋向巩固，皮质运动区兴奋与抑制过程不论在空间和时间上都更集中，动作更精确、协调、省力，动作细节也正确无误，初步形成了自动化，在不利条件下运动形式也不致遭到破坏，植物性神经功能与躯体性神经功能的协调配合已成为整个运动技能的组成部分。在这一阶段中，要求学生对动作技术理论和力学原理进行探讨，以加深学生对动作内在联系的认识，防止运动动力定型消退，并配合运动实践最终促进学生的持球突破动作达到自动化程度。

（二）持球突破技术训练方法

1. 突破的步伐练习

突破的步伐练习是指原地徒手或结合球做持球突破的各种脚步动作的练习，可在教师的口令下集体做，每人一球，利用假动作做交叉步、顺步突破的脚步动作练习，主要体会持球动作、蹬跨脚步、转体探肩、推放球加速几个技术环节的衔接和连贯动作。

2. 无防守情况下的突破练习

（1）行进间自抛自接突破练习

接球后做交叉步、顺步突破练习。

（2）原地持球突破练习

学生每人一球，位于45°角处成一纵队，练习开始时，做原地持球交叉步和顺步突破后运球上篮。投篮后抢篮板球运球至队尾，依次练习。

3. 有防守情况下的突破练习

（1）有防守情况下三人做连续突破练习

如图2－25所示，三人一组一球，①持球做投、突假动作吸引防守，然后做顺步或交叉步突破，向前运球传给③，并立即防守③，③接球后用同样的方法突破①，向前运球传给❶并防守，三人轮换攻防，依次练习。

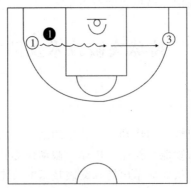

图2－25　在有防守情况下三人做连续突破练习

（2）接球急停突破上篮练习

如图2－26所示，③为防守和供球队员，①传球给②后，做跑上一步急停接球，根据②的防守位置，用持球交叉步或顺步突破上篮，自抢篮板球后运球至队尾，依次进行。

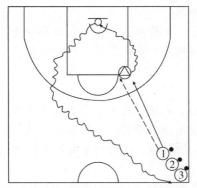

图 2—26 接球急停突破上篮练习

（3）接侧向球急停突破上篮练习

如图 2—27 所示，❷为防守队员，②持球，②传球给①后上步接球急停，与❷错位或逼近，根据❷的防守情况，用交叉步或顺步迅速突破上篮。②投篮后至❷防守位置进行防守，❷抢篮板球后，运球至队尾，依次练习。

图 2—27 接侧向球急停突破上篮练习

（4）插上接球后突破上篮练习

如图 2—28 所示，②为传球者，❶为防守者，②摆脱❶背对球篮接球后，根据防守位置情况，可直接做前、后转身突破或转身做交叉步或顺步突破上篮。②投篮后至❶位置进行防守，❶抢篮板球后传给②，至队尾，依次练习。

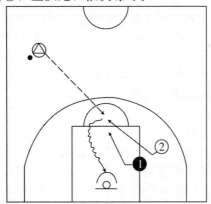

图 2—28 插上接球后突破上篮练习

4. 持球突破技术综合练习

（1）"一攻一守"持球突破练习

两人一组一球，做半场的一对一"斗牛"练习。

（2）半场三对三攻守练习

要求防守采用人盯人防守，不许换人。进攻队员不许掩护，主要利用投篮和突破结合技术来进攻。练习一定次数或成功一定次数后，攻守交换。

二、防守对手

防守对手是一项综合性的个人防守技术，个人防守技术掌握的好坏，是衡量一个篮球运动员个人技术全面与否、技术能力强弱的重要标志，队员防守对手的技术水平直接影响全队防守战术的实施与成效。所以说，防守对手是防守的重要组成部分，也是集体防守战术配合的基础。

（一）防守对手训练要点

第一，在训练中，首先要树立"积极防御"的指导思想，克服重攻轻守的倾向，强调在防守时始终要全神贯注、一丝不苟。培养积极主动、富有攻击性的防守意识和不怕苦、不怕累，勇猛顽强，勇于拼搏的防守作风。

第二，防守对手的训练顺序是：选择防守位置的练习（包括移动选位练习，强侧、弱侧防守练习，一对一脚步移动练习），防守无球队员的练习（包括防纵切练习和防横切练习），防守有球队员的练习（包括半场一对一攻防练习、防中投练习等），抢、打、断球练习以及防守对手的综合性练习。

第三，在训练中，强调防守的观察判断，不断扩大队员的视野范围，提高防守的预见性。要特别重视加强从防无球到防有球，防有球到防无球和从防强侧到防弱侧，从防弱侧到防强侧的转化练习，增强应变意识和反应能力。

第四，无论是防守无球队员或防守有球队员脚步移动都很重要，在教学训练时，应重视防守脚步移动能力的训练，强调快速、多变，动作规范。

第五，重视手部动作在防守中的正确运用，强调防守的主动性与威慑力；掌握犯规动作与正常防守动作的临界点，加强防守动作的"凶悍"与顽强作风的培养。要求作风顽强，精神高度集中，在规则允许的情况下尽可能地使动作凶猛、有力量，积极发挥防守的攻击性和破坏性。

第六，在训练过程中，要按照由简到繁、由易到难的原则，逐渐增加练习的难度和要求。在训练中要注意培养学生积极防守的意识，强调防守时要始终全神贯注，一丝不苟，克服重攻轻守的思想。强化个人防守技术训练的同时，重视同伴之间的协防意识与防守对手结合起来。

第七，在训练中要求队员树立现代防守的理念，明确防守对手的基本原则，掌握正确的防守方法，强调随时依据对手和球的动向，抢占"人球兼顾"的有利位置，随时观察场上情况，学会与同伴协作。

第八，重视防摆脱空切的训练，不让对手在有效的攻击区和切向篮下接球。阻截对手的移动接球路线，尽可能破坏对手接球后的身体平衡，迫使对手即使接到球，也难以衔接下一个进攻动作。

（二）防守对手训练方法

防守对手的基础练习主要内容包括：防守位置的选择和防守步法的各种练习，它们是防守对手的基础，也是防守技术训练的重要内容之一。防守的步法练习应以防守步法的组合练习为主，强调身体重心下降，严格动作要求，不断提高脚步移动的灵活性与移动速率。

1. 防守对手的基本步法练习

动作方法：队员在教师的指导下，依次做下列防守的步法练习。

队员成防守基本姿势，看教师的手势做各种滑步、攻击步、后撤步、交叉步等脚步移动。防守移动中听或看信号变跑，再由跑变滑步，并结合抢、打断球的模仿练习。运用人字形、三角形、四方形、圆形等图形进行防守的各种步法练习。两人一组，一人主动做防守的各种移动动作，另一人跟随进行练习。全场后撤步，后退交叉步与滑步、攻击步与碎步移动断球的脚步动作练习。

提示：掌握正确的防守基本姿势，练习中有意识地逐步培养观察判断能力。

2．个人绕杆防守步法练习

动作方法：队员依次快跑到障碍架前，围绕障碍架做上步—跨步抢位—后撤步—滑步等防守步法，左、右反复进行，完成数组再轮换。

提示：重心下降，动作快速平稳，动作规范。

3．结合攻守转换的综合防守步法练习

动作方法：队员按既定的移动路线依次练习各种防守脚步动作，即横滑步、前滑步、侧身跑、半场切入跑、追跑、折返上步防守、碎步防守移动、追防夹击、连续侧滑步、夹击、横滑步至篮下，然后回到队尾。前一队员练习过中线，下一名队员即可开始。

提示：此练习应安排在队员基本掌握各种防守步法的基础上进行，以强化与改进动作规格，提高动作间的衔接能力；逐渐增加练习次数；强调动作规范与移动速度。

4．结合防守选位的移动步法练习

（1）选位练习

动作方法：半场二对二。进攻队员接球后做瞄篮和持球跨步突破的假动作，而后再传球给同伴。防守队员针对对手有球和无球情况，及时移动选位，做出相应的防守动作，连续数次后攻守转换训练。

提示：防守队员积极选位，做到对持球队员的平步防守，防无球队员要人球兼顾。

（2）强侧、弱侧连续移动选位练习

动作方法：队员半场3对4，进攻队员在外围传球，可做摆脱接球动作，但不能穿插、掩护。防守队员根据球的位置选位，积极防守摆脱接球，反复练习数次后，攻守交换。

提示：防无球队员时根据球的转移与位置，迅速调整防守位置，掌握防守的距离与防守面，始终做到"人球兼顾"，防持球队员时占据对手与球篮之间的位置，逼近对手。

第三章　高校篮球战术训练

第一节　篮球基础战术配合

攻守战术基础配合是指两三人之间有目的、有组织的攻守合作行动的配合方法，它是组成全队攻守战术的基础。在教学和训练中，只有熟练掌握和灵活运用攻守战术基础配合，才能更好地发挥个人技术特长，使全队的整体战术内容更加丰富，提高整体战术运用的质量与水平，最大限度地制约对方。

一、进攻战术基础配合

进攻战术基础配合是指在篮球竞赛中，进攻队员两三人之间所组成的简单配合方法。它是组成全队整体进攻战术配合的基础，进攻战术基础配合有传切（空切）、突分、掩护、策应。

（一）传切配合

传切配合是指队员之间利用传球和切入技术所组成的简单配合，包括一传一切和空切两种配合方法。传切配合是一种最基本的简单易行的进攻方法，一般在对方采用扩大盯人防守战术或区域联防时运用。

1. 传切配合方法

（1）一传一切配合

指持球队员传球后，利用起动速度或假动作摆脱防守，向篮下切入接回传球投篮的配合。

动作方法：如图3－1所示，⑤传球给⑥，⑤向左侧做切入假动作，同时观察❺的移动情况，然后突然从右侧切入，侧身面向球接⑥的传球投篮。

图3－1　一传一切配合练习　　　图3－2　空切配合练习

（2）空切配合

指无球队员掌握时机摆脱对手，切向防守空隙区域接球投篮或做其他进攻配合。

动作方法：如图3－2所示，④传球给⑤时，⑥利用❻未及时调整位置的机会，突然横切或沿底线切向篮下接⑤的传球投篮。

2．传切配合的基本要求

第一，必须有一定的配合空间及合理的切入路线。

第二，切入队员抓住防守队员选位不及时或注意力分散的空隙，快速起动，或利用假动作摆脱对手。

第三，传球队员动作要隐蔽，及时准确。

3．传切配合的教学练习方法

动作方法：如图3－3所示，练习者分成两组，④传球给⑦后向左侧做切入的假动作，然后变向从右侧纵向切入，⑦接球后回传给⑤，并向底线做切入假动作，然后变向从左侧横切，⑦切入后到④排尾，④切入后到⑦排尾，依次进行练习。

提示：假动作要逼真，变向切入动作迅速，侧身看球。

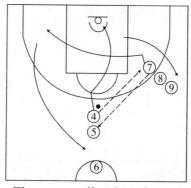

图3－3　一传一切配合练习

动作方法：如图3－4所示，④传球给⑦后向左侧做切入假动作，然后变向从右侧纵向切入接⑦的回传球投篮。⑦传球后跟进抢篮板球，④与⑦交换位置，依次进行练习。在此基础上，可做横切、斜切或对切入队员增设消极防守，最后增设积极防守进行二对二的对抗练习。

提示：切入动作快，传球及时到位，投篮准确。

动作方法：如图3－5所示，⑤、⑥两组每人一球，⑤传球给④后反方向切入接⑥的球投篮，⑥传球后快速横切接④的传球投篮。⑤、⑥抢篮板球后按顺时针方向换位，依次进行练习。

提示：切入动作规范，速度快，传、投准确，换位及时。

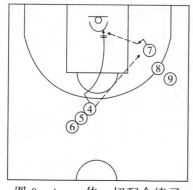 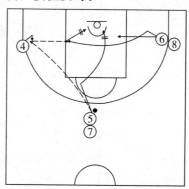

图3－4　一传一切配合练习　　图3－5　空切配合练习

（二）突分配合

突分配合是指持球队员突破对手后，遇到对方补防或协防时，及时将球传给进攻位置最佳的同伴进行攻击的一种配合方法。当对方采用人盯人防守或区域联防时运用突分配合，可打乱对方的整体防守部署，压缩防区，给同伴创造最佳的外围投篮或篮下进攻机会。

1. 突分配合的方法

动作方法一：如图 3－6 所示，④接球从左侧底线突破❹后，遇到❺补防时，及时传球给横切的⑤投篮。

动作方法二：如图 3－7 所示，④持球纵向突破❹，当❺补防时，④及时传球给⑤投篮。

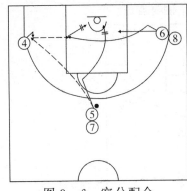 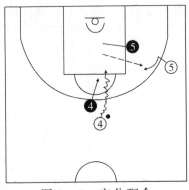

图 3－6　突分配合　　　　　图 3－7　突分配合

2. 突分配合的基本要求

第一，队员在突破中动作要快速、突然，在突破中或突破后准备投篮的同时，注意观察攻守队员的位置变化，及时、准确地将球传给进攻位置更好的同伴。

第二，当持球队员突破后，其他的进攻队员都要摆脱对手，离开原先的位置，切向空隙区域，准备接球进攻或抢篮板球。

3. 突分配合的教学练习方法

动作方法：如图 3－8 所示，⑦接④的传球后，沿底线突破，当遇到固定防守队员❹的阻截时，及时分球给④投篮，⑦抢篮板球并与④交换位置，依次进行练习。

提示：无球队员可向不同方向移动，持球队员传球动作要隐蔽、及时、准确。

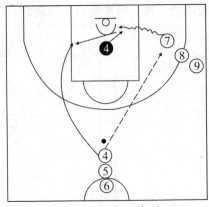

图 3－8　突分配合练习

动作方法：如图 3－9 所示，④接⑥的传球后，中路突破，当❻补防时将球传给⑥投篮，防守队员抢篮板球，④和⑥回原位防守⑤和⑦，依次进行练习。

提示：突破时用身体保护球，无球队员不要过早移动，进攻结束后快速回原位防守，确保练习的连续性。

图 3-9　突分配合练习

（三）掩护配合

掩护配合是指进攻队员选择正确的位置，借用自己的身体用合理的技术动作挡住同伴防守者的移动路线，使同伴借以摆脱防守，获得接球投篮攻击或其他进攻机会的一种配合方法。掩护配合有许多形式和方法，根据掩护者和同伴防守者的身体位置和方向的不同，分为前掩护、侧掩护和后掩护三种形式；根据掩护者的人数、移动路线、方法和变化，可分为定位掩护、行进间掩护、反掩护、假掩护、运球掩护、连续掩护和双人掩护等。虽然掩护的形式和变化很多，但从组成掩护配合的行动看，一是掩护者主动给同伴做掩护，使同伴借以摆脱防守；二是摆脱者主动移动，利用同伴的身体位置将对手挡住，使自己摆脱防守，掩护配合是进攻紧逼人盯人防守最为有效的方法之一。

1. 掩护配合的方法（以侧掩护为例）

侧掩护是指掩护队员站在同伴防守者的侧面进行掩护配合的方法。

（1）持球队员与无球队员之间的侧掩护配合

如图 3-10 所示，⑤传球给④后，移动到❹身体左侧做侧掩护，④接球后瞄篮或做向左侧突破的动作。当⑤掩护到位时，④立即从右侧贴着⑤的身体运球突破上篮，⑤立即转身切向篮下抢篮板球或接球投篮，这种掩护也称挡拆配合。

图 3-10　挡拆配合

（2）无球队员之间的侧掩护配合

如图 3—11 所示，⑤传球给④后，向传球的反方向移动给⑥做侧掩护时，⑥先向篮下做压切动作靠近❻，然后突然贴近⑤的身体横切接④的球投篮，⑤掩护后转身切入篮下，接④的传球投篮或抢篮板球，这种掩护也称反掩护。

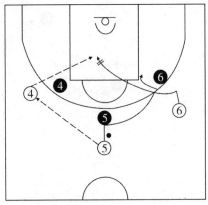

图 3—11　反掩护配合

2. 掩护配合的基本要求

第一，掩护者应选择正确的掩护位置和动作。掩护一刹那，掩护队员身体是静止的，并与对方队员保持适当的距离，两脚平行开立，两膝微屈，上体微前倾，两臂屈肘放于体侧或交叉放于胸前，以利于自我保护和攻守对抗。

第二，被掩护队员应选择最佳的摆脱角度，以各种进攻动作吸引对方的注意力，隐蔽掩护意图。掩护时，被掩护队员身体要靠近掩护者，以防对方挤过。当对方换防时，掩护者应立即转身跟进，参与进攻。

第三，掩护时，同伴之间应掌握好配合时机，根据防守变化，组织中投、突破或内线进攻。

3. 掩护配合的教学与练习方法

动作方法：如图 3—12 所示，练习者分成左、右两组，立柱Ⓡ表示固定防守队员。队员⑦给④做侧掩护，④贴近⑦的身体从右侧切入，⑦随后转身跟进，④、⑦交换位置，然后⑧给⑤做掩护，依次进行练习。

提示：保持正确的掩护动作，掩护者与被掩护者两肩并紧，不留空隙，练习数次后，改变掩护方向。

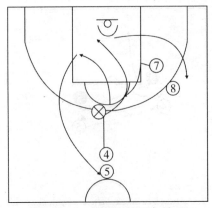

图 3—12　侧掩护配合练习

动作方法：如图 3－13 所示，⑦将球传给④，④瞄篮或向左侧虚晃，当⑦掩护到位时，④突然向右运球突破投篮或传球给⑦，⑦随后转身跟进准备接回传球或抢篮板球。④、⑦交换位置，依次进行练习。

提示：④突破时不要低头看球，把握好第一进攻机会直接投篮或伺机传球给⑦。

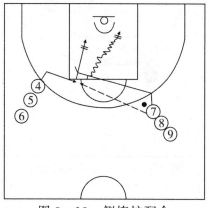

图 3－13　侧掩护配合

动作方法：如图 3－14 所示，④传球给⊗后，反方向移动给⑤做掩护，⑤横切，④掩护后转身切入篮下，将球传给⑤或④投篮，抢篮板球后，④、⑤互换位置，依次进行练习。

提示：④不能过早转身，④、⑤掩护后左、右应拉开一定距离，不要和球在同一线上。

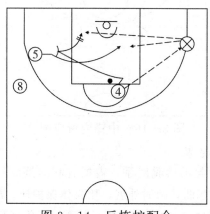

图 3－14　反掩护配合

（四）策应配合

策应配合是指进攻队员背对或侧对球篮接球后，通过多种传球方式与外线队员的空切、绕切相结合，借以摆脱防守、创造各种里应外合进攻机会的配合方法。

策应配合的应用范围较广泛，可以干扰防守绕切的队员选择正常的防守位置，在进攻半场人盯人防守或区域联防时经常采用。根据策应的区域和位置的不同，策应配合通常可以分为内策应、外策应、高位策应、低位策应等，配合方法基本相似。

1. 策应配合的方法

（1）中锋外策应配合方法

如图 3－15 所示，⑤传球给④后，向左侧压切，然后以④为枢纽从右侧绕切，同时策应队员④先做传球给⑤的假动作，然后转身把⑤挡在身后，将球传给绕切过来的⑤，⑤接球可以投篮、突破或传给策应后下切的④。

图 3-15　中锋外策应配合

（2）中锋内策应配合方法

如图 3-16 所示，⑥传球给⑦，向右移动，在策应队员⑦身前与④做交叉绕切，⑦可将球传给绕切的④或⑥，也可自己转身进攻。

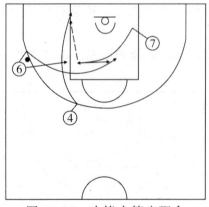

图 3-16　中锋内策应配合

2. 策应配合的基本要求

第一，策应队员要突然起动摆脱对手，占据有利的策应位置，采用绕步抢前接球动作，接球时两脚开立，两膝弯曲，两肘外展，用身体保护球。准确判断场上的攻守变化情况，及时地将球传给进攻位置最好的同伴或个人进攻。传球后，要转身跟进接球或抢篮板球。

第二，外线的队员传球后，利用起动速度或假动作摆脱防守，接到策应队员的传球后迅速做出最佳选择：投篮、突破或传球。

3. 策应配合的教学练习方法

动作方法：如图 3-17 所示，练习者分成两组，⑦、⑧每人一球，当④上提至罚球线时，⑦传球给④，然后向左侧虚晃，再从右侧绕切接④的球，④策应传球后转身下切，⑦可投篮、突破或传球给④，投篮后④、⑦交换位置，依次进行练习，熟练掌握之后，再做攻守对抗练习。

提示：策应队员不要站在限制区内，传球要隐蔽、及时、准确。

图 3—17　策应配合

动作方法：如图 3—18 所示，练习者分成三组，⑤插上接④的球做策应，④、⑥在⑤身前交叉绕切接⑤的球投篮或突破。⑤传球后纵切篮下抢篮板球，然后按顺时针方向换位，依次进行练习，练习熟练后，可做攻守对抗练习。

提示：策应队员插上要及时到位，采用绕步抢前接球动作，对抗练习时先做二防三，后做三防三，从消极防守到积极防守。

图 3—18　策应配合

二、防守战术基础配合

防守战术基础配合是指在篮球竞赛中，防守队员两三人之间所采用的协同防守配合的方法，包括挤过、穿过、绕过、交换、关门、补防、夹击及围守中锋等。防守战术基础配合是组成全队整体防守战术配合的基础。

（一）挤过配合

挤过配合是指对方进行掩护时，防守队员在掩护队员接近自己的一刹那，迅速抢前横跨一步贴近自己的对手，并从两个进攻队员之间侧身挤过去，继续防守自己对手的配合方法。

当对方距离球篮较近，外围队员想利用掩护投篮或由于身高的差别而不宜交换防守的情况下，运用主动性很强的挤过配合，可以破坏对方的掩护配合。

1. 挤过配合方法

如图 3—19 所示，⑤给④做掩护，当⑤接近❹的一刹那，❹抢前横跨一步贴近④；并从④和⑤之间主动侧身挤过去继续防守④。

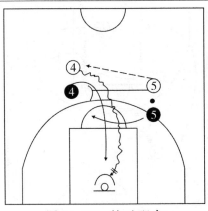

图 3—19　挤过配合

2. 挤过配合的基本要求

第一，不要过早暴露挤过配合意图，以防止对方反方向切入。

第二，在两个进攻队员身体靠近之前，果断抢步贴近对手，快速侧身挤过。

第三，防守掩护者的队员应站在能够兼顾防守两个进攻队员的位置上，及时提醒同伴注意对方的掩护意图，做好可能换防的准备。

3. 挤过配合的教学练习方法

如图 3—20 所示，⑥给④做掩护，❹挤过防守后到左路排尾，❺到中路排尾，④、⑥掩护后，④防⑦，⑥防⑤，⑦给⑤做掩护，依次进行练习。

提示：挤过时要积极主动，腰、髋和脚步动作应快速有力，练习数次后改变掩护方向。

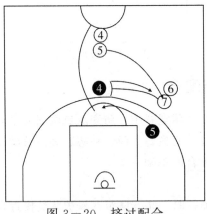

图 3—20　挤过配合

如图 3—21 所示，④传球给⑨，④移动至底线为⑤做掩护，❺挤过防守，⑨将球传给④或⑤。进攻结束后，❹、❺抢篮板球，换位至排尾，④、⑤立即回原位防守⑥和⑦，依次进行练习。

提示：必须采用挤过防守，加快攻守转换速度。

图 3—21　挤过配合

（二）穿过配合

穿过配合是指当对方进行掩护时，防守掩护者的队员及时提醒同伴，并主动后撤一步，让同伴及时从自己和掩护队员之间穿过去，继续防守自己对手的配合方法。

当对方掩护发生在弱侧区域，距离球篮较远、无投篮威胁、不宜换防的情况下，运用穿过配合可有效地破坏对方的掩护配合。

1. 穿过配合方法

如图 3—22 所示，④传球给⑤，④反方向移动给⑥做掩护的一刹那，❹主动后撤，让❻从④和❹中间穿过去，继续防守⑥。

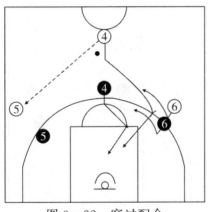

图 3—22　穿过配合

2. 穿过配合的基本要求

第一，防掩护队员要及时提醒同伴，并主动后撤一步选好位置，留出让同伴穿过的通路。

第二，当对方掩护时，防守被掩护者的队员要撤步侧身，避开掩护队员及时穿过。

3. 穿过配合的教学练习方法

如图 3—23 所示，④传球给⑥，然后向左侧移动给⑦做掩护时，❹后撤与❼做穿过配合，继续防守自己的对手。完成防守后，抢篮板球换位至排尾，进攻队员④和⑦快速回原位防守⑤和⑧，依次进行练习。

提示：必须采用穿过防守，加快攻守转换的速度。

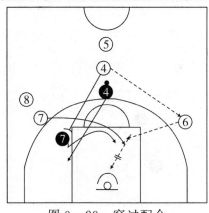

图 3—23　穿过配合

（三）交换配合

交换配合是指进攻队员做掩护配合时，防守掩护者的队员与防守被掩护者的队员及时主动地交换自己所防对手的配合方法。只要换防以后的新对手在身高和技术方面无明显的差别，便可运用交换配合有效地遏制和破坏对方的掩护配合，交换配合通常在对方进行横向掩护时采用。

1. 交换配合的方法

如图 3—24 所示，⑤将球传给④，⑤给④做侧掩护，④运球突破。此时❺发出交换防守信号后立即防守④，❹随之后撤调整位置，堵住⑤的切入，并准备抢断④的传球。

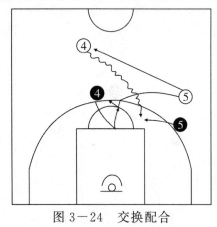

图 3—24　交换配合

2. 交换配合的基本要求

第一，防守掩护者的队员应及时发出信号提醒同伴，相互换防堵截进攻队员的攻击路线。

第二，防守被掩护者的队员应及时撤步，在掩护队员转身切入前抢占有利的防守位置。

3. 交换配合的教学与练习方法

如图 3—25 所示，⑥传球给⑧，然后移动到左边给④做横向的底线交叉掩护，此时❻及时发出信号与❹交换防守，⑧可将球传给④或⑥，进攻结束后④和⑥立即回原位防守⑤和⑦，依次进行练习。

提示：防守掩护者的队员必须发出信号，通知同伴进行交换配合，攻守转换速度要快，加大练习密度。

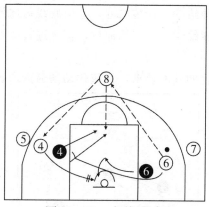

图 3-25　交换配合

（四）夹击配合

夹击配合是指两个以上的防守队员，利用对手在场地边角运球或运球停止时，突然快速上前封堵和围夹持球者的一种防守配合方法。

夹击配合是一种主动性、攻击性很强的防守配合方法，能有效地控制持球队员的活动，迫使对手失误，创造断球反击的机会。夹击配合通常在紧逼人盯人防守、区域紧逼防守或带有夹击式的扩大联防战术中运用。

1. 夹击配合的方法

如图 3-26 所示，当⑧在底角运球停止时，❼与⑧一起夹击⑧，❹堵防强侧的回传球，❺与❻向有球方向移动准备断球。

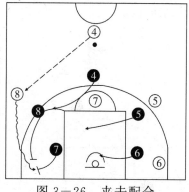

图 3-26　夹击配合

2. 夹击配合的基本要求

第一，当对手沿边线埋头运球或在场角、中线附近和限制区内运球停止时，是夹击的最好时机。

第二，夹击时，两个防守队员的身体要靠紧，两臂垂直上举，随对方的球摆动，封堵其传球。

第三，夹击的目的不是为了从持球队员手中抢球，而是迫使持球队员传球失误，给同伴创造抢断球的机会，因此应减少夹击时的犯规。

第四，其他队员应积极配合夹击队员的行动，及时封堵近球队员，迫使持球队员传远高球。

3．夹击配合的教学练习方法

如图 3—27 所示，④传球给⑤，⑤传给⑥，⑥向底线运球停止后，❻与❺夹击⑥，❹及时防守近球队员⑤，⑥传球给④，防守回原位，依次进行练习。练习数次后，调整防守位置或攻守交换。

提示：严格执行夹击配合的基本要求，快速移动紧逼近球队员。

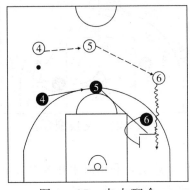

图 3—27 夹击配合

（五）补防配合

补防配合是指当防守队员被对手突破或出现漏防时，邻近的同伴大胆地放弃自己的对手，及时快速地进行补漏防守的一种配合方法。

补防可以阻截对方一次直接的投篮或减少对方一次最有进攻威胁的机会。

1．补防配合的方法

如图 3—28 所示，当④突破❹的防守直接投篮时，❺大胆放弃自己的对手，快速补防，阻止④的进攻，❹向左侧移动防守⑤。

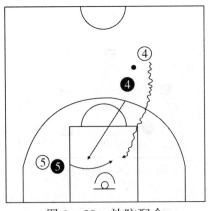

图 3—28 补防配合

2．补防配合的基本要求

第一，防守队员应全面观察和判断场上出现的漏防情况，补防时应果断、迅速地抢占有利位置，避免犯规。

第二，被对手突破的防守队员应快速向补防队员方向移动，并观察对方的传球意图，争取抢断球。

3．补防配合的教学练习方法

如图 3—29 所示，④从中路突破❹时，❺立即补防，❻向篮下移动补防⑤，❹补防

⑥，完成防守后，❺抢篮板球，防守队员按顺时针方向换位至排尾，进攻队员立即回原位防守，依次进行练习。

提示：补防时移动迅速，减少犯规。

图 3－29 补防配合

（六）"关门"配合

"关门"配合是指邻近的两名防守队员协同堵截进攻队员运球突破的一种防守配合方法，通常在区域联防和半场人盯人防守战术中运用。

1. "关门"配合的方法

如图 3－30 所示，⑤接④的球突破时，❺抢先移动向❹靠拢并"关门"，不给突破队员留有空隙，当突破队员分球时，❺快速回防自己的对手。

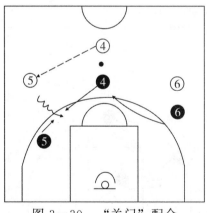

图 3－30 "关门"配合

2. "关门"配合的基本要求

第一，防突破的队员应及时向侧后方滑步卡位，堵住进攻队员的突破路线。

第二，邻近突破一侧的防守队员，应快速向同伴移动靠拢进行"关门"配合，同时根据持球队员的停球和传球，决定围堵和回防。

第三，"关门"配合时，防守队员要两肩靠紧，微屈膝，含胸，两臂自然上举或侧举，发生身体接触时要用暗劲，避免受伤。

3. "关门"配合的教学练习方法

如图 3－31 所示，④持球突破，❺、❹"关门"，④传球给⑤，待❺防守回位时⑤突破，❺、❻"关门"。依次进行练习，练习数次后，攻守交换。

提示：防守队员积极移动，快速回位。"关门"时不留空隙，熟练掌握后，进攻队员可随意选择突破方向，增加难度，提高质量。

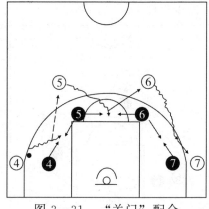

图 3-31   "关门"配合

（七）围守中锋配合

围守中锋配合是指外围防守队员协同内线防守队员，共同围守对方中锋的一种配合方法。若对方中锋的攻击力较强，为减小内线防守压力，削弱中锋的进攻威力，常采用围守中锋的防守方法。

1．围守中锋配合的方法

如图 3-32 所示，⑥持球时，❻紧逼防守⑥，❹位于④的内侧防守，❺后撤与❹围守④；⑤持球时，❺紧逼防守⑤，❹移动至外侧防守④，❻后撤与❹围守④；当⑤或⑥传球给④时，❺、❻迅速后撤围夹④。

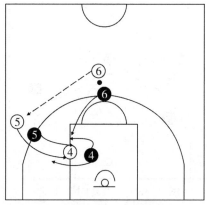

图 3-32   围守中锋配合

2．围守中锋配合的基本要求

第一，紧逼持球队员，切断内外联系迫使其不能准确、及时地传球给中锋。防守中锋的队员根据球的转移，积极移动阻截对手接球。

第二，当对方中锋接球或转身向篮下运球进攻时，邻近中锋一侧的防守队员应迅速进行围夹，迫使中锋将球传到外围。

3．围守中锋配合的教学练习方法

如图 3-33 所示，❺紧逼防守持球队员⑤，❹内侧防守④，❻后撤围守④，❹移动至篮下附近，防守⑤的高吊球；当⑤传球给⑥时，❹外侧防守④，❺回撤围守④，❻紧逼

⑥，❼错位防守⑦；⑦持球时，❼紧逼防守，④、⑤、⑥向强侧方向移动，并错位防守各自对手。练习数次后，攻守交换。

提示：防守队员选好位置后进攻队员再传球。每个防守位置，每人轮防若干，攻守交换。

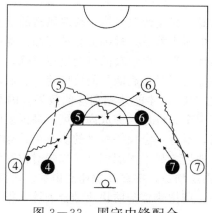

图 3－33　围守中锋配合

第二节　快攻与防守快攻

快攻与防守快攻是现代篮球比赛攻防战术体系的重要组成部分，也是全队战术组织不可缺少的一部分。在比赛中，快攻与防守快攻的成功运用，不仅能快速增加本队得分，或抑制对方的得分，还能大大地提高本队的士气，增强必胜的信心。当前，各级篮球队都把快攻与防守快攻战术作为全队战术训练的基本内容，同样也是篮球教学的重点内容，通过对快攻与防守快攻的教学，力求使学生熟悉并深入理解快攻与防快攻的基本理论，掌握其战术组织的方法和基本要求，并能在实战中运用及创新。

一、快攻战术

快攻战术的运用体现了当代化篮球比赛的风格和进攻战术的发展趋势，反映了篮球运动的快速、灵活、全面、准确的特点，它对培养篮球运动员良好的心理素质和积极主动、勇猛顽强的作风，提高运动员的体能和技术运用能力，发展和提高篮球意识，提高进攻战术的质量都具有十分重要的作用。

（一）快攻战术训练要点

第一，树立快攻新观念，在快攻战术训练中首先要清楚了解现代快攻的特点，明确和掌握当前世界强队快攻发动及组织形式的特点；确立以快速技术为基础的快攻观念。

第二，结合当前快攻战术的发展特点和本队的实际情况，设计本队的快攻战术体系。

第三，快攻战术的训练中，要反复强化快攻意识的培养，把战术训练与技术、身体素质训练和思想作风的培养等紧密结合。

第四，在训练中要突出重点，对接应分散、快下、跟进以及跑动路线和前后层次等要有明确要求；重点抓好中路推进的分球与突破，加快推进速度；结束阶段要抓好三攻二和二攻一等配合，提高快攻的质量与成功率。

第五，在掌握快攻战术方法的基础上，强调提高全队的攻守转换速度，做到队形分散快，前场队员跑动快，后线队员跟进快。

第六，培养快攻欲望，突出快速风格，培养运动员快攻的"强烈"愿望，首先在跑动速度和运、传、投各个环节上突出一个"快"字，确立快速风格的指导思想，并统一到教练员所制订的总体计划上。从思想、作风、体能和技术上都突出快速风格，上、下一致，全力以赴，落实训练。

第七，从比赛的实际出发，强化快攻风格，快攻风格的重要基础是快速技术和快攻战术意识，需要在多年的训练中逐步养成。教练员在训练和比赛中要利用一切可能的机会耐心进行培养。抓住每一次训练和每一次快攻的机会进行磨炼，反复强化。

第八，提高快速技术一定要同时提高队员的反应速度、起动速度、位移速度和动作速度，只有在每个环节上突出"快"，才能达到训练的效果。因此，教练员要求运动员必须在每一次练习、每一场比赛中全力以赴，完成高速度、高强度的对抗。

第九，训练方法的选用，对有一定训练水平的队员可重点加强一对一和二对二的快速技术训练、结合守转攻和阵地进攻战术组织训练；加强对比赛训练法的运用。可运用"加分""扣分"等特殊规定激励运动员，提高其快速意识和快速技术。

第十，在教学与训练中，应把快攻与防快攻结合训练，把快攻训练与阵地进攻战术衔接阶段的训练相结合。

（二）快攻战术训练方法

1. 快攻的快速技术训练

快速技术是组织快攻战术的基础，也是影响快攻战术质量的重要因素。无论是在快攻战术教学或快攻战术的训练中都应重视和加强队员快速技术的训练，这也是篮球快攻训练的重要内容，对全面发展队员的竞技能力具有积极的意义。

快速技术的训练要强调以最快的速度完成技术动作，并达到熟练、自如、实用、准确；并把快攻意识的培养与技术、身体素质的训练和思想作风的培养等紧密结合。

（1）全场攻守转换配合技术练习

动作方法：如图3－34所示，两人一组，开始时，④由中场角运球上篮，⑤跟进抢篮板球，给上篮后拉边的④，并插上接④的回传球，立即传给中圈⊗的教练员，④从⑤身后交叉，两人分散快下接⊗的传球上篮，自抢篮板球回到排尾，依次如此练习。

提示：强调拉边、传球、插上、交叉各个环节快速到位，掌握好快速节奏。

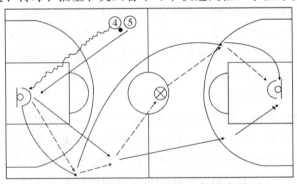

图3－34　全场攻守转换配合技术练习

（2）结合长传球的快速技术练习

动作方法：如图3－35所示，两人一组，开始时，④从中场角运球上篮，⑤跟进至罚球区，立即拉边快下，④上篮后自抢篮板球，迅速长传球给已快下的⑤投篮，④跟进抢篮板球回到排尾。

提示：传球快速准确，有速度；④跟进要快，可规定④抢篮板球补篮一次，或要求篮板球不得落地，强化队员的跟进速度，提高练习强度。

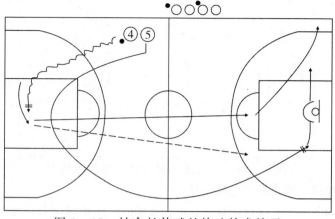

图 3-35 结合长传球的快速技术练习

（3）三人行进间快速技术练习

动作方法：如图 3-36 所示，三人一组，开始时，④运球上篮，⑤跟进抢篮板球，⑥跟进后沿边快下到对面 45°位置插中接球；⑤抢球后传给④，并插上接④的回传球再立即传给插中策应的⑥，④从⑤身后交叉，两人分散快下接⑥的传球上篮，三人抢篮板球回到排尾，依次继续练习。

提示：快下到位，插中要及时，拉边、传球、插上、交叉各个环节快速到位，掌握好快速节奏，⑤、⑥的跟进拉开起动时间，以强化快跑速度。

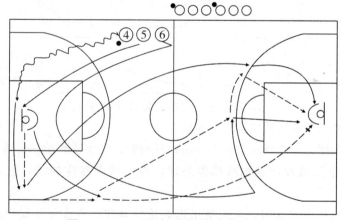

图 3-36 三人行进间快速技术练习

（4）三人插边跟进传接球技术练习

动作方法：如图 3-37 所示，三人一组，开始时，④运球上篮后自抢篮板球，⑤、⑥跟进，⑥跟进后沿边快下；⑤跟进后拉边接④的传球，并传给同侧⑥，④传球后快速跟进接⑥的传球，然后传给左侧交叉跟进的⑤，⑤接球上篮，三人抢篮板球回到排尾，下一组继续如此进行。

提示：要使队员明确跑动路线与传球顺序，做到快下侧身视球，传球快速到位，三人要配合默契一气呵成，以此培养队员行进间协作配合意识和团结精神。

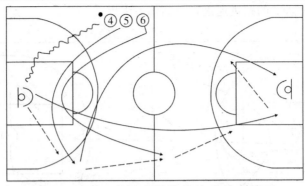

图 3—37　三人插边跟进传接球技术练习

（5）全场连续插上传球推进上篮练习

动作方法：如图 3—38 所示，队员分组，开始时，④持球向右路运球，⑥插上接④的球，同时⑤从右路沿边快下，接⑥的传球上篮；⑥抢篮板球，随后向边路运球，⑦插上接球，传给边路快下的⑧上篮，⑦抢篮板球，又以同样的形式继续练习。

提示：掌握好各位置的起动时间，配合默契，技术连贯有速度。

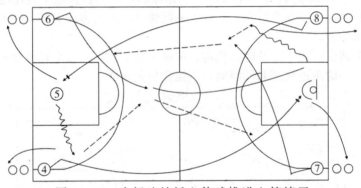

图 3—38　全场连续插上传球推进上篮练习

（6）结合插中接应与运传球推进上篮练习

动作方法：如图 3—39 所示，两人一组，开始时，④快跑到中场折返插中，同时，⑤运球突破上篮，自抢篮板球到端线掷界外球，传给插中接应的④，两人运、传球推进上篮。

提示：④折返插中接球时，首先做出跨步抢位动作，两人分散要快，技术衔接连贯快速。

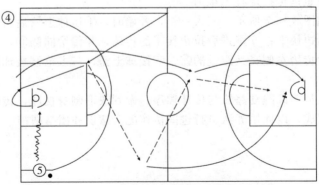

图 3—39　结合插中接应与运传球推进上篮练习

（7）抢篮板球三人快速分散传接球推进练习

动作方法：队员三人一组，教练员抛球碰板三人抢篮板球，抢球后，无球队员迅速分散拉边接应，三人快速运持球推进到对面球篮投篮，下一组继续进行。

提示：强调尽量减少运球，缩短推进时间，可规定抢球后 3 秒内必须推进到对面半场。

（8）全场往返快速运传球上篮练习

动作方法：如图 3－40 所示，④运球，⑤快下接④的传球上篮，④传球后到限制区折返，拉边快下，⑤自抢篮板球运球后传球给④上篮，抢篮板球回到排尾，下一组继续练习。

提示：运传球要快，减少运球，强调传球快速到位，可规定上篮连中 4～10 个为一组，完成 5～10 组，提高队员多项技术组合的快速能力。

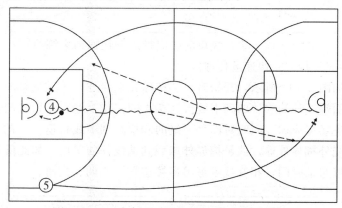

图 3－40　全场往返快速运传球上篮练习

（9）插中运传球上篮的往返练习

动作方法：如图 3－41 所示，开始时，④持球碰板抢篮板球传给插中的⑤，⑤中路运球突破，④沿边路快下接⑤的传球上篮；⑤跟进抢篮板球，掷界外球，④拉边再插中接球，中路运球突破，两人以同样的形式返回，下一组继续进行。

提示：同"全场往返快速运传球上篮练习"。

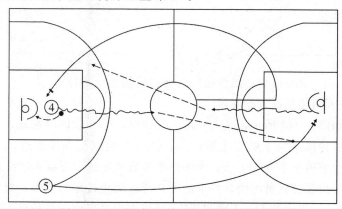

图 3－41　插中运传球上篮的往返练习

（10）结合快攻的接应推进的快速结束练习

动作方法：如图 3－42 所示，开始时，⑥持球传给插中接应的④，④接球后从左路快速运球，同时⑥快下接④的传球上篮，④跟进抢篮板球传给⑧；⑧接球后运球推进，④拉边快下,接⑨的传球上篮,⑨跟进抢篮板球;⑦与⑨在另一侧以同样的形式同时进行练习,队员上篮后到同侧组排尾,依次连续进行。

提示:可规定全队连续投中次数,提高连续的密度与强度。

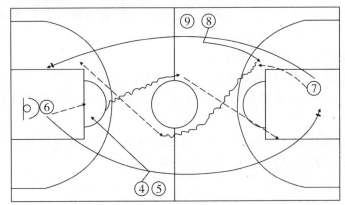

图 3—42 结合快攻的接应推进的快速结束练习

(11)结合接应的行进间快速运传球练习

动作方法:如图 3—43 所示,开始时,⑦持球在端线外,④进场接应⑦的传球转身运球推进,同时对面端线外的⑤快跑到中统折返接④的传球上篮;④跟进抢篮板球,到端线外掷界外球,○进场接应球,同时对面另一组的⑥快跑到中线折返接○的球上篮,○跟进抢篮板球,到端线外掷界外球,队员掷界外球后到端线外的队尾,如此反复进行。

提示:掌握好起动时间,相互技术练习衔接连贯、协调、快速。

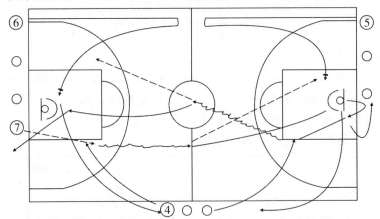

图 3—43 结合接应的行进间快速运传球练习

(12)全场三人两传往返上篮练习

动作方法:如图 3—44 所示,三人一球,开始时,⑥和⑤同时起动,④传球给⑥,迅速跟进;⑥接球后传球给快下的⑤上篮;④、⑥分别快跑至端线折返,⑤抢篮板球传给④,④接球后传给折返快下的⑥上篮;⑤中路跟进抢篮板球,下一组继续进行。

提示:此练习可提高队员的快攻快下速度和行进间传接球的能力;要求跑动传球不减速,双手直线传球,"以球领人,人球相遇",可规定跟进要快,篮板球不得落地,每队上篮投中 8~10 个一组,完成 5~8 组。

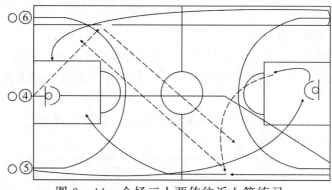

图 3－44　全场三人两传往返上篮练习

（13）三人跟进快速接应运传球上篮练习

动作方法：如图 3－45 所示，三人一组，开始时，④运球推进，⑤跟进接④的传球再传给随后跟进的⑥，⑥上篮，⑤传球后快下，⑥上篮后抢位掷界外球；④传球后拉边快跑折返接⑥的传球，中路运球推进传给快下的⑤上篮，④、⑥跟进抢篮板球，下一组进行练习。

提示：快下到位，接应球及时，拉边、传球、插上、跟进各个环节快速到位，掌握好快速节奏，⑤、⑥的跟进拉开起动时间，以强化快跑速度。

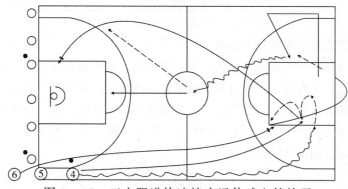

图 3－45　三人跟进快速接应运传球上篮练习

（14）两人全场快速运传球跟进上篮练习

动作方法：如图 3－46 所示，持球抛球碰板，④与⑤抢篮板球，如④抢到球则快速运球推进，⑤拉边快下，④迅速传给⑤，随后拉开跟进接⑤的回传球上篮，下一组继续练习。

提示：同"三人跟进快速接应运传球上篮练习"。

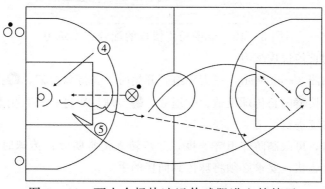

图 3－46　两人全场快速运传球跟进上篮练习

2. 长传快攻的练习

（1）全场接长传球上篮练习。

动作方法：如图3—47所示，开始时，④持球碰板抢篮板球，⑤快下，④长传球给⑤上篮，到原⑤的位置，⑤上篮后⑦抢篮板球，⑥快下接⑦的长传球上篮，⑦到原⑥的位置，继续如此练习。

提示：练习熟悉后，可采用多球两侧同时进行，强调传球速度与路线，要平、直、快，要求必须将球传到同伴的手上。

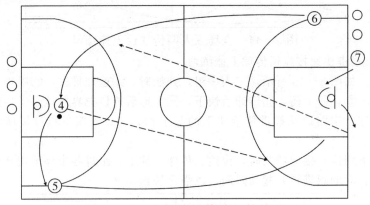

图3—47　全场接长传球上篮练习

（2）全场长传快攻的配合技术练习

动作方法：如图3—48所示，三人一组，开始时，⑥快速运球，⑤、④跟进，⑥回传球给跟进的⑤上篮，④在⑤上篮之时拉边快下，⑥抢篮板球在端线外长传球给④，④接球上篮，⑤上篮后快速追防④，⑥跟进，三人抢篮板球回到队尾，下一组继续进行。

提示：快下要有速度，拉边侧身视球；⑥掷界外球要快，做到传出的球要平、直、快；要求必须将球传到同伴的手上。

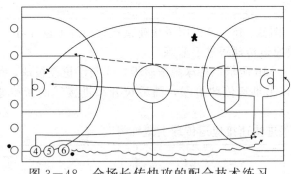

图3—48　全场长传快攻的配合技术练习

（3）防守下的长传快攻练习

动作方法：如图3—49所示，三人一组。开始时，③持球投篮，❽挡人抢位，视❼抢篮板球立即快下，接❼的长传球上篮；❽退守，❼传球后跟进；三人抢篮板球交换位置回到队尾，下一组继续进行。

提示：开始时，可限制防守退守速度，逐步转入正常防守；传球时要根据防守位置，传出的球要平、直、快；要求必须将球传到同伴的手上。

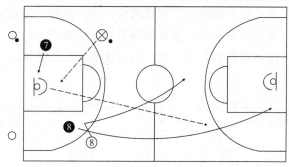

图3－49　防守下的长传快攻练习

（4）结合防守的长传快攻练习

动作方法：如图3－50所示，五人一组。开始时，③持球投篮，❻、❽挡人抢位，❼抢篮板球，❻、❽沿边快下，接❼的长传球上篮；⑥、⑧退守，❼跟进；五人抢篮板球交换位置回到队尾，下一组继续进行。

提示：同"防守下的长传快攻练习"。

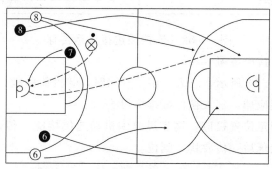

图3－50　结合防守的长传快攻练习

3．短传结合运球快攻的接应与推进练习

（1）抢篮板球一传接应练习

动作方法：如图3－51所示，两人一组。开始时，投篮碰板，⑤、④抢篮板球。如⑤得球，④拉边接应，然后运球推进再传球给，回到排尾，下一组继续进行。

提示：拉边分散要快，接、运、传动作衔接连贯快速；一传要到位。

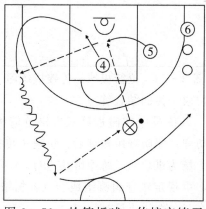

图3－51　抢篮板球一传接应练习

（2）连续插边接应运传球练习

动作方法：如图3－52所示，队员分组站位。开始时，④持球，⑥插边接④的球快速运球推进，过中线后立即传给右侧的⑩，⑩接球后，⑧立即插上接球，同样运球推进过中线传给对面右侧的⑤；如此反复进行，队员按逆时针方向换位。

提示：插上要快，跑动不停顿，接、运、传动作衔接连贯快速；一传球到位，传到接应队员的外侧手。

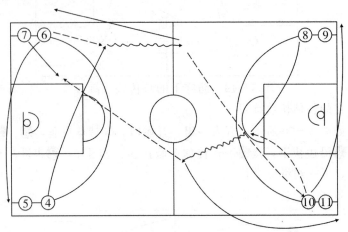

图3－52　连接插边接应运传球

（3）抢篮板球一传接应练习

动作方法：如图3－53所示，三人一组。开始时，③投篮碰板，④抢篮板球落地迅速传给⑥，⑤快速插上接应球，三人换位继续练习。

提示：开始时可固定位置接应，逐步过渡到机动选位接应一传；如左侧⑤接到一传，右侧的⑥插上接应；抢球后一传要快，到位。

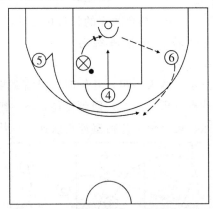

图3－53　抢篮板球一传接应练习

（4）二对二抢篮板球转快攻一传的结合练习

动作方法：队员二对二，教练员抛球碰板后双方拼抢篮板球，进攻组抢球后立即补篮；如攻方未抢到球则立即防守；原防守组抢球后，快速一传推进至中线，返回队尾；原进攻组换位做防守，下一组上场为进攻组，练习继续进行。

提示：攻防抢球要认真，可规定攻守组哪组成功（补篮或一传反击），哪组休息；一传接应可机动选位，但限定在三分线以下区域。

二、防守快攻战术

防守快攻是全队防守战术体系的组成部分。篮球比赛的速度不断加快是当前篮球运动发展的特点之一，掌握防守快攻的战术方法，能制约对方的进攻速度，为本队按计划有组织地实施有效的防守阵式争取时间。

（一）防守快攻战术训练要点

第一，在训练中，不断强化快速攻守转换意识：把拼抢前场篮板球与积极退守紧密衔接结合，做到反应快、起动快、全场领（追）防，多人退守，紧逼控球队员，积极封堵抢断，尽量避免以少防多的局面发生。

第二，防守快攻的训练应与比赛作风的培养紧密结合：树立和锻炼坚韧不拔的意志品质和顽强拼搏的作风，反复跑动，积极干扰，永不言弃，在坚持的努力之中，力争主动。

第三，防守快攻训练要与快攻训练密切结合，防守总是以快攻为对象在对抗中进行的，针对快攻在各个环节的运动规律，在对抗中相互促进，现时提高攻、防能力。

第四，防守快攻战术的训练，应针对快攻特点组织模拟防守重复训练，在组织快攻练习的情况引导下进行一防一、二防二和三防三的防守快攻的技术训练，结合由守转攻和阵地进攻战术训练，有针对性地组织比赛训练。

第五，通过教学竞赛，不断提高防守快攻的质量，促进防守快攻战术能力的提高。在防守快攻的教学训练中，应始终注意培养学生防守快攻的意识，加强队员的专项身体素质的训练。

第六，采用五人防快攻训练时，要提高集体防守的攻击性和控制对方进攻速度的能力，以及攻守转换速度。

（二）防守快攻战术的训练方法

1. 抢篮板球与封堵一传与接应的练习

拼抢前场篮板球是破坏对方快攻战术组织最有效的方法；封堵一传与接应则是破坏对方快攻发动的关键，它们是防守快攻战术方法的基本内容，在训练中必须给予重视，并可结合加以训练。在训练中，应狠抓战术意识与拼抢能力，强化由攻转守时对球的控制、干扰与破坏一传与接应的能力的提高，把强化意识与行动转化结合起来。

（1）全队五对五拼抢篮板球练习

动作方法：将全队分成两组，进行半场或全场五对五比赛，防守队抢得篮板球记 2 分，封堵一传成功记 1 分；进攻队投中记 2 分，抢得篮板球记 1 分；看哪组先得 10 分，练习结束。

提示：进攻队投篮出手，应立刻判断球可能弹向何方，并迅速起动跳起争抢篮板球；如未抢到，则马上封堵一传。反应要快，就近队员封堵一传，其他队员退防。

（2）一对一抢篮板球和封堵快攻一传练习

动作方法：两人一组，一攻一守，教练员作固定接应者；进攻队员投篮后，两人拼抢篮板球，如原防守队员抢到球，原进攻队员立即上前封堵传给教练员的一传，如投篮命中，即发端线球，则防守者同样去封堵；如教练员接到一传，防守队员留在场上继续练习，进攻队员回到队尾，下一名队员进场，如此继续进行。

提示：同"全队五对五拼抢篮板球练习"。

（3）半场二对二抢篮板球与封堵一传和接应练习

动作方法：如图3-54所示，两人一组，攻守二对二；进攻组投篮后，攻守拼抢篮板球，如球被❹抢得，❻立即拉边接应，④立即封堵一传，⑥防接应（如果投篮命中，则封堵掷端线球和接应），如对方传出一传后推进到中线，④、⑥则留在场上，下一组两名队员进场继续练习。

提示：进攻队积极拼抢篮板球，攻守转换要快。

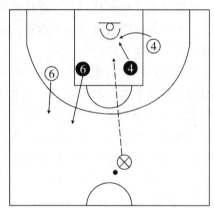

图3-54　半场二对二抢篮板球与封堵一传和接应练习

（4）全场三对三堵截发动快攻练习

动作方法：队员攻守三对三；进攻组投中后，防守组在端线外掷界外球。原进攻组立即防守。防守时可放弃掷界外球的队员，两人二夹一防守离球较近的接应队员。如进攻组投篮不中，防守组抢得篮板球，立即发动快攻。原进攻组离抢球最近的队员立即迎上堵截，控制其第一传和运球突破。其他二人立即抢占断球路线，防止其接应第一传，并准备断球。两个组各攻守一两次后，轮换场下的其他组进行练习。也可用此练习形式进行计分比赛。

提示：同"半场二对二抢篮板球与封堵一传和接应练习"。

2．防守快攻推进与结束段的练习

在防守快攻推进与结束段的练习中，应抓好队员的快下意识，强调快下速度，重点提高队员以少防多的能力。

（1）二对二快速退防，防长传偷袭练习

动作方法：队员两人一组，二对二，开始时，教练员持球站在篮下。进攻队员以教练员抛篮板球为信号开始行动。教练员自抛自接篮板球后，进攻队员沿边线快下，并随时准备接球。防守队员根据进攻队员的移动情况，退守中选择、抢占有利的位置，努力防止进攻队员接教练员的长传球，并争取抢、断球。一次练习结束后，两组分别排列在对队排尾，轮换练习。

提示：可限制进攻队员只能沿边线快下接球或向篮压缩中突然折回接球，不准跑折线；防守队员根据进攻队员的移动情况，占据抢、断球的位置；以防止进攻队员接球为主，并伺机抢、断球。

（2）选位一防二练习

动作方法：如图3-55所示，三人传球到前场，当听到教练员鸣哨后，中间的⑥迅速选位防守，⑦、⑧向前继续进攻形成一防二；投篮后，折回时投篮者转为防守，一防二返回。下一组继续练习。

提示：强调防守队员积极正确选位，合理运用假动作，干扰进攻队员的传球，影响其推进速度，并争取抢断球。

图 3－55 选位一防二练习

（3）选位二防三练习

动作方法：如图 3－56 所示，④、⑤、⑥打快攻，❹、❺防守。进攻结束后，如防守成功则换人防守。

提示：防守队员应尽量延误和阻止对方快攻推进的速度，在限制区防守时，可根据不同情况，采取斜线站位，重叠站位或平行站位等方式，积极运用假动作，提高防守的效果。

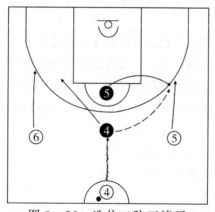

图 3－56 选位二防三练习

（4）由半场攻守开始，综合性防守快攻练习

动作方法：全队分成两组，五对五，要求进攻队多打配合，打成功率，并积极拼抢篮板球。如果球投中，则由防守队在端线外掷界外球，原进攻队放弃掷界外球队员，二夹一地防守离球近的接应队员，其他人迅速退守阻挠对手行动。

提示：同"选位二防三练习"。

第三节 攻防人盯人战术

人盯人防守战术与进攻人盯人防守战术是篮球全队战术体系的重要组成部分，也是篮球比赛中运用最多的一类全队攻守战术方法，一直都倍受各级篮球队的重视，它是体育院校篮球战术教学与训练的主要内容。

一、人盯人防守战术

（一）人盯人防守战术训练要点

第一，在训练中，积极贯彻以防"球"为主的防守原则。严防对手，对持球队员采用平步近身或贴身紧逼防守，扩大防守面积，封盖投篮、干扰传球、堵截运球、及时追防。

第二，半场人盯人防守训练的重点强调以盯人为主，人球兼顾，注重协防；在盯人时要根据球在场上的位置，随时调整防守对手的位置、距离。

第三，在训练中，强调对无球人的防守采用"错位"抢前防守，做到人、球、区兼顾。根据对手距球的远近抢占有利的位置，控制对手接球，堵截其向球移动和空切篮下的路线，积极破坏无球队员的配合行动，减少进攻队员获得接球的机会。

第四，在抓好个人防守的基础上，加强防守基础配合与协防和补防的训练，以增强队员的挤过配合意识与能力。

第五，根据进攻队的重点攻击区与攻击点配备防守力量，加强防守的针对性。对方中锋篮下强攻和外围运球突破能力强时，采用缩小人盯人防守。对方篮下攻击能力不强，外围投篮准时，采用扩大人盯人防守。无论采用何种防守方法，在防守过程中都应加强伸缩性的防守。

第六，训练中，应强调对内线的防守以破坏其接球为重点。根据中锋进攻的特点合理地采用绕前防守或围守中锋的防守方法，其他队员及时轮转补防。

第七，对全场紧逼人盯人防守的技术训练，重点在高强度的防守能力与专项身体素质的保障，其中个人防守能力中的快速移动防守能力与身体对抗能力是保证全场紧逼人盯人防守战术的基石。

（二）人盯人防守战术训练方法

1. 半场人盯人防守战术的练习

（1）移动选位的防守练习

防守的选位与移动是掌握半场人盯人防守战术的基础，通过此环节的训练，使队员明确防守对手在运用中的基本要求，提高队员个人防守技术的运用能力，为学习全队人盯人防守战术打好基础。

①防运球突破练习

动作方法：两人一组，一攻一守。队员在半场内进行一对一的攻防练习，进攻队员力图运球突破进入限制区内，防守队员抢占位置堵卡对方的突破路线，并竭力干扰和破坏对方的运球，在规定时间内攻守交换练习。

提示：此练习应限定时间与运球区域，在规定时间内防守队员力争阻止对手进入限制区，运球队员运球不得超越规定区域。强调正确的选位与积极的脚步移动，不得犯规。

②防守无球摆脱接球练习

动作方法：队员两人一组，一攻一防，练习时，教练员在三分线外持球，进攻队员力求在规定区域内，摆脱防守接教练员的传球。在规定时间内，根据接球次数与断球次数，评定胜负，攻守交换继续练习。

提示：强调防守时做到以人为主、人球兼顾，抢占对手与球之间的内侧位置，防止反跑与空切。进攻队员如接到球，立即回传球给教练员。

③防守正面运球突破练习

动作方法：如图 3－57 所示，❹见球递给④，立即上前防守④，④持球可向左、右两侧突破，❹积极防守将④逼向边线后，两人交换位置。下一组继续练习。

提示：重点训练队员堵中逼边的防守能力，要求侧前防守，重心下降，积极滑动。

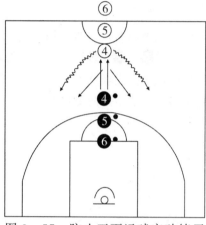

图 3－57　防止正面运球突破练习

④强侧、弱侧的防守选位练习

动作方法：半场四对四攻守。进攻队员一人持球，其他队员在各自区域移动，防守队员根据球的位置积极移动选位，堵截对方的移动路线，竭力阻止对手向球的方向的移动，练习数分钟后，攻守交换练习。

提示：开始时，可限制进攻队只允许球动，人不得离开自己的区域，然后再规定人动球动的条件下，进攻队员可以运球、传球，但不得投篮，如抢断成功，攻守交换。强调防守队员要随球的转移，强侧与弱侧的变化，及时调整防守位置与距离。

（2）局部防守配合的练习

局部防守配合的练习是全队防守战术的一部分，可根据本队的具体防守战术方法在练习中提出相应的要求，掌握配合方法，提高配合质量，逐步与全队防守战术相衔接。

①防守掩护配合练习

动作方法：如图 3－58 所示，⑤移动给④做侧掩护，④利用掩护运球突破，❺与❹运用交换配合堵卡④的运球，然后攻守交换，下一组继续练习。

提示：此练习也可要求防守队员采用挤过或穿过配合，强调配合时及时呼应，配合动作要一致，动作要迅速。

图 3-58 防守掩护配合练习

②围守中锋的配合练习

动作方法：如图 3-59 所示，半场四对四。练习时，当进攻队员④传球给中锋⑤时，❹迅速回撤与❺协防，围守⑤，同时❻与❼积极防守好自己的对手，并协防④，一旦⑤传球，❹立即回防④。如此反复数次，攻守交换练习。

提示：中锋⑤可根据球的转移，在限制区两侧移动要球。可规定进攻队员不得投篮。

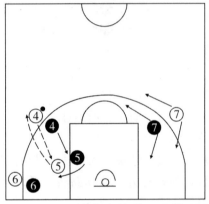

图 3-59 围守中锋的配合练习

③底线夹击的配合练习

动作方法：如图 3-60 所示，开始时，⑤接④的传球，从底线运球突破，❺积极防守正面堵卡⑤的突破路线，❹回撤协助❺对⑤进行夹击防守，此时❼迅速移动防守④，❽选位兼顾防守⑦，防守队一旦断球，立即反击，原进攻组转为防守，下一组进场继续练习。

提示：开始时，限制进攻队的无球移动，待队员基本掌握夹击、轮转协防配合后，再要求攻守正常进行。

④防突破的关门配合练习

动作方法：如图 3-61 所示，⑤传球给⑥，⑥运球突破，❻积极防守，❺与❻关门堵截后撤⑥的突破路线，迫使⑥停步，❼调整位置堵卡对手向篮下的切入防止⑦接球，一旦⑥传球给⑤，❺迅速回防，⑦接应球，在另一侧继续练习，反复数次后，攻守交换。

提示：❺关门要及时，配合动作要正确，不得犯规，回防要迅速。

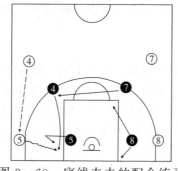 

图 3—60　底线夹击的配合练习　　图 3—61　防突破的关门配合练习

⑤防守插上策应接球练习

动作方法：如图 3—62 所示，队员二对二。开始时，⊗持球向左、右两侧倒手传球，④接球后，⑤突然下压插上准备接④的传球做策应，❹积极抢位阻挠⑤接球，迫使⑤外拉接球，❺迅速跟防，④传球后纵切到原⑤的位置，⑤传球给⊗，继续如此练习，反复数次后，攻守交换练习。

提示：防对手接球时贴身抢位要快，外侧手扬手干扰球，一旦对方接球，迅速调整防守位置。

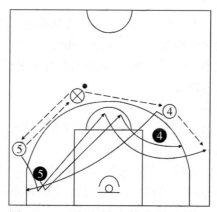

图 3—62　防守插上策应接球练习

（3）全队五人完整战术的配合练习

组织完整战术配合练习时，应根据本队战术的安排，按照半场扩大（缩小）人盯人防守的战术要求，侧重组织练习，逐步掌握半场人盯人防守战术方法。

①限制性的全队半场攻守练习

动作方法：全队五对五，在对抗条件下练习半场人盯人防守，球一旦传入内线迅速组织围夹，其他队员立即调整防守位置，进行协防，抢断球成功，攻守交换。

提示：开始时，可规定在人动球动的条件下，允许进攻队员运球、传球和运用各种进攻配合，但不得投篮；防守队员严格按照战术要求进行防守，如果抢断成功，攻守交换，待队员基本掌握防守战术方法后，再取消限制，在正常条件下进行攻守对抗练习。

②半场五对五攻守对抗练习

动作方法：全队五对五，在对抗条件下练习半场人盯人防守。进攻队投篮成功后，在中圈继续发球进攻，进攻队抢到篮板球，可以补篮或组织二次进攻，防守队员抢到篮板球后或抢断球成功，也在中圈发球开始进攻。

提示：按照半场人盯人战术的要求组织练习，可根据教学训练的需要，进行半场扩大或缩小人盯人防守。

③全场五对五攻守对抗练习

动作方法：全队五对五，在正常条件下进行攻守对抗，练习半场人盯人防守。

提示：规定双方均采用半场人盯人防守，要求加快攻守转换速度，防守队要封堵一传与接应，竭力阻止快攻，迅速退回后场组织半场扩大或缩小人盯人防守，在对抗练习中，发现问题，及时纠正，不断提高防守质量，掌握半场人盯人防守战术方法。

2. 全场紧逼人盯人防守战术的练习

个人防守能力是人盯人防守的基础，对于全场紧逼人盯人防守尤为重要，在练习中应特别重视，并加以强化训练。

（1）全场一对一无球的对抗练习

动作方法：两人一组，一攻一守。进攻队员积极运用虚晃或变向或突然加速、急停、转身等步法摆脱对手，防守队员运用滑步、侧跨步、追防等步法，主动抢前堵截对方摆脱路线。

提示：开始时，可限制进攻队员的移动速度，防守队员保持低姿移动，步法变换要快，积极抢占有利位置，堵卡对手的移动路线。

（2）一防二防守步法练习

动作方法：三人一组，一人防守。两人从后场传球推进，防守队员随球的转移快速滑步抢位防守传球队员，直到对面端线，下一组进行练习。

提示：限制传球队员的推进速度，防守队员始终保持低姿滑步，滑步要快，扬手抢位，此练习可在球场两侧同时进行。

（3）全场退防中的断球练习

动作方法：如图3—63所示，⑤、⑥为固定传球者。开始时，④传球给⑤后，快速随球追防，断⑤传给⑥的球后迅速反击运球上篮，依次进行。

提示：开始时，限制⑤的传球速度，待练习一定时间后，可运球如未能断到球，④积极防守⑥，⑥运球进攻，投篮后，④到原⑥的位置，⑥持球返回队尾。

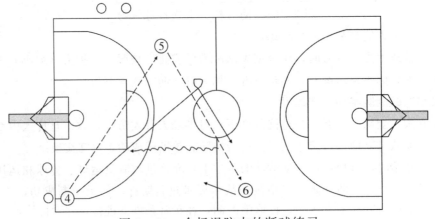

图3—63　全场退防中的断球练习

（4）全场一对一防运球推进练习

动作方法：一攻一守，防守队员运用滑步，追防堵卡运球队员向中路的突破，竭力把对手逼向边线一侧，依次进行。

提示：开始时，可限制进攻队员的运球范围，两侧同时进行。

（5）个人防守的转换练习

动作方法：如图3－64所示，两人一组，一攻一守。开始时，❹防守④；④沿边路突破，传球给⊗，❹由防持球对手转换成防无球对手，竭力干扰④在前场的接球，如一旦④接球后，积极防守④的突破，干扰其投篮，拼抢篮板球，抢球后攻守交换练习。提示：防守队员转换防守中，及时调整防守位置、距离，明确防守任务与方法。

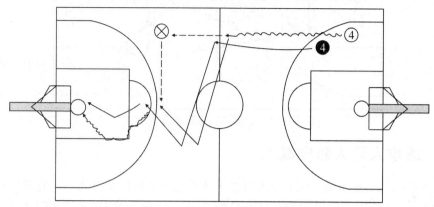

图3－64　个人防守的转换练习

（6）反应、堵防运球队员练习

动作方法：如图3－65所示，开始时，❹与⊗相互快速传球倒手，④沿边路运球推进，❹待④接近时迅速传球给⊗，立即抢位防守④，迫使④运球停步。然后两人交换位置，❹持球到队尾。下一名队员继续如此练习。

提示：❹要随时观察运球队员的行动，堵位及时、动作果断防守到位，堵住对手的运球路线，不得犯规。可规定运球者不得强行突破，一旦运球路线被堵立即停止运球。

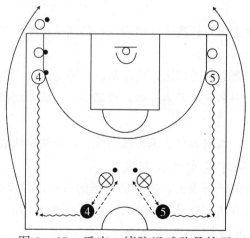

图3－65　反应、堵防运球队员练习

（7）后场防守断球反击练习

动作方法：两人一组一球，如图3－66所示。开始时，④运球上篮，⑤跟进抢篮板球后掷端线界外球，长传给位于前场的⊗，④上篮后快速退守，断传给⊗的球；断球后，立即运球反击，⑤迎前防守，投篮结束后，两人抢篮板球回到排尾，下一组继续练习。

提示：④退守时要观察场上情况，到前场迅速转身注视球的方向与落点；脚步移动要快，判断要准；开始时，教练员可提示防守队员的选位、移动等。

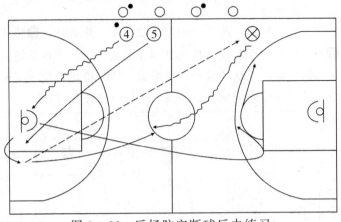

图 3－66　后场防守断球反击练习

二、进攻人盯人防守战术

进攻人盯人防守战术是现代篮球进攻战术体系的重要组成部分之一，它是针对人盯人防守的特点、防守范围的大小及防守队员防守能力的强弱，并结合本队实际情况而制订的一种有组织的全队配合方法。比赛中，由于人盯人防守的普遍运用，进攻人盯人防守的战术方法也成为各级球队必须掌握的主要战术内容之一，以适应比赛中战术变化的需要。

（一）进攻人盯人防守战术训练要点

第一，结合本队的实际，加强配合技术的训练，重视不同形式下的传切、掩护、策应与突分等配合方法的练习，提高队员灵活运用两三人战术基础配合的能力。

第二，结合全队战术方法，加强局部配合的练习，把队员的技术特长与全队战术配合结合起来进行训练。

第三，重视攻守转换意识与转换速度的训练，特别是进攻全场紧逼人盯人防守的训练应与顽强的作风紧密结合。

第四，进攻人盯人防守战术的训练，应使队员明确全队战术配合的方法，以战术训练为中心，把身体、技术意识和作风融为一体，训练中严格战术纪律，加强战术运用变化能力的培养。

第五，根据本队情况，组织多种战术方法训练，以提高全队战术运用的应变能力。

（二）进攻人盯人防守战术训练方法

进攻半场人盯人防守的方法很多，但有其共同的特点，在训练中应根据本队的技术、战术特点，掌握多种进攻方法，针对不同的防守阵式合理地运用。

1. 进攻半场人盯人防守战术的练习

（1）溜底掩护接球投篮练习。

动作方法：如图 3－67 所示，⑤溜底给⑥做掩护，④可传球给⑥或后转身上提的⑤，⑤或⑥接球后转身跳投。三人按顺时针换位，下一组继续练习。

提示：队员熟练练习后，可增加一人做防守，提高配合技术运用的对抗性。

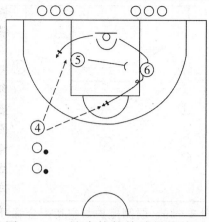

图 3-67　溜底掩护接球投篮练习

（2）三人外线反掩护配合练习

动作方法：如图 3-68 所示，④传球给⑤后向相反方向移动给⑥做掩护，⑥利用④的掩护横切接⑤的传球进攻。⑤、④冲抢篮板球，三人按顺时针换位，下一组继续练习。

提示：待队员基本掌握后，可要求⑤传球给掩护后转身向篮下移动的④，提高队员利用掩护变化的能力。

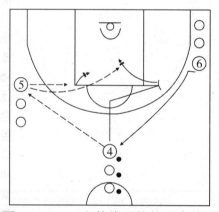

图 3-68　三人外线反掩护配合练习

（3）弱侧掩护与空切配合练习

动作方法：如图 3-69 所示，接球与①传球倒手，③利用②的定位掩护空切，接①的传球投篮；③切入后，②上提准备接球进攻，③投篮后，②冲抢篮板球再补篮，投篮后三人按顺时针换位，下一组继续练习。

提示：待练习数次后，③空切，掩护后②接球投篮，③抢篮板球补篮。强调配合节奏、抢位要球的时机；待队员熟练后，可增加两人防守在对抗条件下进行练习。

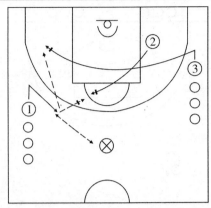

图 3－69　弱侧掩护与空切配合练习

（4）弱侧反掩护拉边移动投篮练习

动作方法：如图 3－70 所示，④传球给⑤后，④向右移动给⑥做掩护，⑥利用掩护横切接⑤的传球投篮，④掩护后溜底到场角接⑤的传球做三分远投，四人逆时针方向换位，下一组继续练习。

提示：掌握好配合的时间与节奏，横切、溜底移动要快。

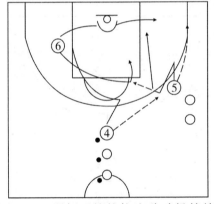

图 3－70　弱侧反掩护拉边移动投篮练习

（5）三人内外线掩护配合练习

动作方法：如图 3－71 所示，④传球后变向移动给⑥做掩护，⑥利用掩护移动到罚球线附近接⑤的球，转身投篮，三人抢篮板球换位，下一组进行练习。

提示：掌握好配合时机，⑥上提投篮要快速，抢位要球动作要有力；练习熟悉后，可要求④掩护后转身向右侧场角移动接⑤的传球投篮；还可要求⑥接球后，⑤下滑在右场角或向左移动从罚球线左侧切入接⑥的策应传球投篮。逐步提高队员之间相互配合的应变能力。

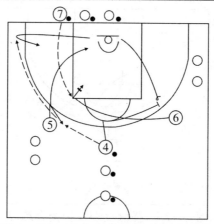

图 3-71　三人内外线掩护配合练习

（6）四人连续配合练习

动作方法：如图 3-72 所示，④传球给⑥变向切入篮下给⑦做掩护，同时⑦向底线移动利用④的掩护上提，接⑥的传球；接着④继续向上给左侧的⑤做后掩护，⑤向篮下反跑并利用④的掩护接球投篮，抢篮板球，四人顺时针方向换位，下一组继续练习。

提示：待练习熟悉后，可变化由④掩护后横移利用"二机会"在罚球线附近接⑥的传球投篮，掌握好移动配合的节奏，传球及时定位。

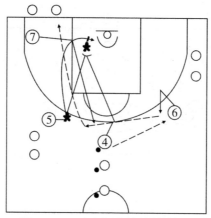

图 3-72　四人连续配合练习

（7）强侧反切掩护配合练习

动作方法：如图 3-73 所示，④传球给⑥，再绕到⑥的身后，接⑥的回传球；同时⑤变向背插罚球线高位要球，⑥待⑤到位后，向左侧移动，突然变向并利用⑤的定位掩护向篮下空切，接④的传球投篮，⑤抢篮板球，三人按逆时针方向换位，下一组继续练习。

提示：④的传球要及时定位，传球方法要合理，球速要适当；队员基本掌握后，可要求⑥掩护后下插接球投篮，以提高队员运用掩护配合的变化能力。

图 3—73　强侧反切掩护配合练习

（8）中锋与后卫高位挡拆配合练习

动作方法：如图 3—74 所示，①传球给②再移动到②身后接回传球，③插上；②利用③的掩护切入攻击，③掩护后上提给①做掩护，①利用③的掩护，运球突破上篮，三人抢篮板球回到排尾，下一组继续进行。

提示：掌握配合节奏与跑动路线，此练习如按队员的位置分组，每次练习后不必换位；练习熟悉后，可要求①运球突破后，③及时转身跟进，接①的分球投篮，可把三个进攻机会逐一进行练习。

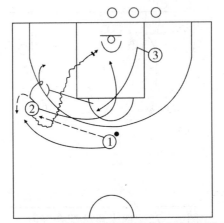

图 3—74　中锋与后卫高位挡拆配合练习

（9）中锋低位策应配合练习

动作方法：如图 3—75 所示，④接球传给溜底切入的⑦，⑤传球后给⑥做掩护，⑥利用掩护空切到⑦的身前接球投篮，四人按顺时针换位，各组依次练习。

提示：开始时，可先进行中锋的投篮练习，再组织中锋与外线的策应配合练习。

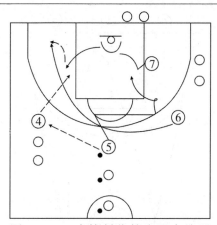

图 3—75　中锋低位策应配合练习

2. 进攻全场紧逼人盯人防守战术的练习

（1）后场利用掩护三人接发球练习

动作方法：如图 3—76 所示，攻守三对三。开始时，⑧要球未成给⑦做掩护，⑦利用掩护拉开接球，⑥发球后迅速向前场移动，⑦接球后传给快下的⑥，⑧跟进到前场，接⑥的回传球上篮，⑦跟进抢篮板球，练习结束，防守组回到队尾，原进攻组变为防守，下一组进场继续练习。

提示：可限定进攻队的发球时间，⑧接球动作要逼真，⑦利用掩护摆脱要突然，⑥快下要有速度，传球及时到位，跟进迅速。

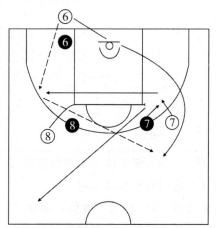

图 3—76　后场利用掩护三人接发球练习

（2）快速抢发球练习

动作方法：如图 3—77 所示，三人一组，开始时，③抛球碰板或罚球投篮，球出手后，④、⑤、⑥立即进场拼抢篮板球，如⑤获球迅速在端线外发球，④和⑥立即要球并快下接⑤的传球上篮，⑤跟进，下一组拉出继续练习。

提示：④和⑥先做要球的动作突然反跑，此练习也变为⊗罚球，队员在分位线上准备抢篮板球。要求传球必须传到同伴的手上，不得随意传球。开始时，可不要防守，当队员基本掌握配合方法后再增加防守人，由松动防守到积极防守，逐步增加练习难度。

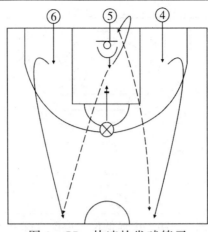

图 3—77　快速抢发球练习

（3）快下插上接球投篮练习

动作方法：如图 3—78 所示，④传球后立即上前防守⊗，⊗抛球碰板，④抢篮板球再传给⊗，迅速快下到前场，折返插上接⊗的球转身投篮，自抢篮板球回到排尾，如此依次进行。

提示：一旦中场⊗获球，④插上要快，折返抢位要快速。

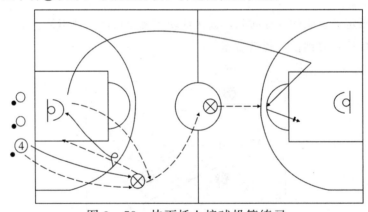

图 3—78　快下插上接球投篮练习

（4）进攻全场人盯人防守的落位与抢发球练习

动作方法：五人一组，队员按"1—2—2"落位，如图 3—79 所示，开始时，队员进场，教练员持球发出信号后队员迅速落位，④拿过教练员手中的球，迅速抢发球，⑤与⑧积极摆脱接球，④传球给⑤，然后④快速进场利用⑧的掩护插中接⑤的传球，从中路突破将球推进到前场，或⑧上前给⑤做掩护，⑤利用⑧的掩护中路突破，将球推进到前场，球进前场后，下一组队员进场继续练习。

提示：落位要快，发球要快速传球到位，后场推进配合要默契。在此基础上也可练习其他形式的落位并与抢发球相结合，提高攻守转换意识与配合行动。

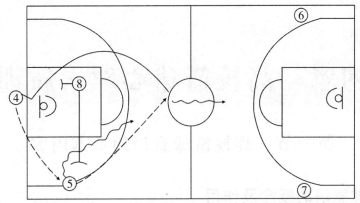

图 3—79 进攻全场人盯人防守的落位与抢发球练习

（5）全场三攻三配合练习

动作方法：三人一组，从半场三对三攻守开始练习。当对方投中或罚中，防守队由守转攻迅速抢发球，采用固定发球；对方违例，可采用机动发球；接发球采用个人摆脱和掩护摆脱；球进场后，运用传切、掩护等配合向前推进，要求 8 秒钟内球过中线，20 秒钟内完成全场进攻。

提示：由守转攻要迅速，强调队员分工组织发球。

第四章　高校篮球心理素质训练

第一节　高校篮球意识的基本内容

一、篮球意识的概念及作用

（一）篮球意识的概念

所谓"篮球意识"，是指篮球运动员在从事篮球实践活动中经过大脑积极思维过程而产生的一种正确反映篮球运动规律性的特殊机能。它是篮球运动员在长期篮球运动实践活动的认识过程中提炼积累起来的一种正确心理和生理机能的反射性行动的总称，简而言之，是篮球运动员对篮球运动比赛规律客观现实的主观反映。

篮球意识被认为是篮球运动员最宝贵的"精髓"，是比赛中指导正确行动的"活的灵魂"。

篮球意识的形成有它一定的规律，需要经过较长时期科学的、系统的训练，并在无数次激烈的篮球比赛实践的磨炼下，不断地积累知识和经验而逐步形成。它随着运动员篮球技能的形成而产生，也随着篮球技术、战术的发展而提高，并形成自己的特点、规律和构架。可见，实践是"正确篮球意识"的源泉，"正确篮球意识"的形成是从感觉阶段的概念、判断到推理阶段的决断过程，反映到心理学上，就是从感觉到知觉的过程。运动员在比赛中行动的正确与否，绝大部分情况下取决于感觉、知觉和思维加工的正确与否，思维加工认识正确，形成的意识就强。回顾国内外许多优秀的篮球运动员，在比赛中所表现出的那种超群才干，充分体现出他们良好的"正确篮球意识"。

（二）篮球意识的作用

球场上运动员一切正确的行动都是运动员在自身正确意识指导下的客观反映，具体分为以下几个方面的作用。

1. 支配性作用

具有正确篮球意识的运动员，通常在训练和比赛中，就能以正确的潜在意识支配自己的合理行动，决断应变时机，自觉主动并创造性地根据已经变化或预测可能变化的情况，及时调整自己的思路与决策，从而更有针对性地、有效地发挥自己和全队的特长，表现出高度意识化的主观能动性作用和对篮球技术、战术与谋略运用的放大性作用，达到在激烈复杂的比赛对抗下始终把握全局的主动权。

2. 行动选择作用

运动员在比赛过程中，某一时刻所意识到的攻守对抗情况不是笼统的，而是依据比赛分层次、分轻重缓急和有选择的。一般情况下，运动员首先意识到当时的攻守对抗态势，在纷杂的情况中重点意识到与自身行动意向最为密切的信息，进而做出准确的判断和选择，为选择攻守目标的个人战术行动做出正确的定向。

3. 行动预见作用

篮球意识不但是对比赛对抗现实情景的主动反应，而且可预见到攻守态势的下一步发展和某种可能。通过对攻守态势发展和可能的预测，来决定所要采取的个人战术行动，进而实现对技战术行动的主动调节。

二、篮球意识的特点

（一）潜在性

人的有目的、有意识的行动，是通过大脑思维对客观事物的反应，通过感觉、表象、判断而决定的。篮球运动员在比赛场上的行动，实质上是对比赛中出现的各种复杂情况，通过本身具有的篮球意识的推理、判断而决定行动的。运动员篮球意识的形成，是随着他在长期篮球实践活动中积累知识和经验的过程而发展起来的，并以观念的形式存在于头脑中，平时看不见、摸不着，具有潜在性。而在篮球比赛中，运动员所具有的篮球意识就会由潜在变为显形，并自觉地对运动员的行动起指挥作用。

（二）能动性

篮球意识的能动性表现在篮球运动员在行动前主动地反映攻守情况，并在意识的支配下积极地、创造性地调整自己的战术行为，既能使己方最大范围地限制对方的优势发挥，又能最大范围地发挥自身的技术优势、体能优势和其他方面的优势，并可使运动员在自己处于相对弱势的情况下，通过意识活动将自己的局部或个别环节上的优势放大，从而战胜在整体上比自己强大的对手。

（三）连续性

篮球比赛中的进攻和防守行动极少是单一性的，而常常表现为连续的攻守行动。运动员在比赛中的各种行动，都是在篮球意识支配下进行的。因此，运动员在连续的行动过程中，必然会产生连续的意识活动，以支配不间断的行动。一次战术行动的结束，往往就是下一次战术行动的开始，运动员进行思维和决策，必然要在获得特定的战术行动决策信息的基础上，经过分析判断方能最后做出决定。信息是思维过程得以进行的基本资料。没有各种信息，思维难以进行，这就要求运动员"意在动前，意在动中"，不间断地思维决策。

（四）瞬时性

篮球比赛中，运动员的各种攻防行动常发生在转瞬之间，这就要求运动员的意识活动必须敏捷，即从观察、判断、思维到决策等一系列意识活动必须瞬间完成，否则，将会贻误战机。特别是在激烈对抗的情况下，运动员往往是运用直觉思维的形式来进行意识活动的，直觉思维具有非逻辑性、突发性、下意识性等特征，这些都表现出篮球意识的瞬时性特点。

三、篮球意识的形成过程

篮球运动员在比赛中的意识活动过程，实质是一个对比赛情景认识的过程。在这个过程中，运动员的篮球意识表现为意识和行动的相互作用，首先，是运动员的自我意识活动。时刻意识到自己在全队中的地位和作用，同时必须意识到在攻守双方对抗中以我为主的战略思想，还要意识到自己在对抗中所处的位置、条件和应该采用的行动方法，这是意识对行动实施调节作用的前提。其次，是意向指引下的积极行动。运动员在主观意向的指引下，意识活动时刻都在主动获取攻守情况变化和行动结果的反馈信息，进而在战术思维的参与下，选择更为有效的行动方法，当所采取的行动奏效时，效果信息将使意识得到进一步强化和提高。

（一）在训练比赛现实中的观察感知

感知是运动员意识到比赛现实客观存在的前提条件，没有感知就不可能产生意向和思维。篮球运动员主要是通过视觉观察的感知来获得场上信息。通常优秀篮球运动员都具有良好的观察能力，他们的视野范围超过普通人，这是多年训练实践反复磨炼的结果。另外，篮球运动员的观察感知具有选择性的特点。比赛中的诸多信息，可能同时进入运动员的视野，但不可能都被注意到。哪种信息首先被视觉感知，取决于它与运动员主观意识中比赛目标意义的相关程度。通常与目标意义相关程度高的信息，被首先感知到的可能性较大；反之，可能性则小。一般情况下，运动员在主观意向的指引下，首先感知到视野范围内的是那些与主观意向相关的攻守对抗信息，而对于其他信息则忽略不计。可见，篮球运动员的视觉感知受主观意向的指引，而视觉感知又是意识过程的必要条件。

（二）对抗条件下的思维判断与决策

篮球运动规律决定了比赛场上的情况瞬息万变，运动员的思维与决策行动必须与此相适应，要时刻意识到情况的变化。运动员在观察感知比赛情景的基础上，要求在瞬间完成对情况的分析、综合等思维过程，通过思维对情况做出准确的判断，进而做出行动的决策。这一过程是在瞬间实现的。具有良好篮球意识的运动员，通常就能够准确把握复杂的比赛对抗情况的不断变化，做到行动胸有成竹，大胆、果断、准确、自如。这是他们在多年训练和实战比赛中积累起来的高度精密的意识活动反映。因此，运动员的瞬时判断、思维与决策过程是篮球意识活动的核心，培养篮球意识必须重视围绕提高瞬时的思维与决策能力来进行。

（三）积极、合理、准确的行动应答

篮球意识对比赛的能动作用，表现在运动员能够针对场上情况及时做出准确合理的攻守行动应答。对比赛事态的观察感知与思维判断的目的，是为了进行决策和行动，因此，行动的合理性、积极性，是篮球运动员的意识水平和实战对抗能力的标志。在篮球意识与对抗行动的相互作用关系中，尽管行动是第一性的，但行动离不开意识的主导，行动只有在一定意识的指引下才能成为有目标的主动行动。否则，就会使行动失去目标，成为无意识的或是错误意识指引下的盲目行动。应该指出，意识主导下的行动需要一定的物质条件。比赛中运动员的行动受自身身体素质和机能能力的影响，当运动员身体机能不佳、出现过度疲劳而使体能下降时，行动会受到影响，常常出现"心有余而力不足"的情况。这种现象更进一步说明，在篮球运动的物质与精神、存在与意识关系中，物质与存在是第一性的，精神与意识是第二性的，没有物质与存在作为基础，意识与精神就不能发挥应有的作用。

四、篮球意识形成过程的影响因素

实践证明，与意识关系最为密切的心理因素是注意和记忆，同时行动也是影响意识的主要因素。篮球意识也不例外，它也受运动员的有意识注意、记忆等心理因素的影响。科学地分析篮球运动员比赛中的注意和记忆功能的特点，对于正确培养运动员篮球意识具有积极的意义。

（一）感知与注意

在篮球比赛中，运动员可通过多种渠道来感知场上攻守对抗情况的变化。例如：听觉、视觉和触觉都可以同时接收到来自场上的各种信息，然而哪些信息能够进入意识的领域取决于运动员注意的指向和注意的广度，其中视觉是关键，因而要扩大视野范围。一般来说，注意是指对比赛场上诸多感知信息进入意识领域的选择和局限，运动员的注意指向受主观意向的指引，主观意向就是在比赛攻守目标的控制下，决定注意对有关信息进行取舍的评价体系。

篮球比赛过程中运动员的有意注意指向，通常集中于具有较高评价效果的攻守战术及技术运用结果的有关信息，而把自身行动和对球的控制过程放在注意的边缘，使技术动作和战术意识水平不断提高，技术的自动化使意识的注意指向得到了解放，大脑高级神经中枢的有意识注意指向集中于与战术目标更为密切的对抗情节信息，而把其他相对次要的运动操作信息交给较低级的神经中枢来进行控制。在篮球运动员的注意品质中，注意的广度和敏锐性反映运动员对比赛情况变化的洞察能力，优秀篮球运动员由于具有较好的视野基本功而使注意的广度增加，平时篮球运动训练中所形容的"眼观六路，耳听八方"，就是指注意在广阔的视野范围内捕捉有效信息的能力。比赛中，由于运动员视野和注意范围的增大，使其能够意识到最隐蔽和最有利的攻击机会，在传出出其不意的好球的同时，把防守者的注意力吸引到不利位置上来，为同伴进攻得分创造良好的条件。

（二）记忆与思维

记忆与思维同篮球意识的形成关系十分密切。人的记忆可分为短时记忆和长时记忆，短时记忆一般指注意指向所感知到的一切信息，这些信息在记忆中停留很短时间就会被新的信息取代，在篮球运动比赛中则表现为对瞬息之间情况变化的感知和记忆。长时记忆是指经过检索被意识到有价值的信息，这些信息通过记忆在头脑中长期保留，使用时可随时提取，是深刻的感知和学习的结果。篮球运动员的长时记忆中储存的信息一般是关于技术、战术打法的智能模型，这些模型是在平时教学训练中积累起来的。比赛中技术、战术运用的成功体验也可以成为智能模型，在长时记忆中储存，当遇到类似的情景时，就会立刻被激活和提取，成为引导行动的意向。与篮球意识有关的记忆主要有以下两部分内容。

1．篮球运动的相关知识

人们对客观存在现实的认识是意识的核心，而对客观存在的正确认识常表现为各种形态的知识。篮球意识的建立和培养，也必须以有关篮球运动知识的学习为基础，在运动员的头脑中建立丰富的篮球知识体系。当运动员掌握了有关篮球的社会文化知识，就会对篮球运动产生正确的情感，进而形成正确的篮球实践动机；当运动员掌握了关于比赛攻守对抗技术、战术运用规律的知识，就能正确地反映比赛的现实，用知识来指导攻守行动；当运动员掌握了正确完成技术的方法以后，就能够进行有意识定向的练习，进而使技术水平迅速提高。因此，学习和掌握篮球知识，可以强化记忆，促进思维，对于培养正确的篮球意识具有重要的意义。

2．临场实战对抗的经验和体验

篮球比赛临场经验和实战对抗体验是一种特殊的知识形态，具有只能意会、不能准确表述的特点。它是在比赛场上获得的，是运动员在与对手的实战较量中运用技术、战术配合和身体的体能实施攻守行动时得到的体会，这种亲身体验被运动员意识到并进入长时记忆。体验的长期积累就形成了宝贵的实战经验。在篮球运动员的记忆中，实战经验以智能模型的方式进行储存，每当在新的实战比赛中，当运动员感知到与经历过的相似对抗情况时，储存于头脑中的智能模型会立即被意识提取，成为唤起和指引行为的主观意向，由此产生意识主导下的个人战术行动。

第二节　高校篮球意识培养方法与测评

一、篮球意识的培养方法

（一）在技术训练中渗透篮球意识培养

在技术训练中渗透篮球意识培养，是培养运动员篮球意识的基本途径。篮球意识是长期、有计划地在整个训练过程中不断渗透才形成的。一名篮球运动员从开始参加篮球运动训练到结束篮球运动生涯，教练员都在不间断地采取各种手段和方法潜移默化地对其进行篮球意识的培养与熏陶，这就是对运动员不知不觉地进行点点滴滴的意识加工、渗透与提炼，使其形成一种正确的潜意识。运动员之所以能在球场上随心所欲地运用与应变技术、战术，正是其潜意识的作用，而最初的技术基础训练阶段是关键。在技术对抗性训练阶段，特别要重视在技术动作的个性训练中培养运动员的篮球对抗意识，着重解决运动员心智能力中的观察能力和分析判断能力的提高，并在能力培养过程中丰富运动员的基本知识体系，积累技术运用经验。

1. 培养观察能力

培养观察能力是形成篮球意识的前提。在篮球比赛中，运动员对任何一个技术动作的运用与应变，都首先取决于能否周密地在一瞬间做出正确的观察。因此，在技术训练初期就必须重视观察习惯和观察能力的培养，加强视野训练，并且在训练一般观察能力的基础上，进一步培养运动员的视觉选择能力。

（1）加强视野训练，提高眼睛余光的观察能力

篮球比赛瞬息万变，绝大多数情况下主要用眼睛余光来观察全场情况的变化，捕捉战机，及时应变，如观察运动员的面部表情，移动速度、方向、角度、节奏，球的落点，配合的路线，攻守特点，等等。所以要特别强调培养运动员用眼睛的余光来扩大视野，提高用余光观察的能力。在技术训练中，可用有助于扩大视野的技术动作来培养运动员的余光观察能力。如：在练习运球技术时，要求运动员用余光照顾球或不看球，观察的重点是场上双方全面的攻守情况；在练习传接球技术时，可采用多人快速传接球（加防守）练习，要求用余光观察接球人及其被防守情况，接球后立即将球传出，并要求传球及时、准确到位。在两个技术动作以上的组合性技术衔接中，特别要注意观察能力的培养，这对提高运用技术的应变能力极为重要。如运球突破—传球或运球突破—急停跳投，要求运动员不仅要考虑自己被防守的情况，而且还要观察场上同伴的位置、移动及其被防守的情况，以便于及时、准确地做出判断。

（2）培养视觉选择力

视觉选择力是在全面观察的基础上，把视线集中在特别重要的位置、区域和队员身上的能力。培养篮球运动员的视觉选择力，就是要训练善于把场上其他队员的行动收入自己的视野范围内，并从中进行选择与分辨，以便正确决策行动。实践证明，篮球运动员在比赛中对攻守信息的获取是有先后顺序的。如抢到后场篮板球时，观察的一般规律是：首先观察前场，然后是观察中场，最后观察后场，使用这种依次"观察模式"；在突破和投篮时，要重点观察篮下的变化；抢篮板球时，要考虑投篮队员的距离，以及自己和篮圈所形成的角度、对方队员抢篮板球的组织特点和队员的位置等，但观察的重点是球的落点。在技术训练中，不断总结带有规律性的"观察模式"并组合成某种练习方法应用于教学训练之中，是培养运动员篮球意识的重要任务和有效方法。

2. 培养分析判断能力

通过技术动作的实战运用训练，可培养篮球运动员的分析判断与运用技术的应变能力，基本技术中的每个动作方法都有其特点、应用范围、条件及"规格"标准，在比赛中具有相对独特的战术价值，这些既是运动员在比赛中意识活动的物质基础，又是技术训练中培养运动员篮球意识的重要内容。

篮球比赛激烈多变，每个技术动作在运用方式上不可能一成不变，同一动作在不同时间、不同位置、不同条件下都可能千差万别。所以，要重视在技术动作个性训练中培养篮球意识，在对抗因素和对抗条件中培养篮球意识，在运用真假技术的变化中培养篮球意识。这就要求教练员对运动员在掌握正确动作"规格"的基础上，还要使技术动作具有对

抗性、应变性和实效性，以简单适时的方式去解决临场的各种具体问题，通过技术动作的实战运用训练，可使运动员在掌握"规格"标准的技术动作基础上，进一步强化技术运用的特点、范围、条件及变化规律，为在比赛情况下合理地运用应变技术、创新发展个性绝招技术打下基础。同时，不断培养运动员在各种攻守具体情况下的分析判断和应变能力，积累技术运用与应变的实践经验，就能使运动员在篮球比赛中分析判断及时、准确，应变合理，运用有实效，达到在技术动作的运用训练中既掌握动作应变方法又培养应变意识的目的。

（二）在战术训练及比赛中培养篮球意识

在战术训练中培养篮球意识，首先应在单个战术配合训练时使队员了解战术的结构及配合的规律、方法、特点和每个战术位置上的职责、作用，提高战术变化的灵活性。

战术训练最重要的任务就是培养提高运动员个人和整体协同作战的战术行动能力，提高运动员整体竞技水平，而发展运动员的战术能力要以培养运动员的篮球意识为主。战术训练不仅需要熟练一种或多种战术配合方法，而且更要重视培养战术素养，提高运动员的篮球意识。在比赛中，运动员的每一个行动都属于战术性的活动，有其明显的战术目的。在与同伴的战术配合中，意识起着支配行动的作用，决定战术的实现。篮球意识的核心要素是战术思维能力，所以在战术训练阶段培养运动员的篮球意识，应主要发展运动员的战术思维能力。

篮球运动员在训练与比赛的思维决策中，一方面需要用已有的概念、原则、原理等理论知识去思考，形成理论思维；另一方面，篮球运动员意识活动时的思维决策又需要用从运动实践中获得的诸多经验知识去思考，进而形成经验思维。此外，篮球运动员在比赛中的战术行动是极其丰富繁杂的，在对抗状态下进行战术思维活动，常常要以经验的"直觉"方式进行思维决策，去解决自己面临的战术任务，即形成直觉思维。篮球意识活动时思维类型不同，对于运动员的思维决策起的作用也不相同。理论思维运用知识、概念等进行思维决策，在意识活动中主要从"宏观"的角度上发挥作用；"直觉思维"是在运动员对情况不明、时间紧迫和对抗激烈状态下解决小范围个人战术行动时发挥"随机应变"的作用。

因此，教练员对于设计组织每一种战术配合如何行动都要有一个基本的"标准模式"，并且用这个"标准模式"去衡量运动员的战术行为是否适当。运动员应在思维决策过程中以"标准模式"的思维语言方式进行活动。实际上，运动员接受教练员的指导和训练的过程，就是运动员在战术决策及行动方面向"标准模式"趋近的过程。

（三）提高人文素质，改善知识结构，丰富篮球意识

由于现代科学的发展和各学科的相互渗透对体育科学的影响，推动着各专项体育运动的迅速发展，篮球运动当然也受社会科学、自然科学以及其他综合学科的影响。一名运动员掌握知识的深广度、一个球队整体的知识结构水平的高低，是直接影响着教练员能否用现代化科学知识培养运动员的一个重要因素。因为篮球运动员头脑形成的某种意识和功能，都是以相应的某些文化科技知识结构为基础的。知识结构不同，功能也就不同。尤其是现代篮球比赛的高度集体性和综合化，需要运动员具有更聪明的才智和意识，而掌握必要的知识对提高他们的篮球意识修养起着保障作用。

篮球运动员在意识活动时必须善于运用概念、原理、原则、规律等思维语言，这些思维语言属于理论知识范畴，是以相关文化科技知识为基础的。由于理论知识在一定的时期内是相对稳定、较为系统的，具有高度概括性和普遍指导意义，有助于使运动员在相对较短的时间内掌握其内涵意义，从而促使运动员的篮球意识快速发展。因此，在训练中重视文化科技理论知识的传授，有利于加速培养和发展运动员的篮球意识。

篮球运动员的知识主要包括：了解运动生涯过程中必备的常规知识、专项运动的发展趋势，理解技术和战术的特点、原理、专项运动规律以及规则裁判法，掌握各种相关学科基础理论知识；掌握马克思主义哲学的基本观点、唯物辩证法的基本原理和逻辑学；还要阅读一些古今中外的兵法、战例等，借以开阔思路，拓宽思维领域，从各种文化知识中吸取营养、丰富智慧、增加灵感、提高想象力、理解力和创造力。这不仅需要加强运动员的基础知识，而且还要特别重视通过训练把他们具备的知识充分地运用到篮球实践上，通过理论知识的学习，使每名运动员都成为既具有共性又具有个性的不同知识结构的人。

运动员的篮球意识绝不是孤立存在的，单纯就篮球意识来进行意识培养是很难奏效的。篮球意识的提高涉及诸多因素，例如运动员的观察能力、分析判断能力、对教练员作战意图的理解能力、综合分析能力、抽象思维能力、理论知识水平及实践经验等。对我国篮球运动高水平运动员来说，迫切需要重视的是如何解决提高基础文化知识和基础的相关科技知识，克服通常存在的竞技高水平、文化低层次、素质待教养的状态。一名有良好意识的优秀篮球运动员，其综合分析能力的抽象思维能力必须是较强的。为了提高运动员的篮球意识，篮球管理部门和教练员必须重视他们的文化素质的提高。智商不改善，意识层次也难提高，所以随同训练和比赛要花一定的时间与精力来帮助队员充实智商，只有高智商的运动员才能达到高水平的竞技能力。当然，教练员平时训练中结合实际战例分析、传授理论知识，提高运动员的综合分析和抽象思维能力，也是培养和丰富运动员篮球意识的有效途径。

二、篮球意识的测评

（一）篮球意识测评的意义

在教学训练中有计划、有步骤地培养运动员的篮球意识，必须改变对意识自然成长的传统认识，建立科学培养运动员篮球意识的观念与观点。如果能对运动员的篮球意识水平做出客观的测评，就能有目的、有计划、有针对性地对其进行意识的培养，同时，还能检验培养方法的实际效果。

较为客观地测评运动员的篮球意识，是教练员控制意识训练过程的一项重要内容。通过对运动员的篮球意识测评，可以找出运动员在篮球意识方面存在的问题，向教练员提供分析资料，以便对运动员的篮球意识培养实施有效的控制。这可改变教练员在训练中单凭经验、直观感觉的传统方法，使之能较客观地、因人而异地调节和控制意识训练过程，加快提高运动员的篮球意识，可起到积极的促进作用。

（二）篮球意识的测评原则

篮球意识以主观观念的形式存在于运动员的大脑中。意识活动是在大脑中进行的，人们不能直接看见意识活动的内容，但这并不是说就不能对篮球意识进行测评。意识是人头脑中主观观念的形式和客观实在的内容的对立统一，虽然意识的形式是主观的，但其反映的内容是客观的，并且人的行动是受意识支配的。通过观察行动表现，可以间接地了解意识活动的情况。篮球运动员在比赛中的观察、判断、思维决策等意识活动内容，只能通过运动员在篮球意识支配下所做出的"应答式"行动来反映。因此，行动的正确与否是篮球意识的测评信息，是测评篮球意识的主要依据。

篮球比赛中的每一名队员的行动都属于战术性活动，都带有一定的战术目的，是在篮球意识支配下的行动。个人行动也不能仅理解为单独存在的、无意识的活动，任何行动都是处在集体配合当中。技术的合理运用和应变，完全是通过战略决策和战术组织体现出来的，球场上每项技术、战术的运用，都是受一定的篮球意识支配的。因此，对于比赛中运动员的每一个行动，都必须超脱单纯的技术概念，而应将它们视为体现篮球意识的反馈信息。

运动员在良好篮球意识支配下的行动应表现为：行动的正确性、行动的目的性、行动的预见性、行动的急避性、行动的应变性、行动的创造性、行动的实效性和配合的协调性，通过观察判断这几方面信息的反馈，便能较客观地测评出运动员的篮球意识水平。

（三）篮球意识的测评方法

目前，教练员在测评运动员的篮球意识时，大多是依靠自身的经验或临场技术、战术行动效果统计分析，没有一种比较客观的量化性测评方法。通常采用战术录像片的方式，为运动员提供一些"逼真"的战术配合场景，让运动员根据战术场景确定自己的决策行动，以此考查运动员的意识水平。还有采用战术配合示意图的方法测试评价运动员的意识水平，这也只是战术录像方法的简便替代。从测试的内容及方式来看，它们都带有较明显的局限性和随意性，并且战术情景示意的仿真程度较低。因为，篮球运动是一种对抗性极强的项目，队员之间的对抗是动态的，而非静态的，完全脱离比赛的实际情况而单独对运动员的意识水平做出测评，不仅不能客观地对运动员的意识做出测评，而且这样的测评结果也是无意义的。因为，行动是篮球意识的根本归宿和最终表现，篮球意识的测评应以在意识指导下行动的正确性为原则来进行。对运动员篮球意识的测评必须与比赛的实际结合起来，只有通过运动员在比赛中的意识表现才能真正反映其意识水平，运动员的篮球意识只有在比赛的实际运用中才具有价值。

对运动员的篮球意识测评是一个难以定量的问题，目前还没有一种客观的定量测评方法，因此有待进一步研究和探讨。

第三节　高校篮球智能训练的内容及方法

一、高校篮球智能训练的基本内容

智能训练的任务是培养运动员独立完成训练和参加比赛的能力、观察问题和分析问题的能力、自我监督能力，并以此提高运动员的综合素质。智能训练要贯穿在运动训练过程中，要在传授知识中发展智能，在专项理论的传授中发展智能。

（一）智能训练的必要性和重要性

运动训练和运动竞赛不仅仅是人的身体活动，同时也包括智能活动。在运动训练过程中，教练员和运动员需要运用许多客观规律和科技知识。运动员只有掌握了客观规律和科技知识，才能科学地进行训练，才能取得优异的运动成绩。智能活动往往由于在人的运动行为中不被观察到而被忽略，但是在每一个运动行为中，无论是技术动作或是战术行动中都或多或少地包含着智能因素。例如，在完成技术动作过程中的实际操作能力，运动训练过程中的负荷控制，战术行动中运动行为的操作能力和战术思维能力等，因此，智能活动是人类运动行为必不可少的组成部分。

现代运动训练越来越多地吸收和应用其他科学领域的先进知识和技术，运动员只有掌握一定的先进科学知识才具有把这些知识应用于运动训练的能力。运动员只有具备了较高智能水平，才能深入认识和运用运动训练的一般规律和运动专项的特有规律，采用先进的科学知识和训练方法提高和发展身体机能以及运动素质，分析掌握运动技术和战术，配合教练员有效地控制训练过程，更快更好地提高运动技能。

运动规则的熟练掌握和自控能力的培养也是智能训练的一个重要部分。所有竞技项目的规则都在不断发展变化，有些规则甚至经常变动，而有些规则还受临场裁判的主观控制，因此，在运动训练过程中，运动员要充分掌握规则，理解规则的内涵，培养自己的临赛自控能力。只有这样才能在比赛中既能很好地运用、执行规则，又能充分发挥自己的运动水平。

（二）智能训练的含义及任务

智能即智力与能力的结合，它是保证人们有效地认识客观事物和成功地进行实际活动的心理特点的结合。从智能的定义可见，智能这一概念包含着智力与能力两个相对独立而又密切联系的概念。智力是保证人们有效地进行认识活动的稳定心理特征的综合，包括观察力、记忆力、想象力、思维力和注意力等因素。运动活动的实际操作能力和适应能力与对运动行为的观察力、记忆力和思维力等的有机结合，就形成了运动方面的特殊智能，智能是影响运动员竞技能力的重要因素之一。运动训练中的智能训练就是为了适应现代运动训练的需要，有目的、有计划地对上述运动智能的构成因素进行训练和培养，并使之有机结合，提高运动员智能水平的过程。智能训练的目的是提高运动员的智能水平。运动训练过程中，智能训练有下述四个方面的任务。

1. 培养运动员独立完成训练和参加比赛的能力

在运动训练和比赛前，要让运动员明确自己的目的和任务，掌握科学的训练方法，熟悉竞赛规则和器械性能，积累比赛经验，适应各种比赛环境，高度发展运动知觉、运动表象力、自我调控能力、战术思维能力和运动活动的实际操作能力。训练过程中在教练员的指导下能主动地、高质量地完成训练任务，在复杂多变的赛场上能斗智斗勇，发挥自己的训练水平。

2. 培养运动员观察问题、分析问题的能力

运动训练不但要应用高科技，而且要遵循客观规律和原则。运动员应掌握一定的科学技术和运动训练的客观规律和原则，在教练员的配合下，利用科技手段、观察、分析其他运动员和自己的运动情况，找出提高运动水平的方法，制订出适合自己的训练计划和比赛战术。运动员还应该学习掌握运动心理学、运动生理学以及专项运动理论等方面的知识，学会在比赛过程中根据对手的技战术情况及其他外界因素，调整自己的心态及技战术，从而击败对手，取得比赛的胜利。

3. 培养运动员的自我监督能力

应使运动员学习掌握运动医学、运动心理学、运动解剖学以及运动生物力学等方面的知识和简单测试方法，能对自己在训练过程中的健康、机能和心理状态进行有目的的观察和调控，配合教练员合理地安排运动负荷与恢复，科学地控制训练过程和指导比赛。

（三）篮球运动项目特征及其对运动员智能的要求

现代篮球运动是高水平的全面对抗，全面对抗的 7 个要素之一，就是要有良好的篮球意识和战术思维，属于智力对抗的范畴。目前世界各强队在身高、技术、战术、身体素质等方面已经比较接近，智能的作用越来越重要。一个运动员要取得优异的成绩，单靠身体形态、机能、素质、技术是不够的，还必须有一个聪慧的头脑，运用头脑去吸收和运用其他学科领域的先进知识和技术，并把这些知识运用于自己的运动实践。现代篮球比赛愈来愈紧张、激烈、复杂、多变，既是运动员比体力、比技术的过程，又是运动员斗智的过程，特别是两队势均力敌的情况下，对运动员的智能要求更高，智能对比赛的胜负影响愈来愈大。因此，运用智能训练已成现代篮球运动训练不可缺少的一个组成部分，是提高训练质量的重要一环。

目前，有相当一部分人认为，当一名运动员，只要肯吃苦、不怕累，就能提高运动成绩。在篮球运动水平突飞猛进的今天，单靠体力提高成绩的办法已经过时，必须要加强智能训练。如果说某些个人项目靠运动员身体条件的天赋和刻苦训练，尚可逞一时之勇，取

得令人满意的成绩，那么篮球这个集体项目就必须要有较高的智能。只有这样，才能正确领会、全面贯彻教练的意图，才能审时度势、把握战机、随机应变、临危不乱、知己知彼、扬我所长。一个人智力的发展，主要依赖于后天的物质条件和环境，尤其是教育和训练，因此，在运动训练过程中，要努力发展训练对象的智能，不能只注意"体力注入"，把运动训练看成体力的堆砌，认为发展智力没有必要。其实，人体运动都是中枢神经系统指挥肌肉工作的结果，是脑功能的效应。也就是说，高效率的人体运动需要体力和智力活动的结合。实践证明，智力的增长和发展，要求体力相应发展，人的身体素质的提高，又能改善进行智力活动的物质基础，二者密切联系，不是对立的。如果在训练过程中只顾"体力注入"，那么，将压抑记忆功能和想象功能区的发展。当然，从事竞技运动需要有极大的身体负荷能力，超量恢复原理在培养体力能力上有着特殊的意义，但如果滥用这个原理，接踵而来的是转氨酶升高，心血机能失常，"速度障碍""高原反应"及其他伤病情况的发生，致使体力发展受限。所以，运动训练中运用智能训练的力度要加大。这样，可以使运动员知道怎样去练，什么是正确的，什么是错误的，也就是知其然，还知其所以然，这样训练的质量就提高了，提高过程的时间就能使运动员取得优异的成绩。

在篮球运动训练中，应注意培养运动员头脑和四肢的发达，还应当注意智能的培养与训练。在运用智能训练时，应考虑到运动员的文化水平、体育基础知识水平、年龄等实际情况。

二、高校篮球智能训练的方法

（一）篮球运动员智能训练的实施过程

1. 在传授基本概念、基本知识和基本原理中发展智能

基础理论是人类认识客观事物的基础，掌握了这些规律性的知识不仅有利于运动员的思维力发展，也有利于促进知识技能的迁移。在传授基础理论的过程中，可通过观察实物标本、教学图片、录像等手段培养学生的观察能力。还可以通过提问、测验、写总结等其他形式来引导运动员学会运用分析、综合、比较、概括判断、推理等思维形式来认识和解决问题，以此来发展运动员的思维能力。运动员掌握理论知识的目的就是用于指导实践，因此，教练员在进行基础理论知识的传授中，应当引导运动员积极进行运动训练实际活动，严格要求运动员做好各种练习、实验和实习等，培养运动员把理论知识应用于实践的实际操作能力。

2. 在专项理论传授中发展智能

教练员在进行专项技术训练的同时，还要加强专业理论的传授。专业理论不但包括专项技术理论，还包括运动心理、运动生理、运动生物力学等多种学科，运动员在教练员的辅导帮助下认真学习，学会把理论知识应用到运动训练中去。在进行身体、技术、战术训练之后，应通过归纳总结，使运动员形成概念，找出事物规律，在归纳时，应鼓励运动员自己去归纳，对两个或两个以上事物比较对照，从中做到判断性结论。在对比时，应注意对造成各种后果原因的分析，并根据规定的标准要求做出评价，这样做不仅有利于运动员正确掌握标准要求，更重要的是在于发展他们的观察、分析、归纳、判断能力。教练员还可以根据具体的训练任务向运动员设置一些复杂的训练环境，让运动员设法解决，这样做有利于培养运动员的思维能力、适应能力和创造能力。

3. 发展智能应贯穿在整个训练过程中

一个人对事物的认识要经过从具体到抽象，又从抽象到具体的过程，所以，对运动员智能的培养，除了对理论知识的教育之外，还必须注意在实践中发展他们的智能。如经常进行比赛实战练习，培养运动员将已获得的运动素质、技术、战术方面的知识和技能运用

于实践的实际操作能力，应付千变万化比赛的适应能力，以及运动行为观察力和战术思维能力。总之，教练员在训练过程中要为运动员创造活跃思维的条件，通过解决难题培养他们分析问题、解决问题的能力。

（二）智能训练方法

1. 有关准备活动的训练

在进行训练课的准备活动时，教练员可让队员自己想办法把身体活动开，活动方式不限（在条件允许范围内），时间为 20 分钟。队员就可以凭自己的想象进行。有的队员单独活动，有的就二、三人结合在一起活动，有的持球，有的不持球，这样既增加了训练兴趣，又发挥了每个队员的想象力、记忆力等。在达到规定时间时，教练员就通过队员的生理反应来评定活动效果，测 10 秒钟脉搏跳动次数，一般要求达到 25～30 次，通过这种形式，队员就可以了解自己活动的效果如何，以便改进。

2. 进行特殊规则的比赛

在分组比赛时，规定双方各有一名队员每投中一次得 5 分（罚球除外），双方互不清楚是哪一名，比赛两节，时间各为 5 分钟，两节之间休息 2 分钟，由教练员记分。在进行完第一节比赛后，公布比分。在休息期间内，双方队员根据比分来回忆第一节比赛情况，通过观察加以分析，确认投中一次得 5 分的队员，从而在第二节的比赛中抑制其作用，通过这种训练方法，可以培养队员的记忆、观察和分析问题、判断问题的能力。

3. 在训练比赛中，多设置比赛"残局"

比如离比赛结束还有 3 分钟，两组比分十分接近，我方领先怎样打？对方领先怎样打？让队员自己研究攻守策略。教练员也可以规定一方必须采取两种防守形式，如指定采用半场盯人和全场紧逼两种形式，可以交替运用。因为同属一队，进攻路线彼此非常熟悉，这就要求另一方研究进攻策略，给对方提出了更高的要求。通过这种训练可以培养队员的创造能力，让队员学会动脑子打球，还可以提高队员的应变能力以及对待比赛残局的适应能力和解决问题的能力。同时，教练员也可以从中发现一些好的进攻、防守方法，发展攻守战术，充分发挥集体作战能力。

（三）智能训练要注意的问题

提高运动员对智能训练重要意义的认识，使他们能自觉积极地配合教练员进行智能训练。在进行智能训练时，要根据运动员的实际情况制订训练计划，不要千篇一律。

大部分运动员参加运动训练都是从少年开始的，因此，在进行智能训练时应从一般基础理论开始，循序渐进。智能训练应列入多年、全年、阶段、周和课的训练计划之中，以保证有目的、有计划地发展运动员的智能水平。

智能训练的内容是多学科的组合，教练员应与运动医师和运动生理学、运动心理学、运动生物力学等方面的专业人员密切配合，共同研究或处理问题，并请他们给运动员做一些专题报告和实际指导。同时还应运用现有的高科技手段学习和借鉴国外的训练方法来加强自己的智能训练手段。

智能训练是一个学科群的组合训练，教练员要运用科学的方法定期评定运动员的智能水平，让运动员的智能得到全面健康的发展。

第四节 高校篮球运动专项心理训练

一、心理训练简介

心理训练是指有意识、有目的地对运动员的心理过程和个性心理特征施加影响的过程。其目的是使运动员的心理产生最适宜运动训练和运动竞赛的变化，具有自我动员、自我调节和自我控制的能力。

篮球心理训练是适应现代运动竞赛的需要而运用发展起来的。任何竞技运动项目都与竞赛有着不可分割的联系，现代篮球竞赛的最大特点，就是对抗性越来越激烈，在比赛双方身体、技术、战术水平势均力敌的情况下，胜负往往取决于心理素质训练水平的高低。我国男女篮球队在参加国际大赛中，功亏于心理训练水平较低的情况屡见不鲜，而我国职业球队中心理训练无章无序的现象更为严重。因此，加强我国优秀运动队伍的专业心理训练刻不容缓，尤其职业化后的主客场联赛，使得心理因素对球队的影响愈加重大。因此，在篮球训练中有关人士至少在口头上已愈来愈重视心理训练，正在努力提高运动员心理活动的水平。

心理训练是一个教育过程，应遵循自觉自愿、重视个体差异、持之以恒的原则，并根据不同对象（性别、年龄、运动经验、智力水平等）和不同要求，有重点地、区别对待地进行。心理训练要有针对性，特别要注意全面与重点相结合原则，必须与身体、技术、战术等训练有机地结合起来。例如表象训练，只有在技术训练的基础上进行才能收到实效，促进技术提高与发展。在心理训练内容方面，应当包括心理过程和个性特征的训练，只进行全面的心理训练而忽视重点的心理训练，也不利于技能的提高和发挥，在训练方法上，应根据篮球运动项目和个体的心理特点来选择和使用。

篮球运动员专项心理训练是根据篮球运动的特点和竞赛的需要，对运动员施加影响，促使其能在比赛极度紧张的条件下保持与提高自己的情绪状态，具有自我心理调节的能力，以及发挥运动能力的心理过程。运动员的专项心理训练有比较具体的含义和内容，它能保证为比赛和完成难度很大的训练作业做好准备，从而去发挥最佳水平。

二、篮球专项心理训练的任务

在篮球运动员心理训练中，专项心理训练是其中的重要组成部分，也是高水平运动员现代化训练的重要内容。为了达到篮球比赛所需要的心理准备，有以下一些具体的训练任务：①促进和改善运动员的专门化知觉、记忆、想象、思维等心智能力。②适应能力训练，特别是适应比赛活动，保持情绪的稳定性和适宜的兴奋状态。③对完成技术动作有很好的自控能力。④能在瞬间做出准确的时空判断和有较好的"时机感"。⑤能调节和消除自己在训练和比赛中的紧张状态。⑥有坚强的意志品质，在训练和比赛中为实现既定的目标克服困难而努力。

以上任务的实现和心理活动水平的提高，在很大程度上取决于运动员注意力集中与分配以及注意的转移能力。由于篮球比赛中运动员的决定是来自大量而带有外向性特点的注意，从一种注意转向另一种注意的能力，所以控制注意力范围和方向的能力是篮球运动员心理活动水平的重要组成部分和注意力可塑性的标志。它们一方面是决定运动成绩的最有效的因素之一，另一方面也是在篮球训练实践中形成的，是篮球运动员所必需的心理素质。在篮球比赛中，必须要求运动员具有不断完善运动技术的愿望，对比赛中发生的情况能找出有效的解决办法，而机智、果断、勇敢、灵敏、情绪的稳定性，注意力范围大，并能迅速转移和保持稳定，就能在完成比赛动作时反应快速、准确和运用自如。篮球比赛的活动处于不断变化的动态之中，要敏锐地观察判断情况，果断做出决定与对手抗衡，这时理性和情感占据首要地位，也决定了专项心理训练的内容。意志品质对篮球运动员来讲尤为重要，意志是指为了达到既定的目的，根据目的支配自己克服各种困难，从而实现目的的心理过程。意志是意识中的一个积极方面，它与理智和情感相统一，在困难的情况下调节人们的行为和活动。运动员主要的意志品质包括坚定的目的性、主动性、自觉性、果断性、勇敢性、自制性、坚毅性等，这些品质与人的任何特征一样，很难进行直接的评价。它们在各个竞技项目中的作用，也是难以严格区分的。实践证明，全面地培养意志品质应当成为心理训练的主要内容之一。特别是高水平运动员的智力水平发展的要求很高，这样才能使他们意识到自己在比赛中的地位和取得运动成绩的社会价值，从而更好地创造性地对待训练任务。所以说，专项心理训练水平是与运动员的智力表现密切联系的。智力的具体内容有：在训练和比赛过程中把注意力集中于有效地完成动作上的能力，有效地接受知识的能力，逻辑思维、联想、创造性思维能力，以及在行动中观察、接受和利用信息的能力等。

篮球运动员专项心理训练应针对比赛的需要和运动员的个体差异性进行操作性"调整"（尤其面对国际大赛和职业俱乐部球队联赛时），除了以激励为基础经常保持稳定的动机之外，应与和比赛任务有关的动机相联系，而动机变化，取决于个人定向和任务的意义（包括情感态度），还应结合具体情况去增强动机。运动员的操作性心理调整，除了教练员相应的作用以外，还要求运动员积极和大胆地使用一系列自我集中和自我动员的方法。这些方法应是通过专门心理训练已经掌握了的。自我调整方法包括内部激励性的自言自语、面临行动的"自我交谈""自我命令"等。调节特点是要引起运动员高度的心理紧张状态，即心理应激。运动员必须克服抑郁状态，建立自信和最佳情绪。在过分兴奋状态下，应降低兴奋的程度，但不能阻止情绪的高涨，以保证在训练和比赛过程中运动员情感的稳定性。解决以上这些任务应当是综合性的，以便更好地达到有效的调节，其中包括下列因素、手段、方法和条件：

第一，对运动员教育和运动员自我教育的一般因素。教练员的动员和帮助的作用，集体中的友谊、乐观、进取精神的气氛，意志的培养和自我培养。

第二，从心理训练的角度，安排具有专门方向的运动训练手段、方法和形式。在调节赛前状态过程中可使用"激活性""安静性"以及"放松性"练习、"注意力"练习、"准确性"练习和专门针对降低紧张度或集中注意力的呼吸练习，通过最佳的交替负荷和休息，形成合理的负荷状态，有节奏地交替训练的主要方向。

第三，对比赛条件的适应和调节比赛的紧张程度。合理组织优化赛前状态和培养运动员的心理稳定性。

第四，心理调节和自我调节的专门方法。即心理调节训练，包括暗示和自我暗示法，一方面消除过分的心理紧张，达到放松和一般的恢复；另一方面去激活和过渡到积极的活动状态。既针对"安静"，又针对"动员"，将心理调节训练与意念练习相结合，用以纠正技术性错误，调整动作速率和节奏，使之对具体比赛形势形成必需的定向。

第五，有助于优化心理状态的自然环境条件、卫生因素和其他环境因素。

总之，篮球专项心理训练应是带有技能性和操作性的心理训练。

三、篮球专项心理素质的基础分析

篮球专项心理素质是指运动员在具有一般心理素质的基础上，通过训练所形成的有专项特点的心理素质。众所周知，运动技能的形成是在多种感觉机能的协调配合下，同大脑皮层运动中枢及其他有关区域建立暂时性联系的结果，是运动员经过反复练习所获得的技能。在建立运动技能的过程中，本体感觉起着非常重要的作用。每个技术动作、每个细小的动作成分都与一定的关节和肌肉工作相联系，经过反复练习，不断完善，才能建立正确的动作模式。例如在训练投篮时，不论在什么位置、距离上进行，都要强调处理好投篮入射角与抛物线的关系，瞄篮点是肌肉感觉的前导，是视觉与本体感觉的联系，所以说，专项心理素质与一般心理素质两者是有机联系不可分割的。

（一）专门化知觉

专门化知觉是指运动员所从事的专项运动的某些心理的特殊感受知觉，它们是一种复合知觉，也是运动员主要的心理因素之一，篮球运动员的专门化知觉可分为球感和时空感。

1. 球感

球感是运动员在长期持球训练过程中发展起来的对篮球球体的一种专门化知觉，它的特点在于对球的性能（包括球的形状、大小、轻重、弹性以及通过身体用力使球在空间运动的速度和方向的变化）达到极为精细分化的程度。球感是一种复合知觉，是在练习球时进入视觉分析器、运动分析器和能力分析器的各种刺激物进行精细分化，并在大脑皮层中形成复杂而稳固的神经联系的结果。它也反映着运动员其他方面的多种素质，是经过刻苦训练和反复实践才能获得的。运动员球感的精度和广度是运动技能高低的标志，也是运动员最重要的专项心理素质之一。

运动员形成了精确、敏锐的球感后，不仅能增强自信心和对抗胆量，使自己在球场上的行动获得自主和自由，而且可以把注意力转向解决攻守中的判断与技、战术动作的运用上，变得灵活自如。这种知觉也能使运动员在完成传球、接球、运球、投篮、争夺球权的行动上达到稳、准、狠、快、巧，所以说它是高水平运动员突出的心理特点之一，也是比赛争取胜利的重要因素。要想球感好，必须坚持长期触及球的训练，做到球不离手，否则此种感知觉必然不能形成，即使暂时建立某种初步知觉，也会逐渐消退或减弱，另外在情绪过于激动或身体过度疲劳的情况下，球感也会减弱。

2. 时空感

时空感是指篮球运动员在球场上对时间和空间的判断能力。判断来自运动员对时空的感知觉，时空感好，才能在动态对抗中完成攻守技术动作和战术配合，它也是一种复合知觉，也是运动员所必备的专项心理素质。由于篮球运动对抗特征是地、空双向展开，所以运动员的时空感强，在比赛中才能在瞬间争取时间而获得空间的自由，并占据空间取得时间的主动，创造防守中获球或进攻中捕获攻击的机会，做到有机不失。时空感对于不同的运动项目来说是不同的，篮球比赛攻守对抗瞬息万变，所以时间知觉特别重要，必须反应敏捷，行动果断。所谓空间知觉，是指场上运动员对同伴、对手、球篮、位置、距离、高度等因素的判断与反应，它们之间相对的位置与转移的路线和速度等，都是空间判断的依据。篮球运动对时空感训练中的视动反应、预测反应、选择反应等有更高的要求，要视野范围广阔，有良好的深度知觉和方位感，对人和球的移动、方向、距离和速度等都要有准确的判断和把握。

（二）情绪稳定

情绪是情感体验在心理过程进行中的具体表现形式，是人类对客观事物的态度体验及相应行为的反应。体育竞赛中的情绪稳定，是运动员最佳心理状态中最核心的内容，是训练水平正常发挥的保证，所以情绪稳定是运动员主要的心理因素之一。

人的情感是在实践活动中产生、发展和变化的，篮球运动员在训练与比赛过程中也会产生与发展相应的情感体验。由于篮球比赛紧张激烈，运动员的整个身心都处于极度的紧张状态，因此，伴随产生的强烈而鲜明的情感体验也是丰富多彩的。这是和篮球运动比赛的复杂多变以及运动员的个人特点的多样性相联系的。尤其势均力敌的比赛，客观条件复杂多变，运动员的情感也随之不断变化，表现出多变性的特征。由此，运动员情绪必然会直接影响训练与比赛的质量与效果，甚至导致比赛的胜负。因此，要特别注意对运动员情感的倾向、深度和稳定等因素进行及时的调节与自我调节和控制。尤其面对强手，在比赛前和在激烈拼搏的比赛中，运动员的情绪必须适度，过于兴奋或消极低沉都会对比赛产生负面的影响。

所以要重视做好赛前的准备。首先，要对运动员赛前心理状态进行分析，对过分激动、淡漠或盲目自信等状态，要分析原因与后果，引导运动员有良好的精神准备状态。其次，要在比赛中采取相应的手段以使运动员保持稳定的心理情绪。所谓稳定情绪，就是使运动员保持比赛中适宜的兴奋状态，把平时的训练水平更好地发挥出来。比赛过程中，随着战局的起伏，运动员常常是由一种情绪状态转入另一种情绪状态。因此，特别要注意区分比赛中陶醉状态与狂热状态、悔恨状态与消极状态。因此，要通过针对性的暗示，鼓舞信心与斗志，消除紧张状态，指出问题与采取防范措施，保证比赛中战斗精神处于振奋状态，并激发比赛中最深刻和最复杂的情感，即运动荣誉感、自豪感、义务感和责任感，从而使运动员的力量、能力和意志得到最大限度的发挥。随之，在比赛后还应对胜利与失败的主要心理表现进行分析，从意志、适应性、思维的正确发挥及其对比赛成败所起的主要作用都要加以讨论，以提高运动员的心理素质和在个性特征方面做出正面的引导。

总之，情绪稳定性在比赛中的作用是十分重要和显而易见的，保持镇定的情绪，是发挥全部潜力的主要因素，是取得比赛胜利的重要条件。

第五节　高校篮球运动比赛心理训练

一、篮球运动员比赛时的一般心理状态

篮球比赛情况千变万化，运动员的心理状态也随比赛性质、任务和战局的变化而不断地变化，一个职业化篮球俱乐部球队的整体训练水平固然是比赛中取得优势的基础，但其良好的心理状态，则是临场技术、战术水平正常发挥的重要保障。在篮球比赛中，强弱的转化往往是以某些心理因素干扰作为突破口的，例如强队败给弱队常是由于心理上的准备不足，所以当临场出现预想不到的比赛局面时，就完全可能陷入被动，其中最为主要的是情绪的变化引起技术的走样、战术的失调，最终导致失败。

（一）比赛前的几种心理状态

1. 防守不积极，对困难估计不足

比赛顺利时，又常表现得防守不积极，进攻中处理球随意。一旦遇到困难，特别是面对比分落后的被动局面时，就产生急躁情绪，也容易导致在防守时犯规；进攻中则消极松懈，不讲究基本打法，运用技术、战术也失去正常的动作节奏，导致成功率降低，失误频繁，从而由此造成力量对比上强弱转化。

2. 对强队有两种心理状态

一种是敢于发挥自己的特点，在比赛中积极拼搏，斗志旺盛，从而发挥较好的或突出的竞技水平；另一种是"畏敌"情绪，缺乏取胜的信念，缺乏克服困难的积极性、主动性，往往导致临场出现斗志不高、动作犹豫、缩手缩脚的情况。

3. 对势均力敌的队，容易产生想赢怕输的不良心理状态

这种"怕"的情绪，主要来自信心不足、怕字当头，如怕失误、怕投篮不中，也怕自己发挥不好而影响全队的胜负等。而对如何去克服困难则想得少，得失心太重，导致球场决策行动不果断，反应迟钝。

赛前运动员会对比赛抱有不同的态度和想法，因此，教练员要善于在赛前与赛中做好思想上、心理上的调整工作，克服各种非正常情绪；对与比赛有关的情况，要充分估计，仔细观察，认真考虑，冷静对待。既要鼓励运动员轻装上阵，放下包袱迎接比赛，又要估计比赛中可能遇到的情况，及时采取措施，增强运动员的信心，全力投入到比赛中去。

（二）临场比赛中常见的几种心理现象

1. 比分领先时常见的心理状态

全队充满信心，士气高涨，技术、战术发挥正常，得心应手，不断扩大战果。

产生松懈情绪，表现在比赛中防守时不积极，进攻时随便处理球，使比赛转化为不利局面。

盲目自信，臆想扩大战果，导致情绪急躁。当攻守暂时失利时，往往会产生急躁，进攻时急于求成，防守时容易出现犯规现象等。

由于思想松懈导致比分起伏时，情绪低落而显得不知所措。一种是表现得紧张、急躁，打法变乱，成功率低；另一种是表现得沉闷、消极，节奏混乱、士气下降。

对上述心理状态，教练员要分清场上主流与支流，及时采取预防、稳定措施，及时相应调整阵容和打法，采取应变策略。

2. 比分落后时常见的心理状态

全队思想统一、攻防积极、充满信心、殊死一搏、顽强应战、士气高昂，从而变被动为主动。

缺乏信心，攻守都缺乏主动性和积极性。

队员之间相互埋怨，互不谅解和理解，导致球场上行动不统一，打法上不协调，全队实力无法发挥。

随着战局与比分起伏，情绪与心理承受能力失控，导致个人或整体出现被动局面。

3. 比分相持和决战阶段时常见的心理状态

全队思想行动一致，决心大，攻守成功率高，甚至能超常发挥。

由于思想上胜负包袱重，导致思路较窄，出现意想不到的决策与攻防战术运用的错误。

由于竞争激烈，导致情绪紧张，出现怕负责任的行为。

（三）比赛中运动员的特殊心理状态

有些运动员常因比赛开局或换上场开始时技术水平发挥得好坏而产生不同的心理状态，如发挥得好就信心十足，反之则信心不足，甚至一蹶不振。

主力替补队员，常有战局变化不利于本队时渴望上场的强烈愿望，由此产生各种心理障碍，一旦上场有时由于过于自信而失常，有时能打出水平，而且能正确对待自己。

一些年轻的队员，由于缺少比赛实战的锻炼，一般心理比较紧张和胆怯，因此一旦上场比赛往往不知所措。然而也有一些年轻队员，性格开朗，跃跃欲试，敢于在场上展示自己与强手争高低的潜能。教练员调配使用时要区别对待。

二、篮球运动员比赛时的心理训练

比赛时由于通过实战分胜负，加上由于对手、裁判员、观众、传媒等因素刺激，必然引起运动员心理上产生不同变化，因此，教练员和运动员都应该重视比赛时的心理训练。通常应以自我调节机制为基础，树立正确的比赛观，调节心理状态，消除紧张情绪，形成良好的心理状态，保证竞技水平的正常发挥，争取比赛的胜利。

（一）赛前心理训练

1. 赛前的心理状态

一般情况下，如果思想、身体、技术和战术准备较充分，知己知彼，认识统一，运动员在赛前的体力、技术和战术等方面不会有太大的变化，可能变化的是以情绪变化为主的不同心理状态。而造成赛前不同心理状态的原因主要是对竞赛重要性的认识问题，对成功的渴望及对失败的恐惧（想赢怕输），概括起来有以下四种类型。

（1）最佳竞技状态

这是赛前积极应战的最理想状态。主要表现为对竞赛跃跃欲试、斗志昂扬、注意力集中和有适度的兴奋性等。这种状态的具体表现：清醒地认识自己的力量，具有顽强的斗志和取胜的志向，有适宜的兴奋度，有高度抗干扰的能力，有控制自己的动作思维情绪和整个行动的能力。

（2）赛前焦虑状态

具体表现为在赛前一段时间生理反应失调，如吃不下饭、睡不着觉、心跳加剧、呼吸不畅、身出虚汗、四肢发凉、尿次增多等。心理表现为提心吊胆、注意力涣散、急躁易怒、坐卧不安、手脚哆嗦、动作僵硬失调、头脑昏沉、兴奋过度等。

（3）赛前抑郁状态

这是一种"比赛淡漠心理状态"。这种状态表现为运动员对竞赛态度消极、没有欲望、打不起精神、意志消沉、注意力分散、对自己的运动能力产生怀疑、动作呆板、食欲和睡眠不正常等。形成这种状态的主要原因是多次在竞赛中表现不佳，形成了缺乏信心的自卑心理，或因对比赛自估值过高，而实际结果较差所形成的失望感，教练员要分情况对其进行思想教育和针对性的心理调节。

（4）虚假自信状态

这种状态主要表现为口硬心虚，实际上是缺乏自信心；虚假自信心的实质是认识上的片面性和心理上的一种恐惧症的反映。教练员要善于引导教育运动员，端正其比赛态度，帮助其摆正位置，有针对性地对其进行心理调节。

2. 赛前心理准备

（1）建立正确的竞赛心理定向

将竞赛心理定向在运动员所能控制的事物上，而不是指向竞赛的结果，这样反而容易把握竞赛、赢得胜利。要明确指出，运动员能够控制的是自己，内因是决定自我的主要因素，竞赛场地、观众、裁判员、对手、气候等外因要通过内因才能起作用。

（2）教练员要制订竞赛方案

教练员要制订周密的竞赛方案，尽可能地设想一些场上可能出现的情况和需要采取的对策。

（3）调整好赛前心理状态

首先要运用心理诊断的理论与方法来确定并掌握运动员比赛前处于何种心理状态及其程度，其次要有针对性地运用心理调整方法来帮助运动员形成理想的赛前心理状态。

（4）做好全面的准备

仅仅在赛前从心理方面准备是不够的，不能形成心理学上的"木桶理论"，比赛中全队总体水平的发挥，显然也要受到身体、技术、战术等因素的制约。

3. 赛前心理训练内容与方法

赛前心理训练的任务是为比赛做好心理准备，克服心理的不适应性，提高比赛的自我调节能力，为比赛打好心理基础。

赛前心理训练是一种特殊训练，具有鲜明的情景性和较强的针对性。它是利用常规心理训练作基础，从比赛具体情景出发，针对运动员个体赛前的心理特点进行有的放矢的训练，它的好坏决定着运动员技术、战术水平的发挥，直接影响比赛的成绩，所以说它是日常心理训练在特定条件下的延续，又是与比赛的心理训练之间有机衔接的重要一环。在赛前心理训练中，教练员要善于要求运动员的身体素质、心理素质、技术动作和战术配合全面转化到最佳竞技状态，所有这些都要靠运动员赛前的心理训练来完成，赛前心理训练的内容包括以下几个方面。

（1）了解比赛双方队员技术、战术、个性和心理状态的基本特点

制订赛前心理训练的具体任务和实施大纲。训练大纲应从对方队员情况和假想对方可能采用的战术及相应的心理状态，结合我方战术和人员部署以及队员相互关系、心理默契、可承受的心理负担的实际情况来确定心理训练的内容。双方的心理影响实质上是一种心理战术，教练员若能够分析透彻，掌握双方的心理倾向和战术意图，充分做好心理负荷的准备，就能处于主动的优势的地位，产生积极的心理影响，从而增强抵御对方心理压力的能力。

（2）针对运动员心理现状进行模拟比赛的心理训练十分重要

模拟比赛，由于与正式比赛的环境条件相似，不仅可以从中提高运动员的技术动作、战术水平及身体素质的适应力，而且可以借此进行集体的心理训练。在模拟比赛中，应着重训练队员对比赛形势的心理适应性，提高彼此的心理配合、调节能力。对于在模拟比赛中所暴露出的心理障碍，可以有针对性地采取心理调节措施并加以纠正，进行修补训练。在模拟比赛中尽可能记录和收集各种心理反应，并留有充分的时间进行心理调节试验，还要突出心理训练因素，注重心理调节，加强心理指导。

（3）教练员应针对运动员参加比赛时的主要心理障碍进行专门性心理训练

即针对不同的心理障碍，分别训练运动员学会自我放松调节、集中注意力的调节和进行自我控制，提高他们的心理素质，发展他们的心理优势，树立其克服心理障碍的信心，取长补短，发挥心理机能本身的主导调节作用。

（4）准备好心理调节手段

在比赛前应当充分预料比赛中的情况，制订出应付各种情况的心理调节手段，并认真进行练习，达到熟练掌握，以备比赛时应用。心理调节手段的储备要有针对性，以防比赛中的措手不及，这是带有战略性的心理训练措施。

（5）抓好比赛时意志品质培养与教育

其中包括比赛信心和战术思维等方面的心理训练。比赛时运动员的最佳心理状态是由坚强的意志品质和以一般心理素质为基础的良好的专项心理素质，通过全面的实战型的心理训练形成的。一个完整的心理素质结构，单靠运动员的个别心理素质因素是无法取得良好的比赛心理状态和比赛胜利的。为了正确判定运动员的心理素质，在赛前可用心理测量手段检验各项心理指标，从而为培养比赛的最佳心理状态提供客观依据。

（二）赛中心理训练

1. 赛中的心理状态

篮球竞赛不仅要比智慧、比谋略、比体力、比技术和比战术，而且还要进行心理上的较量。比赛不同于训练，除了要承受更强的身体负荷外，还要承受更强的心理负荷。赛中的心理状态一般有理想的、不良的和恐惧的三种。

（1）理想的赛中心理状态

是运动员最佳竞技状态的一个重要组成部分。它是指各方面心理机制和谐协调，最有利于发挥运动水平的心理状态。这种"进入角色""找着感觉"的状态反映，一是充分发挥自己的体能，运用自如，省力而不紧张；二是聚精会神，注意力集中地投入比赛的竞争拼搏之中；三是身心和谐协调，动作得心应手；四是感到竞赛是一种职责和义务，也是展示自我的机会，队员间充满协同团结气氛，集体处于这种最能发挥水平的状态。

（2）不良的赛中心理状态

是一种消极的不利于全队协同作战的心理状态。主要表现为比赛中过度紧张状态，其构成的重要因素是对竞赛胜负要求过高和负担太重、特定情境下的失去信心、不适应外界环境的干扰、本身训练不足或训练过度、过去比赛的阴影和运动员的基因和神经类型影响等。受到这种过度紧张状态干扰的运动员，常想摆脱干扰而往往事与愿违，越发紧张，这与平时缺乏心理训练和赛前心理准备不足密切相关。

（3）赛中恐惧的心理状态

常有个别运动员容易在比赛中临场对对手产生强烈惧怕心理，未战而先从心理上败下阵来，害怕与其交锋；有的对客观环境和对比赛结局都有恐惧感。产生这种心理的原因大致与过度紧张产生的原因相同，这种情况更容易受运动员的性格和神经类型以及训练水平的影响。

2．赛中的心理战术

心理战术是指根据比赛中的实际情况施加心理影响的策略，其目的是使本方在比赛的拼争中获得主动与优势，直至获得最后的胜利。

3．赛中心理训练的内容与方法

（1）比赛场上的心理调节训练

比赛中心理训练的任务是发展和维持赛前的最佳心理状态，并根据赛场双方心理状态的变化情况，采取心理调节手段。在比赛过程中的心理调节是大量的，如由于对方改变战术，往往会引起运动员心理上的不适应；又如在比赛中，当双方的比分交替上升，赛场形势变化较大时，运动员会因此造成某种心理障碍等。这就要求教练员随时了解运动员内心变化的情况，并准备好各种心理调节手段以备随时运用。如果每名运动员都具有自我调节的能力，教练员只需作适当的提示。这需要进行长期的心理训练，特别需要教练员和运动员之间形成特殊的心理关系。

（2）赛场身心恢复训练

比赛是对运动员身心力量的考验，运动员的体力和脑力都消耗极大，特别是那些两队实力相当的比赛场次，其消耗量更大。因此，在比赛过程中，利用比赛间隙进行体力和脑力恢复是非常重要的。教练员必须适时采取心理调节措施，如精神放松和注意力转移等，来加强运动员心理能量的恢复训练，这是坚持比赛并取得胜利的可靠保证。

（三）赛后心理训练

1．赛后心理调整的意义

竞赛结束后，运动员不仅会感到身体疲劳，而且也会感觉到心理疲劳。因此，作为教练员在赛后一定要重视心理恢复，因为赛后心理训练的好与坏，会直接影响下次比赛的成绩，这涉及运动员整个心理状态的恢复和发展，也关系到运动员整个个性的发展和完善。教练员要十分清楚赛后运动员的心理活动并没有结束，只是改变了方式，他们隐蔽内心的变化，虽然没有演变到一定程度，但也会以有形的方式表露出来。一次比赛的结束，实际上是下次比赛的赛前准备的开始，教练员应仔细洞察赛后运动员心理状态的表现，当发现其好或不好的倾向和言行时，应及时加以干扰和帮助，要善于捕捉和消除对下次比赛可能产生的隐患，这具有十分重要的意义。

2．赛后心理调整的方法

（1）身体、技术、心理的全面恢复

一场比赛，身心力量消耗巨大，随着身体能量供应的不足，技术动作和战术配合的质量都会因此而降低，所以，赛后的心理恢复训练是全面的，主要方法仍然是心理训练的基本方法，要结合具体对象的特点及身心技术和战术变化的情况进行，既要全面又要有所侧重。

（2）赛后紧张情绪的解除

伴随着比赛而产生的运动情绪并不会随着比赛的结束而消失，有些运动员在比赛中的冲动情绪时常会延续到赛后，如比赛失败而迁怒于人，推卸责任；也有因比赛胜利而得意忘形，听不进善意的劝告，视提意见者为妒忌，或因受表扬而骄横等。这种紧张情绪的消极作用是十分明显的，不仅会继续消耗运动员的身心力量，而且会因长时间不能恢复正常而仍陷于自我陶醉之中。想要解决赛后遗留的紧张情绪，可用放松、注意转移、改变认识等方法，总之，要采取有意识的心理训练措施与方法，不能放任自流。

（3）赛后自我形象的修整

在比赛过程中，运动员的形象随着战局变化而变化，胜时容易夸大、过分美化自己，以理想代替现实的自我形象；败时又会缩小、歪曲自己的形象，缺乏客观的、真实的评价。赛后自我形象修整的任务在于：在头脑中重新恢复自己的本来面目，除去不真实的成分；对自我形象中的优势与不足，要使前者发扬，后者抑制；同时不断地在实战中树立新的理想的发展形象，使运动员的心理状态不断向上，全面发展。常用的训练方法有想象演习法、想象训练法等，前者为整个自我形象的内心表演过程，后者是对形象中的个别成分进行的修复训练。

总之，随着现代篮球竞赛的日趋激烈，胜负的决定因素相互交错，运动员情绪也千变万化，因此，重视全面训练中的心理训练显得格外重要，它不仅影响比赛的结果，而且反映着教练员的智慧才干和运动员的训练水平。

三、篮球运动员心理训练的方法

心理训练已成为现代篮球运动训练系统不可缺少的一部分。一方面，它影响、制约着运动员身体、技术、战术水平的改善和体现；另一方面，它可促进篮球运动员心理过程的不断完善，形成专项运动所需要的良好个性心理特征，获得高水平的心理能量储备，使其心理状态适应训练和比赛的要求，为达到最佳竞技状态和创造优异成绩奠定良好的心理基础。

（一）结合体能的心理训练

现代篮球运动的激烈对抗和快速的攻守转换对运动员的体能要求越来越高，体能训练受到高度重视。体能训练通常是枯燥的，而枯燥感的形成通常是因为训练方法的单一或训练的目标不明确。体能训练是培养运动员目标设置，培养坚韧、顽强的意志品质最有效的方法和手段。

（二）结合技术的心理训练

篮球是技术性要求很高的运动项目，技术训练是任何时期都不可缺少的训练内容。技术训练过程也是提高运动员个人思维能力和表象能力的过程。教练员和运动员在对专项技术发展规律充分理解的基础上，使运动员学会心理训练的方法，使心理训练为技术训练服务。结合技术的心理训练关键在于对技术和心理训练的深刻理解，理解技术本身对心理素质有何要求，理解心理素质如何对技术发挥作用。

（三）结合战术的心理训练

篮球战术训练中包含的最重要的心理训练内容就是思维训练和团结凝聚力的培养。个人思维训练结合个人战术行动进行训练可以培养运动员的战术意识；集体思维训练结合全队和局部战术配合进行训练可以培养运动员之间的配合意识。运动员对场上情况的观察、判断、预测，以及对同伴和对手行动意图的理解，均需要运动员积极的心理参与。可以说，战术训练本质上就是心理训练。另外，增强团队凝聚力，教练员要学会一些特殊的干预方式或策略，结合运动员的具体情况，因人而异，培养团队凝聚力，形成团队风格。

（四）常用的心理训练方法

专门的心理训练方法很多，具体程序可以参考心理训练的专门书籍。教练员可以根据需要选择使用，也可以结合专项创造性地进行。常用的方法有：①放松训练；②暗示训练；③表象训练；④情绪控制；⑤目标设置训练；⑥生物反馈训练；⑦系统脱敏训练；⑧催眠术。

第五章 高校篮球综合素质训练

第一节 高校篮球核心力量训练

一、核心力量训练的影响因素

核心力量素质训练的影响因素主要包括肌肉的形态结构、人体的生长发育、中枢神经系统的调节以及其他相关训练因素等。

（一）肌肉的形态结构对力量素质的影响

1. 肌纤维的类型

骨骼肌纤维按不同的收缩特性可分为快肌和慢肌两类。快肌产生的收缩力要大于慢肌。因此，在其他条件不变的情况下，机体骨骼肌中快肌纤维百分比越高的人，肌肉收缩的力量越大。一般情况下，人体肌肉的快肌纤维与慢肌纤维的百分比构成大致相同。另外，同一个人红白肌纤维的比例在不同部位不相同，参加肌肉收缩的肌纤维类型在不同负荷、以不同动作速度进行运动的条件也不相同。一般规律是，在一定负荷强度下用较慢的速度完成动作时，红肌纤维起主导作用，如果是快速完成动作，则白肌纤维起主导作用。

2. 肌肉的生理横断面

最大肌肉横断面积指的是横切某块肌肉所有肌纤维所获得的横断面面积，肌肉的生理横断面为该肌肉所有肌纤维横截面的总和。横断面积的大小是由肌纤维的数量及粗细决定的，通常用平方厘米表示，肌肉的生理横断面积决定了该肌肉的绝对肌力，实验研究中发现，当机体在最大用力收缩时，每平方厘米横断面积的肌肉可产生 $3\sim8$ 千克的力，因此，机体中肌肉的最大横断面积越大，肌肉的力量就越大，两者成正比，在力量训练中，虽然肌肉横断面积并不能完全解释机体力量所表现出的所有生理学现象，但是增大肌肉横断面积是提高肌肉力量的有效手段之一。

3. 肌纤维的支撑附着面

肌肉内结缔组织增多、肌腱与韧带组织增粗都会改变肌肉的支撑附着面大小，对肌肉的收缩力量也会产生很大的影响。

4. 肌肉的初长度

肌肉收缩前的初长度会影响肌肉力量的大小。因为肌肉拉长时，肌梭将感知肌纤维长度变化而产生冲动，会提高肌纤维回缩力来对抗拉力，当肌肉长度拉到一定程度时将引起牵张反射，可提高肌成的发挥效率。所以，在一定范围内，肌肉的初长度越长，肌肉收缩时所产生的张力和缩短的程度就越大。有研究表明，一个人力量的大小取决于肌肉的体积，肌肉体积的发展潜力又主要取决于个人的肌肉长度（指肌肉两头肌腱之间的长度）。肌肉的长度是先天遗传的，后天的训练对其并不产生任何影响。

5．肌肉的牵拉角度

肌肉收缩牵拉骨骼做功是杠杆运动的模型。做功时，杠杆移动，肌肉在不同位置的不同角度上牵拉力量大小不一样。当负重屈肘弯举，肘关节角度在 115°～120°时，肱二头肌张力最大，30°时肱二头肌张力最小。在运动中，对肌肉的牵拉角度必须进行认真地分析，以方便技术分析、改进技术动作等。

6．肌肉收缩的形式

肌肉收缩的形式不同，对肌肉力量的大小及其特点带来的影响也不同。肌肉收缩的形式主要包括动力性离心退让性收缩、动力性向心克制性收缩、等动性收缩、静力性等长收缩等。

动力性离心退让性收缩的特点是，当肌肉收缩时，张力增加的同时肌肉的长度也会增加。动力性向心克制性收缩是力量素质训练的主要形式，其特点是肌肉工作时，肌肉长度逐渐缩短，肌肉在缩短过程中，张力随着关节角度的变化也发生改变。等动性收缩的特点是在整个关节活动范围内，肌肉始终以某种张力收缩，而收缩速度始终恒定，它能集等长收缩和等张收缩的优点于一身，使训练者的肌肉在各个关节上所用的力达到均衡，并且都具有足够的刺激。静力性等长收缩的特点是虽然张力发生变化，但其肌肉长度基本不变，在整个动作过程中肢体不会产生明显的位置移动。

（二）人体的生长发育对力量素质的影响

1．年龄因素

年龄是力量素质的重要影响因素之一。10 岁以前，男女肌肉力量都保持缓慢而平稳的增长，二者区别不大。从 11 岁起，男生的肌肉力量增长比女生快，男女最大肌肉力量的差异开始明显增大。青春期过后，机体的肌肉力量增长速率降低，13～16 岁是力量素质发展的敏感期，最大肌肉力量进入快速增长的第一个高峰。16～17 岁是最大肌肉力量快速增长的第二个高峰，这一时期肌肉横向增长速度加快，最大肌肉力量和相对力量增长加快。男生在 20～30 岁达到最大肌肉力量，女生在 20 岁左右达到最大肌肉力量。40 岁以后，人体大部分肌肉力量开始衰退，70 岁时，人体大多数肌肉的力量只有其鼎盛时期的30%～60%，可见，年龄因素是影响人体力量素质的重要因素之一。

总体来说，人体在青少年时期力量增长的特点如下：①快速力量先于最大力量。②最大力量先于相对力量。③长度肌肉力增长先于横度肌肉力增长。④躯干肌肉力先于四肢肌肉力。

2．性别因素

男女性别的差异，会造成生理上肌肉力量的差别，通常，男子的力量比女子的大。例如，一般成年男子肌肉重量占体重的 40%～45%，而女子则占 35%左右。科学研究证明，女子的力量平均约是男子力量的 2/3，但并不是所有肌群都成此比例。如果男性力量为百分之百，那么女性的前臂屈、伸肌群大约为男性的 55%；伸肌、髋关节屈肌、小腿屈肌、咀嚼肌约为男性的 80%；手指内收肌、小腿伸肌约为男性的 65%。这是由于人体肌肉力量受到身体内的睾酮激素调节，正常男子这种激素比正常女子多，因此男子的力量大于女子的力量。

3．身高和体重因素

身高和体重也对力量产生重要影响。体重大的人通常力量大，体重小的人，力量也相对要小些。运动员体重与其最大力量比值不变时，如果增长体重，最大力量也随之增长。

身高与力量的关系比较复杂，它们之间没有必然的联系。如身体高又壮，固然力量大，但是身体矮粗壮，力量也不会小，所以常常把体重与身高联系起来考虑。

（三）中枢神经系统的调节机能对力量素质的影响

1. 中枢驱动

中枢驱动是指人体中枢神经系统动员肌纤维参加收缩的能力。在运动实践中，人体肌肉在进行最大用力收缩时，只有一部分肌纤维同时参加收缩。动员与参与活动的肌纤维数量越多，肌肉收缩产生的力就越大。经过训练，机体肌肉可动员90％以上的肌纤维参加收缩。研究表明，中枢驱动作用主要表现为支配肌肉运动神经元的放电频率及其同步化的变化，而力量训练能有效地提高运动神经元的放电频率，从而增强中枢驱动。

2. 中枢神经兴奋性

人体中枢神经系统兴奋性高时，机体会大量释放肾上腺素、乙酰胆碱等生理活性物质，这些物质将会对肌肉力量产生非常大的影响。例如人在极度激动或危急的情况下会发挥超常力量，这就是机体中枢神经高度兴奋而最终影响机体肌肉力量的结果。研究表明，当人的情绪极度兴奋时，机体会分泌大量的肾上腺素，提高肌肉的应激性，同时中枢发出强时集中的神经冲动，迅速动员机体的"储备力量"，使运动单位成倍增加并参与工作。科学的力量训练，可促进神经系统功能的完善，从而增加肌肉力量。需要说明的是，在训练早期，肌肉力量增加的同时肌肉体积并没有随着增加，在训练后期，肌肉力量的增加则更多受肌肉体积的影响，这说明人体的适应机制在力量训练的各时间段不同。

3. 神经中枢对肌肉工作的协调及控制能力

人体任何动作的完成都需要很多肌肉参与，不同的肌肉块在完成动作时，受不同的神经中枢的支配。有专家研究证明，神经冲动的合理频率的提高，能使运动员情绪高涨，从而引起调动肌肉工作的肾上腺素、去甲肾上腺素、乙酰胆碱及其生理活性物质的释放，使力量增大，肌肉收缩达到最佳效果。因此，改善机体不同神经中枢之间的协调关系，有助于提高肌肉的协调能力，使各肌肉群在参加工作时各司其职，协调一致，从而发挥出最大的收缩力。在力量素质训练中，提高主动肌运动单位活动的同步化程度，有利于肌肉产生更大的收缩力量。

4. 神经过程的频率与强度

神经传导电脉冲引起肌肉的收缩，一次脉冲可以引起肌肉收缩一次。如果新的脉冲信号在肌纤维还没有完全松弛时又传来，就会出现肌肉的重叠收缩，可以产生更大的力量。科学的训练能促使训练者的中枢神经系统传出频率高、强度大的神经冲动。

（四）其他相关训练因素对力量素质的影响

在体能训练中，力量的大小和特性会受到运动训练的重复次数与负荷强度、动作速度、训练方法等许多因素的影响。

1. 重复次数与负荷强度

实践证明，在训练中，大负荷、少重复，会取得较好的训练效果。特别是在肌肉群受到超负荷训练后，力量素质会得到有效的发展。如果重量小、重复次数多，那么主要发展的是肌肉耐力；如果重量与重复次数都适中，那么可以明显增大肌肉体积。

另外，在重复训练中，如果每组练习的间歇时间都较短，机体消耗的能量得不到恢复就进行下一组的练习，那么机体生理、生化等指标就会下降，肌肉力量的发挥也会呈下降趋势。反之，如果每组练习的间歇时间较长，在进行下一组练习前机体消耗的能量能得到恢复，那么发展力量的效果就好。

如果停止力量训练，那么力量大约以提高速度的 1/3 的速度消退。力量提高快，停止训练后消退也快。长时期逐渐练出来的力量，停止训练后能够保持较长的时间。

2．动作速度

动作速度对力量的发展有着至关重要的作用。例如，练习时既注意加快单个动作速度，也注意加快动作的频率（重复若干次数），可以发展一般速度力量；练习时尽量加快动作的速度，尤其是单个动作速度，可以有效地发展爆发力。

3．训练方法

不同的训练方法对力量的大小和特性的影响也不同。等张收缩的动力性练习可以明显提高肌肉的爆发性力量和灵活性，等长收缩的静力性练习可以提高静止性用力的力量。

二、核心力量训练在篮球训练中的作用

首先，从篮球技术的角度来看，无论是进攻技术的传接球、投篮、运球、持球突破，还是防守技术的抢、断、打球，以及防守对手、所属篮球技术的移动和抢篮板球，无一例外都对核心部位的力量有着特殊的要求。篮球运动员的技术动作要求比较精细，不仅要求运动员要有敏锐的时空判断能力，而且对用力的大小、方向也有很高的要求。巧妙地运用技术动作实施进攻和防守，是靠全身各个部位的协同合作来完成的，这种合作的基础就是核心部位力量的合理使用。其次，如何提高篮球运动员的专项力量素质，已成为当前篮球训练的关注热点。因为篮球运动员只有具备了高水平的力量素质，才能在场上有效地发挥技战术配合和对抗能力。同时，篮球运动员的力量素质具有全面发展的特点，这种特点要求上肢、下肢、腰背部肌群均衡发展，而把这些串接在一起并发挥最大作用的就是核心力量的合理运用。最后，核心力量不仅是篮球运动员上肢力量和下肢力量连接的桥梁，也是全身力量协调发力的基础，更是有效预防肌肉拉伤的关键。

（一）核心力量训练对篮球运动员的技术动作具有关键的支持作用

运动技术的优劣主要取决于肌肉的发力，肌肉间的协作能力，以及高速运动中身体重心的控制能力，这些能力的形成和提高主要取决于核心力量的水平。"跳投"是篮球运动中一项最基本的技术，实战价值极高，其中重要的技术要素之一就是全身的协调用力。从双脚蹬地发力，提腹伸腰，到最高点双手持球完成准备出手的投篮姿势，再到空中停顿的刹那间，手臂、手腕、手指连续发力完成投篮动作，到最后的身体落地，屈膝缓冲，准备冲抢篮板球和回防，整个"跳投"的过程就是身体各部位综合、协调用力的过程，这是投篮动作的关键环节。从实战的角度来看，跳得越高，越容易躲避对手的封盖；滞空时间越长，越可以在空中充分完成投篮前的准备动作；协调用力越合理，越可以有充足的力量将球投出；当遇到故意犯规时，良好的重心控制能力还可以在受干扰的情况下继续完成投篮，"赚取"加罚的机会。下肢、腰腹、上肢的力量汇集到手腕、手指，最后将球投出，这个串联过程的优劣对应着技术的优劣。由此可以看出，核心力量在篮球运动员技术动作上的分量。

（二）核心力量训练对篮球专项力量素质有促进和补充的作用

篮球运动员的力量素质具有全面发展的特点，它不仅要求运动员的上肢、腰背、下肢肌肉群均衡发展，而且要求肌肉要有很强的爆发力、耐久力，能适应现代篮球场上的高对抗、高拼抢、高敏捷、高消耗等。核心力量可以促进各方面力量的整合，使各方力量能在场上充分地发挥出来，最大限度地应对力量上的争夺，同时节省下来多余的力量，达到降低耗能的效果，在耐久力上更胜一筹。核心力量还可以使篮球专项的速度素质、耐力素质、灵敏素质、弹跳素质、柔韧素质得到充分的发挥。

（三）核心力量训练可以提高篮球专项运动员机体的工作效率

核心力量可以提高整个机体力量运用的工作效率，降低能量的消耗。有强有力的核心力量作为保障，躯干能够得到稳固的支持，四肢的应力也能随之减小。由于肢体能够做出更加协调的技术动作，力量的传递效果加快，运动的效率也因此从整体上提高了。

（四）核心力量训练可以有效地预防篮球项目中的运动损伤

核心力量能很好地预防损伤。运动员在进行快速发力动作时，强有力的核心肌群能够确保肢体在动作过程中保持正确的位置，深层小肌肉群的稳定功能会起到关键的保护作用。同时，核心力量还有助于篮球运动员在跳起过程中把握身体的重心，使脚在落地时的支点与身体重心的投影点处在一个合理的位置上，从而减小运动员在落地支撑时受伤的概率。

核心区是连接上肢和下肢的关键区域，任何优异的运动成绩的取得不可缺少的因素就是核心区的训练。在此还要说明一下，核心区的力量训练与核心训练有质的不同。核心区的训练包括腹部、腰部、腹部两侧的肌肉的训练，核心训练要看训练内容、方法、手段等才能界定。所以，在进行核心训练的同时，要懂得对核心训练的机制与实践有一个清晰的认知，这样才能更清楚地看到核心训练的重要性。

三、核心力量训练的基本方法

（一）屈膝半蹲的核心力量训练动作

动作要领：运动员站立在平坦的地面上，将两脚分开，分开幅度以与肩膀同宽为宜，将双手叉在腰部，慢慢弯曲膝盖往下做半蹲。在完成动作的过程中，一定注意上体要始终保持直立，不可因为下蹲而弯曲。在维持下蹲姿势时，幅度不宜过大，大腿和小腿之间角度保持在 $150°$ 左右即可。

训练要求：刚开始的强度不宜过大，屈膝半蹲项目训练每次进行 2～3 组，每组保持 20 秒。

（二）仰卧屈膝的核心力量训练动作

动作要领：运动员仰卧在垫子上，将两手平放在身体的两侧，双手不要接触身体，也不要抓住垫子。在此基础上，将小腿抬起的同时，弯曲膝盖，并保持此动作。仰卧屈膝动作主要是锻炼运动员下半身的力量。为了保证锻炼的效果，在做这个动作时要注意放松上身，上身不要因为太紧张而用力。屈膝的幅度以大腿和小腿之间角度保持 $90°$ 为宜，同时保持小腿和地面之间平行。

训练要求：仰卧屈膝项目训练时，依照循序渐进的原则，在第一周训练时完成 2～3 组，每组保持 20 秒；第二周训练时完成 3～4 组，每组保持 25 秒；以后训练时完成 3～4

组，每组保持 30 秒。

（三）仰卧抬腿的核心力量训练动作

动作要领：运动员仰卧在垫子上，将两手平稳地放在自己身体的两侧，双手不要接触身体，也不要抓住垫子。在此基础上，慢慢将大腿抬起，直至大腿与地面成直角。这个动作会锻炼运动员的腹部与腿部肌肉。在完成过程中，一定要保持注意力集中，并且要使自身的腿部和腹部始终保持紧张的状态。

训练要求：仰卧抬腿项目训练时，依照循序渐进的原则，在第一周训练时完成 2～3 组，每组保持 20 秒；第二周训练时完成 3～4 组，每组保持 25 秒；第三周和第四周训练时完成 3～4 组，每组保持 30 秒；之后几周训练时完成 3～4 组，每组保持 40 秒。

（四）俯卧三点支撑单手前平举的核心力量训练动作

动作要领：运动员俯卧在地面上，将手臂放在身体的正前方以肘部支撑地面，并保证双肘部关节彼此相互平行。将两腿和两脚并拢合在一起，伸直两腿并且用脚尖维持身体的重量点在地面上，形成两肘部和脚尖三点点地支撑。保持平衡后，先将左手手臂慢慢伸直往前平举，直至左手手臂与地面平行为止；之后，收回左手手臂，继续回到两肘部和脚尖三点支撑的姿势，将右手手臂慢慢伸直往前平举，直至右手手臂与地面平行为止。至此，完成一次俯卧三点支撑单手前平举练习。要注意在做此动作的全过程中，使身体一直保持平衡，尤其是在双手手臂做伸直平举的动作时，要想使身体保持平衡，就需要运动员的背部、腰部和腹部一直保持紧张的状态。

训练要求：俯卧三点支撑单手前平举的训练依照计划安排在第三周和第四周，第三周和第四周训练时均需完成 3～4 组，每组保持 30 秒。

（五）侧卧肘支撑的核心力量训练动作

动作要领：运动员侧卧于地面上，先将左肘肘部关节支撑在地面上，两腿和两脚并拢，将两腿伸直支撑在地面上。做好准备动作后，将右手手臂向侧上方伸直举起；做完一侧后，完成另外一侧的对立动作，还是保持侧卧，将右手肘肘部关节支撑在地面上，两腿腿部伸直支撑地面，之后将左手手臂向侧上方伸直举起。左肘侧卧和右肘侧卧各做一次，算是完成一次侧卧肘支撑的核心力量训练动作。侧卧肘支撑动作在完成过程中，要保持身体的稳定和平衡，保持双腿并拢，并使双腿完全伸直。同时，要保持身体的紧张感，收紧腹部，使整个身体都处于一条直线上。

训练要求：侧卧肘支撑项目训练时，依照循序渐进的原则，在第一周训练时完成 2～3 组，每组保持 20 秒；第二周训练时完成 3～4 组，每组保持 25 秒；之后几周训练时完成 3～4 组，每组保持 40 秒。

（六）直臂俯卧三点支撑的核心力量训练动作

动作要领：运动员俯卧于地面上，先将双手手臂伸直支撑在地面上，两腿和两脚并拢伸直，并使脚尖支撑在地面上。做好准备动作后，将左手手臂向前伸直并举起，使左手手臂与地面平行；做完一侧后，完成另外一侧的对立动作，还是保持俯卧，将双手手臂支撑在地面上，两腿腿部伸直并使脚尖支撑地面，之后将右手手臂向前伸直举起，使右手手臂与地面平行。左手手臂支撑侧卧和右手手臂支撑侧卧各做一次，算是完成一次直臂俯卧三点支撑的核心力量训练动作。在完成直臂俯卧三点支撑的过程中，要保持身体的稳定和平衡，保持双腿并拢，并使双腿完全伸直，同时，要保持身体的紧张感，收紧腹部，使整个身体的躯干部分和腿部都处于一条直线上。

训练要求：直臂俯卧三点支撑的核心力量训练从第三周开始，第三周和第四周训练时完成 3～4 组，每组保持 30 秒；第四周到第八周训练时完成 3～4 组，每组保持 40 秒。

（七）屈臂俯卧两点支撑的核心力量训练动作

动作要领：运动员俯卧于地面上，先使胳膊肘弯曲，以双肘支撑在地面上，两腿和两脚并拢伸直，并使脚尖支撑在地面上。做好准备动作后，将左手手臂向前伸直并举起，同时将右腿向后向上伸直平举，尽量使左手和右腿伸直后在一个平面上，并且与地面平行；做完一侧后，完成另外一侧的对立动作，还是保持俯卧，将双肘支撑在地面上，两腿腿部伸直并使脚尖支撑地面，之后将右手手臂向前伸直举起，左腿向后向上伸直平举，使右手手臂与左腿伸直并与地面平行。这样交互完成一次之后，算是完成一次屈臂俯卧两点支撑的核心力量训练动作。在完成屈臂俯卧两点支撑动作过程中，要保持身体的稳定和平衡，使背部维持在紧张的状态下，在抬起一侧手臂和另一侧腿的时候，要保持身体的稳定性，不可晃来晃去。

训练要求：屈臂俯卧两点支撑的核心力量训练从第三周开始，第三周和第四周训练时完成 3～4 组，每组保持 30 秒；第四周到第八周时完成 3～4 组，每组保持 40 秒。

（八）仰卧提臀的核心力量训练动作

动作要领：运动员仰卧在垫子上，将两手平稳地放在身体的两侧，肩部紧贴在垫子上。在此基础上，双腿并拢，使膝部和小腿向下弯曲，将双脚踩在垫子上，之后，臀部上抬，利用髋部的力量，使自己的身体维持在一个平面上。要注意，抬起身体之后，肩膀也是一直紧贴在地面上的，要保持身体处于紧张的状态下，双手不要用力，利用腹部、髋部和腿部的力量支撑身体，并保持身体的稳定和平衡。为了使身体处于同一平面上，一定要让注意力集中在整个动作上，而髋部是上半身和下半身的连接点，也是准确地完成整套动作的关键点。

训练要求：仰卧提臀的核心力量训练在第四周训练时完成 3～4 组，每组保持 30 秒。

（九）侧卧抬腿的核心力量训练动作

动作要领：运动员保持侧卧的姿势支撑在垫子上，左前臂和左手手掌贴着垫子，将右手轻轻放在垫子上，保证左侧髋部置于左肘关节的延长线上，想象自己的身体夹在了两块玻璃中间，之后，弯曲左腿的小腿并保持大腿和小腿之间成 90°角，将右腿伸直的同时勾住脚尖向上。做好准备工作后，右脚脚踝内侧离开地面，垂直地面向正上方抬起，保证训练姿势不变形的情况下，右腿抬置最高点时稍停顿，再匀速下落，在右侧脚踝内侧快要接近地面时继续向上抬起，重复之前的步骤，一侧的动作完成之后，再完成另一侧的对立动作。在做这个动作的时候要注意使背部一直有紧张感，并保持身体的固定，将注意力集中在双腿上。

训练要求：侧卧抬腿的核心力量训练从第二周开始，第二周训练时完成 3～4 组，每组保持 25 秒；第三周和第四周训练时完成 3～4 组，每组保持 30 秒；第四周到第八周训练时完成 3～4 组，每组保持 40 秒。

第二节　高校篮球速度素质训练

一、影响速度素质的因素

速度素质包括反应速度、动作速度与位移速度。三者之间既有联系，又有区别，特别是在内部机制方面，反应速度、动作速度与位移速度具有较大的差异，反应速度着重表现在神经活动方面，而动作速度与位移速度则着重表现在肌肉活动方面。

（一）影响反应速度的因素分析

反应时是决定反应速度快慢的基础。反应时也称反应潜伏期，是指运动员接受刺激与做出肌肉动作之间的应答时间。反应潜伏期的存在涉及以下过程。第一，某些感觉器官被刺激而唤起兴奋；第二，兴奋沿传入神经传到中枢；第三，一旦兴奋冲动传到大脑中枢，就要根据过去的经验进行分析，刺激方式越复杂，在中枢分析的时间就越长；第四，沿着传出神经，把中枢所发出的冲动传到相应的肌肉群；第五，肌肉根据刺激的特点与要求，做出相应的回答，整个过程都有时间延搁，其中以在大脑皮层内延搁的时间最长。

由于反应潜伏期具有以上特征，所以，反应时间的长短主要取决于以下因素。

1. 感受器（视、听、触觉等）的敏感程度

感受器越敏感，越能缩短对各种信号刺激的感受时间，感受器的敏感程度在相当程度上受到注意力集中程度与指向，以及感受器疲劳程度的制约。如射击运动员长时间地进行瞄准练习后会产生视觉疲劳，反应时就会延长。

2. 中枢神经系统机能

中枢延搁是大脑中枢对刺激信号分析的结果。刺激信号的选择性越大，反射活动就越复杂，历经的突触也越多，分析的时间也就越长。中枢对刺激信号的分析时间主要和两个因素有关：其一是中枢神经系统的兴奋性，其二是条件反射建立的巩固程度。例如，中枢系统兴奋性高时反应时就会明显缩短，疲劳时反应时则延长，又如，随着动作技能的日益成熟，反应时会明显缩短。简单反应时平均可以缩短 11%～18% 的时间，而复杂反应时则平均可以缩短 15%～20% 的时间，并且反应的稳定性也有很大程度的提高。

3. 效应器（肌纤维）的兴奋性

有材料表明，肌肉紧张比放松时其反应时要缩短 5% 左右，另外，肌肉疲劳时反应时明显延长。根据以上分析，注意力的集中程度与指向，疲劳程度与反应过程的巩固程度对反应速度有相当大的影响，在反应速度的教学与训练中要引起充分地重视。

（二）影响动作速度与位移速度的因素分析

动作速度与位移速度的主要特点都是通过肌肉系统进行最大限度地快速活动的形式，在最短的单位时间内完成动作。由于人体肌肉活动的形式与质量受到形态、生理、心理、力学、技术等方面的影响，故影响动作速度、位移速度的因素也表现为多方面。

1. 人体形态

人体形态对速度的影响，主要在于四肢的长度。在其他条件相同的情况下，上下肢的长度与该部位的运动速度成正比。上下肢越长，该部位的运动速度就越快，人体四肢的运动形式是肢体绕关节轴的转动，效应部位（手或脚）离轴心的距离越远，运动速度就越快。对运动速度要求较高的体育竞技项目，例如篮球等，都会把人体形态作为一个重要的选材指标。

2. 神经活动过程的灵活性

神经活动过程的灵活性主要指运动神经中枢兴奋与抑制之间快速的转换能力以及神经与肌肉之间的协调能力。人体部位各种形式的快速运动，都是神经中枢活动高度协调的表现，只有高度协调，才能保证在快速运动时，迅速地引起所必要的肌肉协作参与活动，并抑制对抗肌的消极影响，发挥出最高速度。另外，神经活动过程的灵活性不仅影响肌肉的猛烈收缩，而且对肌肉随意放松的能力也有直接的作用，随意放松肌肉是神经中枢合适的抑制状态造成的。运动员在发展位移速度时，如果能充分放松肌肉，就能较长时间维持高

速运动。

中枢神经系统兴奋与抑制转换的持续时间，与转换速度的快慢有关，转换速度越快，转换持续时间越短。在进行高速运动时，中枢神经很快就会疲劳，从而降低运动速度，甚至会使运动完全停止。所以，发展最高速度时，要考虑中枢神经系统的特点，时间不能过长，否则会适得其反。

3．力量发展水平与技术

在许多运动项目中，力量的发展水平与技术因素是影响动作速度和位移速度的重要因素。从力学公式可以知道，力量等于人体质量与加速度的乘积，力量是引起人体加速度的原因，在质量不变的情况下，力量越大则加速度也越大，加速度越大，人体运动速度就越快。由于人体质量与人体加速度成反比，故要最大限度地提高人体加速度，对力量的要求更偏重于相对力量，相对力量越大，肌肉就越容易在运动时克服内外部阻力，产生快速的收缩。

另外，动作速度和位移速度往往也受到技术的影响，运动员的快速能力在很大程度上取决于完善的运动技术。动作的幅度与半径大小、工作距离的长短与时间、动作的方向与角度及部位等均与速度的快慢有密切关系。合理、有效的技术可以通过缩短运动杠杆，正确摆正重心，有效地使用能量等作用而快速完成动作，并能使动作完成更省力。遗传影响，后天不可能将其转化，只能通过中间型肌纤维的作用进行功能上的代偿。人体肌肉白肌纤维百分比越高，快速运动的能力就越强。例如，速度性项目优秀运动员的白肌纤维比耐力性项目运动员的白肌纤维多得多。

4．肌纤维的类型和肌肉用力的协调性

肌肉的快速收缩是速度素质的基础。从肌肉的结构来看，人体骨骼肌分为白肌纤维（快肌纤维）、红肌纤维（慢肌纤维）和中间型纤维三种。白肌纤维主要靠糖酵解供能，并具有较高的脂肪、三磷腺苷（ATP）、磷酸肌酸（CP）含量，但活动时容易疲劳。不同的人体内，白、红肌纤维占的百分比是不同的。世界大赛短跑项目的前几名基本上都是黑人，原因就是黑人的白肌纤维比其他人种的白肌纤维多。

另外，良好的肌肉弹性以及主动肌和对抗肌之间的协调交替能力也是实现快速运动、准确完成动作技术的重要保证。关节的柔韧性对大幅度完成动作（如步幅）的作用十分明显，这对要求快速奔跑的项目十分重要。因此，在发展速度（特别是位移速度）的过程中，安排适量的柔韧性练习，对速度素质的提高有积极意义。

5．肌肉中能量物质的储备与能量物质分解以及再合成的速度

肌肉收缩的速度首先决定于肌纤维中动用化学能的速度与强度以及化学能转变为收缩机械能的速度与强度。这在很大程度上决定于兴奋从神经向肌肉传导的速度与强度，以及释放和分解三磷腺苷（ATP）的数量和速度。所以，速度与肌肉中三磷腺苷（ATP）的含量有关，与神经冲动传入肌肉时，三磷腺苷（ATP）的分解速度有关。其次，快速能力是以肌肉收缩和舒张的迅速转换为前提的。要使肌肉舒张，并能进行下一次收缩，必须使它收缩时所消耗的三磷腺苷（ATP）有比较完全的恢复和再合成。如果三磷腺苷（ATP）完全耗尽，肌肉就不能继续工作。因此，速度又取决于肌肉收缩的间歇中三磷腺苷（ATP）再合成的速度。肌肉快速收缩中，三磷腺苷（ATP）的再合成是靠肌肉中磷酸肌酸（CP）分解释放出的能量来完成的。磷酸肌酸（CP）也是速度素质的物质基础。人体快速运动的能力越强，其肌肉中磷酸肌酸（CP）的含量就越高，同时肌肉中糖酵解（EMP）的活动能力也越强。同样，速度训练除了能增大三磷腺苷（ATP）的再合成能力外，还能增加

肌肉中能量物质的储备和能量物质迅速被利用的能力。

6．注意力的集中程度

动作速度与位移速度除受以上因素影响之外，还和运动员注意力的集中程度有很大关系。注意力的集中程度实际上是一种心理定向能力，这种能力不仅能影响中枢神经系统兴奋与抑制快速转换的速度，而且对肌肉纤维的紧张程度与收缩效果有巨大作用。另外，注意力集中程度的作用还表现在人体对快速随意运动的感觉与控制，这对发展人体快速能力是十分重要的。因此，在发展速度素质的练习中，千万不能忽视对运动员注意力的要求。此外，运动员是否有勇敢顽强的精神，是否有坚定不移的信心、意志以及果断的性格，能否保持适度的兴奋和稳定的情绪等，都是影响运动员速度素质提高和发展的重要因素。

除上述影响速度素质的内在因素外，速度素质的提高还受一些外部因素的影响，如气候、温度、环境等，这一切在发展速度素质的过程中都应被充分重视。

二、篮球一般速度训练方法

（一）反应速度的训练

篮球运动员在进行反应速度训练时应注意以下几点：第一，熟练篮球运动的各种技术动作，增加技术动作的信息量，提高人体的感知能力，缩短反应时的潜伏期；第二，可采用起动跑、追逐球、运球起动等练习，缩短运动各重要环节的反应时间。

一般来说，发展篮球运动员基本的反应速度能力主要有以下几种方法。①练习者根据声音、动作、哨声、口号等信息迅速做出正确的反应。②练习者对突然发出的信号快速做出某一个相应的动作。③移动目标的视觉反应练习。练习者在看到目标后，迅速做出应答反应。④在训练中通过有意识地增强外部刺激因素，使练习者迅速做出反应，提高反应速度。⑤选择性练习。教练员事先规定好几种信号，然后随意发出任意一个信号，练习者根据实际情况做出规定的反应。

（二）动作速度的训练

篮球运动员进行动作速度的练习时应特别注意以下几点：第一，集中注意力，加强单个动作的关键环节和组合动作的衔接速度，提高完成动作的速度；第二，在保证动作质量的前提下，提高完成动作的效率，可采用在规定时间内提高完成动作的次数，或缩短完成规定动作的次数的时间等方法来训练。发展篮球运动员基本的动作速度的方法主要包括以下几种。①减小阻力练习。如减轻器械的重量、顺风、下坡跑等练习。②缩小空间、练习时间界限等提高动作的速度，如篮球小场地练习，在规定时间内完成一定数量的练习等。③以最快的速度完成小步跑、高抬腿跑、后蹬跑、摆臂等专门练习，或采用立定跳远、跨栏、行进间单双足跳等练习提高爆发力，都有助于发展动作速度。④利用外界助力提高动作速度，如利用加助力跑，克服"速度障碍"，提高跑的频率；利用语言或信号刺激，提高完成动作的速度。⑤通过提高各个动作的熟练程度和各个动作之间的相互连接，提高成套动作的运动速度。

（三）移动速度的训练

篮球运动员的移动速度与运动的频率和技术动作的幅度之间有直接的关系，实际上，提高篮球运动员的移动速度的素质主要是提高运动频率和运动幅度。运动频率的训练是在保证一定动作幅度的情况下，通过改进和提高基本技术，在一定时间内尽可能多地完成动作的次数；运动幅度的训练主要是通过改进和提高基本技术动作，提高肌肉的协调性和伸展性、关节的灵活性以及肌肉的力量素质等，以达到最大限度地利用运动员的身体条件的目的。篮球运动员移动速度素质的训练主要有以下几种。①提高最高速度能力，可采用较大强度的短距离间歇跑、变速跑、反复跑或比赛等练习方式。②提高步幅，可采用发展腿部力量的负重练习，提高髋、膝、踝、肩关节肌群等的柔韧性练习。③提高步频，可采用快速小步跑、短距离冲刺跑，如起跑接加速跑、后蹬跑转加速跑和下坡跑等的练习。

三、篮球专项速度素质训练

（一）结合篮球专项反应速度的训练

1. 截断球

由教练员提供不同方向的球，练习者随时起动断球。

2. 抢球游戏

用实心球围成一个圆圈，球数比练习人数少一个，游戏开始后，练习者绕球圈外慢跑，听到信号各人就近抢球，没有抢到球的人被淘汰，并去掉一球继续进行游戏，每进行一轮成功者得一分，谁得分多谁为胜。

3. 接传不同方向的来球

几人从不同方向给一人传球，一人接不同方向的来球。

4. 抢接球练习

几人排成一排，教练从他们身后向前抛球，练习者见球后快速行动抢接球。

5. 反应突变练习

练习者听各种信号做滑步、上步、交叉步等，移动、转身、急停、接球、上步垫球等模仿练习。

（二）结合篮球专项动作速度的训练

1. 快速体侧传接球

两人相距3～4米站立，用2～3个篮球，按顺时针方向，做快速体侧单手传接球练习。

2. 快速胸前传接球

两人相距6米站立，做快速胸前传接球。要求传接技术正确，传球速度越快越好。

3. 转身起跳击球

吊球悬挂在距墙3米处，高度因人而异，原地起跳用手击吊球后空中转体180°落地，接着转身起跳击球。

4. 移动断球

两名队员相距6米站立，做快速不间断传球。中间一名防守者在移动中断球，如得到球后将球传给传球者。

5. 移动打球

6人站成相距2米的等边六角形，5人体前各持一篮球，听信号后徒手队员快速移动循环拍打站立者手中的球。每次移动打球20次，计算完成时间，依次进行。

6. 运球绕障碍

篮球场上纵向放置5个障碍物，间距2米，队员听信号后做快速运球绕过障碍物往返跑，可以竞赛方式计时，不得触碰障碍物。

（三）结合篮球专项移动速度的训练

1. 运球接力

队员在篮球场端线站立，听信号后快速运球跑到另一端线折回，手递手将球传给第二人。

2. 全场运球上篮

从端线开始，队员听信号后做全场运球上篮，投中后返回，不中要补进，要求不准带球跑。

3. 起动运球跑

队员背对球场在端线蹲立，手持篮球，听信号后立即转身做全速运球跑，到中线后折回端线，要求起动速度快，运球速度快，球不得远离身体。

4. 运球追逐跑

以 10 米为半径画一个圆圈，两人在圈外相距 4 米做原地运球，听信号后转身沿弧线运球追逐跑，后面的人追上前面的人用手拍击其背部时，两人同时转身运球交换追逐。

5. 起跳冲跑

队员在篮下站立，听信号后连续起跳，手摸篮板 5 次，后接冲刺跑到中线折回，要求起跳动作不得有停顿，一气呵成。

6. 滚球接力

队员在篮球场端线站立，球放在地上，信号开始用手滚动球到另一端后返回，手递手将球传给第二人，依次进行，要求球不能离开地面，以竞赛方式计时进行。

7. 两人推进上篮

端线开始，两人做快速跑动传接球上篮，不准运球，规定传球 3~4 次以内，不得走步违例。

8. 快速跑动传接球

5~8 名队员均匀分布在直径 15 米的圆内，持球者在圈内跑动，依次向各位置队员做传接球，要求不运球，传球快速准确。

9. 接球上篮

队员端线持球站立，把球传给中圈站立的教练员，迅速向前冲跑，接教练员的高抛、地滚等难度较大的传球上篮，要求侧身跑进，在不减速情况下，接球上篮。

第三节　高校篮球耐力素质训练

一、影响耐力素质的因素

（一）中枢神经系统的功能

中枢神经系统的功能对耐力素质有很大的影响。首先，在耐力练习中，神经系统的活动特点是兴奋与抑制长时间地保持有节律的转换，这种转换是人体能够长时间工作的首要条件。其次，中枢神经系统通过交感神经对肌肉、内部器官和各神经中枢起适应与协调作用，如各神经中枢间的协调性程度，神经中枢与运动系统间的协调性程度，运动系统间的协调性程度等，对提高肌肉活动的耐力水平具有重要意义。除此之外，中枢神经系统还能通过神经体液的调节，提高人体的耐力素质水平，如加强肾上腺素的分泌和肾上腺皮素激素的分泌，能使心血管系统和肌肉工作能力提高，从而提高耐力水平。从上可知，中枢神经系统的功能对耐力素质有制约作用，反过来，耐力素质的练习又能促进中枢神经系统有关方面功能的提高，这一点在发展耐力素质过程中要引起充分重视。

（二）个性心理特征

运动员的运动动机与兴趣，在运动活动中的心理稳定性以及主观努力程度、自持力和忍耐力等都直接影响耐力素质水平的发展，特别是忍耐力与耐力素质的关系更为密切。所谓忍耐力是指人体忍受机体发生变化后的能力，忍耐力的大小和有机体发生变化的程度以及对其忍受时间的长短有关，忍耐力越大，也就越能长时间地忍受有机体发生的剧烈变化，如在以强度为主的长时间练习中，有机体会发生很大的变化（如缺氧、酸性物质堆积等），在这种情况下，如果运动员的忍耐力不能忍受这种变化，练习就将中止，耐力素质的发展也只能停留在某一水平上。一般说，耐力素质要得到最大限度的发展，就必须利用充分动员起来的忍耐力来克服耐力发展过程中一个又一个的"极点"。

（三）最大吸氧量

最大吸氧量是指在运动过程中，人体的呼吸和循环系统发挥出最大机能水平时，每分钟所能吸取的最大氧量。最大吸氧量的大小对耐力素质的影响十分明显，因为最大吸氧量本身就是反映有氧耐力水平的一个重要指标，最大吸氧量越大，有氧耐力水平也就越高。

最大吸氧量在很大程度上受遗传影响。除此之外，最大吸氧量与肺的通气机能、氧从肺泡向血液弥散的能力、血液结合氧的能力、心脏的泵血功能、氧由血液向组织弥散的能力、组织的代谢能力等有十分密切的关系。在以上诸多因素中，具有明显可控量化指标的是血液结合氧的能力。血液结合氧的能力可通过血液中血红蛋白的含量来反映，血液中血红蛋白含量越高，血液结合氧的能力就越强。

（四）有机体的能量储备与供应能力

有机体活动时的能量供应和能量交换的程度，在某种意义上取决于各种能量储备的大小和能量交换过程的运动员水平，能量储备越大，耐力发展的潜力也越大。如肌肉中磷酸肌酸（CP）、糖原的含量增多，有利于无氧、有氧耐力水平的提高。肌肉中的磷酸肌酸（CP）储备能保证速度耐力活动中的能量供应，而肌肉中的糖原储备则是耐力活动中能量供应的主要方面。能量供应的速度主要取决于能量交换的速度，耐力水平高的运动员，其体内能量交换的速度也快，从而保证了能量供应在人体活动中的不间断。能量交换的速度主要和各种酶系的活性有关，耐力训练能有效地提高各种酶系的活性（如肌酸激酶、乳酸脱氢酶、氧化酶等），加快三磷腺苷（ATP）的分解与合成速度。

（五）有机体机能的稳定性

有机体机能的稳定性是指有机体的各个系统在疲劳逐步发展、内环境产生变化时，机能积极性仍然保持在一个必要的水平上。由于耐力活动会产生大量乳酸，乳酸的逐步堆积也会引起肌肉组织和血液中的 pH（酸碱度）下降，从而引起一系列人体机能下降的现象。如神经肌肉接点处兴奋的传递受到阻碍，影响冲动传向肌肉；酶系的活性受到限制，使三磷腺苷（ATP）合成速度减慢；钙离子浓度下降，肌肉收缩能力降低等。由此可见，有机体机能的稳定性往往取决于有机体的抗酸能力，抗酸能力越强，稳定的程度就越高。影响有机体抗酸能力的因素有许多，但主要和血液中的碱储备有关，碱储备是缓冲酸性的主要物质，习惯上以血浆中与碳酸结合的碱含量来表示。运动员的碱储备比未受过训练的人高出 10％左右，这对提高运动员的抗酸能力，保持机能的稳定性是有利的。

（六）有机体的机能节省化

耐力素质的水平还取决于有机体的机能节省化程度。机能节省化和有机体能量储备的利用率有很大关系。耐力活动过程中，各种协调性的完善、体力的合理分配都能有效地提高能量储备的利用率。如协调性的完善可以减少不必要的能量消耗；体力的合理分配可以提高能量的合理利用程度（匀速能量消耗少，变速能量消耗大）。总之，高度的机能节省化，能使人体活动时单位时间内能量消耗减少到最小，从而保证人体的长时间活动。

（七）耐力素质取决于红肌纤维数量

人体肌肉纤维的类型及数量对耐力素质也有影响。据研究，肌肉中红肌纤维因含血红蛋白多，线粒体多，氧化酸化供氧能力强，收缩速度虽慢但能持久，适宜有氧耐力训练。据测定，耐力型项目运动员肌肉中红肌纤维占的比重极大，优秀的长距离游泳运动员的三角肌中，红肌纤维可达90%左右。所以红肌纤维占优势的人，为发展耐力素质提供了物质条件。

（八）速度的储备能力

速度的储备能力即以较少的能量消耗来保持一定速度的能力，这也是影响耐力特别是影响专项耐力的因素之一，在周期性运动项目中，其重要作用尤为突出。如一名在100米竞赛中跑出10.5秒的成绩的运动员，在跑400米时成绩达到50秒是很容易的，因为他的速度储备指数是 $50 \div 4 - 10.5 = 2$ 秒；而一名在100米竞赛中跑出12秒的成绩的运动员，在跑400米成绩要达到50秒是很困难的，因为他的速度储备指数是 $50 \div 4 - 12 = 0.5$ 秒。这就是说，如果运动员能以较快的速度跑完一个短距离，那么也能以较快的速度更容易地跑完较长的距离。因为速度储备较高的运动员能以较少的能量消耗保持一定的速度，从而达到轻松持久的效果，这就是中距离项目运动员所要求的专项耐力。

除此之外，运动技能水平的高低、体型、性别、体温等因素也都会不同程度地影响着耐力素质的水平。

二、一般耐力素质训练

（一）有氧耐力训练

1. 根据最大摄氧量，进行连续练习和间歇练习

最大摄氧量是指身体发挥最大功能水平，每分钟摄入并供给组织细胞消耗的氧气量，它是有氧代谢能力的基础。一般人的最大摄氧量为2～3升/分，经常参加体育锻炼的人最大摄氧量可达4～9升/分。运动员在进行有氧训练时，可以把最大摄氧量作为确定运动强度的参考指标。

2. 运用无氧阈进行锻炼

无氧阈是人体在进行递增性体育锻炼过程中，由有氧代谢供能开始到大量运用无氧代谢供能的转折点，这一转折点相当于一般人心率在140～150次/分时的运动强度。也就是说，体育锻炼时心率在150次/分以下，主要是发展有氧耐力；心率在150次/分以上，则主要是发展无氧耐力。因此，不管采用何种体育锻炼方式发展有氧耐力，心率都不超过150次/分。

（二）无氧耐力训练

1. 乳酸供能练习法

练习负荷强度达到身体负荷的80%～90%，练习时心率达到160～175次/分，每次练习的时间可控制在35～120秒，练习2～4次，练习3组左右，组间休息15分钟左右。如200米跑，3次一组，练习两组，每次跑间歇时间保持一致，也可逐次缩短。

2. 非乳酸供能练习法

练习负荷强度达到身体负荷的90%～95%，练习时心率达到180次/分以上，练习持续时间3～8秒，重复次数2～4次，练习组数3～5组。如30米快跑，每组3次跑4组，

每次间隔 1～2 分钟，组间休息 7 分钟左右。

三、篮球专项耐力素质训练

（一）发展弹跳耐力的方法

第一，用本人绝对弹跳 80% 的高度连续跳 20～30 次为一组，跳若干组，组间休息 2～3 分钟。

第二，5 分钟跳绳练习：双脚双摇跳 30 秒，左脚单跳 1 分钟，右脚单跳 1 分钟，完成两个循环正好 5 分钟（可根据训练水平调整负荷）。

第三，连续原地或助跑单手摸高，连续助跑起跳摸篮板。

第四，双脚连续跳阶梯，跳 8～10 个高栏架。

第五，原地或沙地连续直膝跳、蹲腿跳、跳起抱膝。

（二）发展速度耐力的方法

第一，多组 200 米或 400 米全速跑，每组间歇时间为 1.5～2 分钟。

第二，1500 米变速跑，直道时全速跑，弯道时慢跑。

第三，30 米冲刺 10 次，每次间歇 15～20 秒。

第四，60 米冲刺 10 次，每次间歇 30 秒。

第五，长距离定时跑，3000 米、5000 米或越野跑。

（三）发展移动耐力的方法

第一，看教练员手势向各个方向移动，2～3 分钟为 1 组。

第二，单人全场防守滑步。

第三，30 秒 3 米左右移动 5～8 组。

第四，全场、半场篮球赛，或小场地足球赛，要求人盯人防守。

（四）发展比赛耐力的方法

第一，身体训练以后再进行篮球比赛。

第二，2 人、3 人、4 人全场往返快攻传球练习。练习时球不能触地，队员要全速跑，连续进行 30 个来回。

第三，30 秒投篮练习。投篮点为场地中任意两点，队员要尽可能快速地从一点移动到另一点接球投篮，在 30 秒内投中 8 个 2 分球或 6 个 3 分球。

第四节　高校篮球灵敏素质训练

一、影响灵敏素质的因素

（一）解剖因素

1. 体型

运动项目的体能训练对体型的要求各不相同，例如：篮、排球运动项目具有篮高、网高的特点，要求大学生必须身材高大。足球项目的场地大、范围广，要求大学生在体能训练方面注重速度、耐力、灵活的动作、快速的反应，并能充分进行合理冲撞，因此建议选身高、体重在中上等的、下肢有力的大学生。跳高项目要求大学生身材高大、体形偏瘦、躯干短、下肢长，下肢越长，重心越高，摆动半径越大，获反作用力越大，身瘦体轻有利于空中控制身体顺利过竿。

从以上不同项目的体能训练特点来看，不同的项目要求不同的体型，这种体型必须有利于该专项技术的发挥，并能在该专项中表现出高度的灵敏素质，因此，灵敏素质的好坏并不是由体型来定义的。但一般情况下，过高而瘦长的、过胖或梨形体形的大学生，灵敏素质一般不高；"O"形腿、"X"形腿的人缺乏灵活性；肌肉发达的中等或中等以下身高的人，往往因有高度的控制力而表现得非常灵活。

2．体重

体重是由脂肪、肌细胞、水、矿物质构成的。其中脂肪和肌细胞的增长占有重要的比例，当每日的饮食能量超过一天的标准时，其多余的部分就会引起脂肪增长，而肌细胞增长是通过锻炼实现的。脂肪过多会影响肌肉收缩效率，增加不必要的体重等于增加体能训练时的阻力，从而影响身体的灵活性，因此必须进行合理的训练增加肌肉比重，再配以低卡进食逐渐减少脂肪。

（二）生理因素

1．神经过程的灵活性

高度的灵敏素质是在娴熟的运动技能基础上表现出来的，是在大脑皮层分析综合能力高度发展的情况下体现的。大脑皮层的分析综合能力是在时间和空间上紧密结合进行的，因此，大学生在学习每一个动作时都要按一定顺序进行，大脑皮层概括动作的难易度，所给予的刺激也按一定顺序正确地反映出来，多次重复会形成熟练的动作。

以篮球运动中的上篮动作为例。①通过视觉判断上篮时的距离及篮的高度。②通过位觉感觉起跳后身体的空间方位。③通过皮肤触觉感知地面硬度及手投篮的力量。

这些刺激所引起的兴奋传到大脑皮层的相应区，并按严格的时间和顺序产生兴奋、抑制，经过多次强化，各感觉中枢与运动中枢的动觉细胞发生暂时联系而形成运动技能。

只有通过大量的重复训练，使动作不断地熟练，才能使大学生在突然变化的环境中顺利地完成动作，使大脑皮层的兴奋和抑制的转换能力加强，从而提高大脑皮层神经过程的灵活性。通过这样的体能训练，大学生在任何环境中都能熟练地把动作表现出来。

运动实践证明，不同的体育项目有不同的体能训练方法。如篮球的传球、运球、投篮；足球的传递、带球、躲闪、射门；体操的空翻、回环、倒立、全旋等，只有掌握了这些专门的技能，并且在体能训练中运用自如，才能使大学生的专项体能训练迅速提高。而灵敏素质寓于这些运动技能之中，以动作形式灵活熟练地表现出来。因此，基本动作、基本技术掌握得越多越熟练，不仅学习新的动作快，而且在战术运用中也更富有创造力，人也显得更灵活，随机应变能力也更强，从而表现的灵敏素质也更高。

2．运动分析器的机能

人体在完成动作时，肌肉产生收缩，通过肌肉肌梭（感知肌纤维长度、张力变化）、腱梭（感知牵张变化）产生的兴奋传入神经中枢进行分析综合活动，感知身体在空间的位置、姿势以及身体各部位的运动情况，并与视觉、位觉、触觉以及内感受器相互作用，实现空间方位感觉。在肌肉感觉及空间方位感觉的基础上，大脑皮层才能随环境变化调节肌紧张，以实现各种协调精确的动作。运动分析得越完善，则大学生对肌肉活动用力大小、快慢肌分析的能力越高，完成动作时间的判断越精确。有些大学生即使闭上眼睛也能完成某些动作，这就是运动分析的作用。

在体能训练中，有的学生的脚表现得很灵活，有的学生的手表现得很灵活，这是因为经常使用哪些部位，哪些部位就表现得较灵活。如参加网球训练的大学生习惯用哪只手，哪只手就相对的灵活；篮球运动要求大学生左右手运球、投篮都应灵活；足球运动要求左右脚射门、带球都应灵活；体操运动中大学生习惯一个方向的转体、一个方向的全旋等，这是因为支配该部位运动器官的神经中枢的分析综合能力的高度完善。

（三）其他因素

1．年龄因素

人从出生到 7 岁左右，平衡器官就已经得到了充分的发展。到 12 岁左右，灵敏素质稳定提高，这个时期是提高动作频率、反应速度及单个动作速度的最佳年龄，因此，从事体操体能训练的人应尽量多地体会一些难度较大的翻转动作。13～15 岁为青春期，身高增长较快，灵敏素质相对有所下降，以后随年龄增长又稳定提高直至成人。

2．性别因素

灵敏素质与性别有关。在儿童期，男女孩的灵敏素质不存在较大差异，进入青春期后，男孩灵敏素质的发展明显优于女孩。女孩进入青春期，由于体重增加，有氧能力下降，内分泌系统变化，灵敏素质会一度出现明显的生理性下降趋势。所以，在了解这一规律的同时，就应在青春期以前加强女孩的灵敏素质训练，使其得到较好发展。

3．疲劳因素

大学生在体能训练疲劳时，动作反应迟钝，速度降低，动作不协调，其灵敏性也会明显下降，这主要是因为疲劳将导致中枢神经系统灵活性与机体活动能力降低。由于大脑皮质的能源供应不足（缺乏 ATP），从而产生保护性抑制，使肌肉力量不能发挥，因此，在发展灵敏素质训练中和训练后都要及时消除疲劳，在兴奋性比较高、体力充沛的时候发展灵敏素质效果最好。

4．情绪因素

人的情绪在高涨时显得特别灵敏，而情绪低落时，灵敏性则会降低。因此情绪的好坏会影响感觉的机能，良好的感觉机能会使动作表现得更为准确，反应迅速，并且在时间和空间上表现出准确的定时定向能力。

由于体能训练环境的影响及其他生理、心理原因会导致情绪的变化，可能会过度兴奋，使兴奋扩散不能集中而造成身体失控，也可能会过度抑制，精神不振，造成动作无力不协调。因此，综合素质较全面的大学生在体能训练时应学会自我调节情绪，使自己在体能训练中具有良好的情绪。

大学生情绪高涨时，头脑清晰，身体充满力量，对完成动作充满信心，身体轻快灵活。如篮球运动中，大学生投篮命中率提高；体操运动中，大学生完成动作自然，调控能力强；足球运动中，大学生感到球在自己脚下随心所欲等。达到这种程度除身体素质好、技术熟练外，主要是良好情绪的作用。但这种状态有时不是人的意识所能决定的，所以应加强心理训练，以提高适应环境的能力和学会调节自然情绪的方法。

5．运动经验因素

科学研究表明，掌握基本技术越多、越熟练，学习新的运动技能越快，技术运用也越灵活，越富有创造力，表现出的灵敏素质也就越高。因为长期的学习、运用各种技术动作提高运动技能，可以丰富人的运动实践经验，增加身体素质和技术动作储备，从而促进灵敏素质水平的不断提高。

6．气温因素

气候阴雨潮湿，温差大，也会降低关节的灵活性与肌肉韧带的伸展性，造成灵敏性下降。因此，大学生在进行体能训练时，要注意气温的变化，根据气温来调节自我身体机能，以提高身体的灵敏素质。

二、篮球一般灵敏素质训练

篮球灵敏素质的训练可将各种专项技术和辅助练习结合起来进行，另外各种脚步动作的转换练习、抢断球游戏、绕过障碍的接力赛、传接各种难度的球、接地滚球，各种滚翻、手翻、闪躲和模仿练习，以及在快跑中根据信号进行急停、起动、后退跑、转身跑和改变方向跑等都可以运用到篮球灵敏素质训练中来。灵敏素质是人体综合能力的表现，因此要发展灵敏素质必须从全面发展身体素质的综合能力入手，重点培养运动员掌握动作的能力、反应能力和平衡能力等。

篮球一般灵敏素质的训练可采用以下几种方法。①固定转换体位的练习，如各种穿梭跑、8字跑和折返跑等，主要发展人体的基本灵敏能力。②在跑、跳中做迅速改变方向的各种跑、躲闪、突然起动以及各种快速急停和迅速转身等练习。③突然发出各种指令信号，练习者接收信号后，迅速做出应急反应，这种方法主要是提高人体灵敏性。④器械、体操、武术中的一些复杂动作练习，以及速度、动作、力量、高度、方位等经常变化的不对称练习和各种球类活动。⑤做复杂多变的综合练习，如用"之字跑""躲闪跑""穿梭跑"和"立卧撑"四项组成的综合性练习。⑥变速和变向练习。在跑、跳过程中快速、协调、准确地完成各种动作，如变向、变速、急停、急起、转体等。⑦专门练习，如立卧撑跳转180°。连续进行、上步纵跳、左右弧线助跑、单腿起跳、旋转360°连续进行等。

三、篮球专项灵敏素质训练

（一）提高反应判断的训练

第一，按口令做动作。

第二，按口令做相反的动作。

第三，原地、行进间或跑动中听口令做动作。如喊数抱团成组；加、减、乘、除简单运算得数抱团组合等。

第四，听信号或看手势做急跑、急停、转身、变换方向等练习。

第五，听信号的各种姿势起跑。如站立式、背向、蹲、坐、俯卧撑等姿势。

第六，一对一追逐模仿练习。

第七，一对一互看对方背后号码。

第八，一对一脚跳动猜拳、手猜拳、打手心手背、摸五官等练习。

第九，跳绳练习。如两人摇绳，从绳下跑过转身，从绳上跳过等。

第十，各种游戏，如叫号追人、追逃游戏、抢占空位、打野鸭、抢断篮球等。

（二）发展平衡能力的训练

第一，在平衡木上做一些简单动作的练习。

第二，在肋木上横跳、上下跳练习。

第三，各种站立平衡练习，如俯平衡、搬腿平衡、侧平衡等。

第四，一对一面向站立，双手直臂相触，虚实结合相互推，使对方失去平衡。

第五，一对一弓箭步牵手面向站立，虚实结合互推互拉，使对方失去平衡。

第六，急跑中听信号完成急停动作。

第七，用手扶住体操棒，然后松手转身击掌再扶住体操棒使其不倒。

第八，向上抛球转体2～3周再接住球练习。

第九，原地跳转180°、360°、720°落地站稳练习。

第十，旋转 360°后，保持直线运行练习。

第十一，障碍曲线转体跑练习。

第十二，原地连续转 5～8 周，然后闭目沿直线走 10 米，再睁眼看自己走的方向是否准确。

第五节　高校篮球柔韧度素质训练

一、影响篮球柔韧度素质的因素

（一）关节类型与结构

人体关节按关节面的形状分，主要有滑车关节、圆柱关节、椭圆关节、鞍状关节、球窝关节和平面关节。根据关节运动轴心和自由度多寡可分为单轴、双轴和多轴关节。关节的类型决定自身的灵活性。在以上几种关节类型中，球窝关节是灵活性最大的关节，椭圆形关节和圆柱形关节的灵活性属中等，而鞍状关节和滑车关节则是灵活性最小的关节。与关节相适宜的表面结合形态（容量和面积）是决定关节灵活程度的主要因素。因此，相适宜的结合面越大，关节的灵活性就越小。

关节结构是依据人体生理生长规律需要而形成的。在柔韧素质的影响因素中，关节结构是影响柔韧素质最不容易改变的因素，其基本上是由遗传因素决定的。因此，关节运动幅度被限定在一定范围之内，通过训练是难以改变的。关节头和关节窝两个关节面的面积之差决定着关节的活动范围，两个关节面的面积之差越大，则关节活动的幅度就会越大。

尽管体能训练可在一定程度上改变关节结构，如关节内软骨形态的变化，但这种变化也只能在关节结构允许的范围内出现。与关节相适宜的结合面的大小和弯曲程度决定着关节的运动幅度，关节面的差异越大，骨头相对相互渗透的可能性越大；而关节面的弯曲度越大，偏转的角度越大。

（二）跨过关节的肌肉、肌腱、韧带

对于柔韧素质的发展来说，肌肉、肌腱、韧带等连接组织的弹性具有十分重要的作用。

关节的加固主要靠肌腱和韧带，肌肉从关节外部补充加固关节力量，控制关节活动幅度。

韧带本身是抗拉性很强的组织，它主要的作用是加固关节，限制关节在一定范围内运动，从而保护关节不致超出解剖允许的限度而受伤。

在一般活动中，很少达到这种关节面所允许的解剖限度。这是因为与运动方向相反的对抗肌伸展不足造成进一步的限制所致。如屈膝伸膝时，当举腿在水平面时可任意屈膝伸膝，可当大腿贴胸开始时，屈膝自如，但伸膝感到困难，这是因为人腿后侧肌群及韧带伸展不足所致。可见发展某一关节的柔韧主要是发展限制关节活动幅度的对抗肌，使其主动受到牵拉伸展，逐渐增加它们的伸展度，从而扩大关节的运动幅度。

具体发展某一关节的柔韧性时，主要发展控制关节屈、伸肌的伸展性及协调能力。如发展膝关节的伸膝能力，主要发展大腿后部肌群及小腿后部肌群的伸展性；发展屈膝能力，主要发展大腿、小腿前部肌群的伸展性；发展体后仰的柔韧性，主要发展肩部肌群、胸大肌、腹肌及大腿前部肌群的伸展性。可见，在发展某一部位柔韧性时，应让屈、伸肌相互协调发展才能提高关节的柔韧性。

（三）神经系统的兴奋和抑制

神经系统兴奋与抑制过程转换的灵活性与运动活动中肌肉的基本张力有关。特别是中枢神经系统调节对抗肌之间协调性的改善，以及对肌肉紧张与放松能力的提高都会影响柔韧素质。神经过程灵活性越高，肌肉兴奋性强，肌肉、肌腱、韧带的弹性和伸展性越好，支配肌肉收缩与放松的能力越强，会使肌肉、肌腱、韧带的弹性和伸展性得到提高。

（四）关节周围肌肉的厚度与强度

关节周围肌肉的厚度与强度过大，会限制关节的活动范围，对柔韧素质的发展也会起到积极的促进作用。关节周围肌肉的厚度与强度的大小，往往受先天因素的影响较大，同时也与后天的体能训练有一定关系。经过一定时期的体能训练，柔韧素质会随关节周围肌肉厚度与强度的逐渐增加而有所降低。因此，关节周围肌肉的厚度与强度对关节的活动能力与活动范围意义重大。

（五）性别与年龄

从生理学角度来说，男子肌肉纤维长度、横断面积均大于女子，而在关节的灵活性方面，女子的灵活性较男子的灵活性要好。因此，女运动员的柔韧素质较男运动员的柔韧素质要好。

年龄也是影响身体柔韧素质的一个重要因素。在一定年龄之前，随着人的自然生长、年龄的增长，骨的骨化程度增强，肌肉力量也会逐渐增长，而人体的柔韧素质则会出现逐渐下降的趋势，柔韧素质的获得与发展阶段也会随之发生一定的变化。

青少年的柔韧素质会随肌肉力量的增加而逐渐发生变化。7～8岁的儿童，肌纤维获得类似成人的基本结构特性，这一年龄段，所有肌肉的肌腱会快速增长，腿膜与筋膜不断增厚，联合组织不断增加，肌肉内的血管通道不断获得改善，出现新的毛细血管，血管网变得很稠密，血管壁上出现许多弹性组织，肌肉和韧带有很高的弹性，在关节里有很多滑液。而对于13～15岁的青少年来说，其肌肉力量逐渐增长，其他肌肉特性也逐步获得完善，肌纤维的数量与横断面积不断增长，同时，随着肌肉收缩机能的分化，联结组织也得到发展。

对于高校大部分学生而言，由于身体发育已趋向成熟，因此进行柔韧素质训练会有一定难度。而对于作为学校竞技体育后备人才的部分学生来说，需要在已获得的柔韧素质训练的基础上，增加柔韧素质训练的负荷和难度，并进一步加强专项所需要的柔韧素质训练。

（六）温度

外界温度对身体柔韧素质也有一定的影响。当外界气温在18℃以上时，机体的新陈代谢会增强，供血会增多，肌肉的黏滞性会减小，这对提高肌肉的弹性与伸展性具有积极的促进作用，从而进一步提高了身体的柔韧素质。

影响柔韧性的温度有外界环境温度和体内温度。体内温度的调节用于补偿外界环境对机体产生的不适应，如当外界环境温度低时，必须做好充分的准备活动，提高肌肉温度，增加柔韧性；当外界环境温度高时，将排出一定量的汗液来降低温度，以免肌肉过早出现疲劳，降低关节的柔韧性。一天内的时间与外界温度有变化，但更重要的是一天内人体的机能状态不同，会有一定的变化。

（七）心理因素

心理因素也对身体柔韧素质有重要影响。心理紧张焦虑程度会通过中枢神经系统影响机体各部位的工作状态，如果运动员心理紧张焦虑度过强、焦虑时间过长，都会使神经过程由兴奋转为抑制。心理上的紧张焦虑会严重影响身体各部位的协调能力，并最终导致身体柔韧素质降低。

此外，柔韧素质的提高离不开大学生的毅力、耐心、意志以及长期坚持不懈的训练。因此，大学生要想提高柔韧素质，需要经过长期艰苦的训练。同时，因为柔韧素质训练中经常会伴有疼痛感，如果停止训练，意志又容易消退，所以，发展柔韧素质需要坚强的毅力和意志，只有坚持不懈地练习，才能有效地提高柔韧素质。

（八）疲劳程度

疲劳程度对柔韧素质的影响也很大。当身体处于疲劳状态时，肌肉的弹性、伸展性和兴奋性都会降低，收缩与放松也变得迟钝，进而影响柔韧素质，导致柔韧素质下降。其主要表现为主动柔韧素质下降，被动柔韧素质提高，此时进行被动柔韧素质训练较为适应。

二、一般柔韧素质训练

拉伸法是发展篮球运动员一般柔韧素质常用的方法，拉伸法又分为动力拉伸法和静力拉伸法。动力拉伸法是指有节奏地重复同一动作练习，可使软组织逐渐被拉长；静力拉伸法是指用缓慢的动作将软组织拉长到一定程度时停止不动，从而使软组织受到持续拉长的刺激。

在动力拉伸法和静力拉伸法中，一般都包括主动练习和被动练习两种方式。前者是靠自己的力量将软组织拉长，而后者则是靠外力帮助使软组织拉长。在篮球一般柔韧素质训练中，要将这两种方式结合起来加以运用。柔韧性练习的强度，主要反映在用力大小和负重多少这两个方面，用力或负重要逐渐加大，但不得超过用力或负重量的50％。在实际的练习中，重复次数因运动员的年龄、性别、阶段等的不同而定，原则上说，女子比男子少，少年比成年少，保持阶段比发展阶段少。每组做10～12次练习，持续时间为6～16秒，间歇时间一般依主观感觉而定。采用静力拉伸时，伸展最大限度时的固定时间在30秒左右。

三、篮球专项柔韧素质训练

（一）手指手腕练习

第一，臂胸前平屈，双手指尖向上，十指尖反复相压。

第二，压腕练习。

第三，持木棒做腕绕环。

第四，十指屈伸连续弹动。

第五，俯卧手指撑。

第六，利用哑铃做手腕屈伸、绕环练习。

（二）肩关节练习

第一，主动或被动地压肩、拉肩、吊肩、转肩。

第二，在单杠上做各种握杠的悬垂，借助绳或木棍的转肩运动等。

第三，双手握单杠悬挂，脚上悬挂重物（如沙袋等）或由他人施力向下拉，持续数秒钟。

第四，各种肩绕环，可以徒手或持哑铃。

第六章　高校篮球组织工作

第一节　篮球运动主要规则及裁判工作

一、篮球运动主要规则

篮球运动规则是篮球竞赛的法则，它是参加篮球竞赛活动的人员必须遵守的比赛规则、技术标准和行为规范。篮球规则的宗旨就是提倡公平竞赛、文明竞赛，鼓励积极进取、团结协作、遵守纪律的优良体育道德作风。同时限制不正当行为和不合理动作，反对野蛮、粗暴的作风与打法，以促进技术、战术的不断发展，从而体现与维护篮球初创时期提出的基本精神、宗旨和目的，促进篮球运动的健康发展。

（一）比赛通则

1．篮球比赛定义

每场篮球比赛由两个队参加，每队出场 5 名队员，每队的目标就是在对方球篮得分，并且阻止对方队得分。

2．比赛时间

比赛一般由 4 节构成，每节 10 分钟；在第一节和第二节（即第一半时）之间、第三节和第四节（即第二半时）之间以及每一决胜期之前应有 2 分钟的比赛休息期间。每半时之间的休息期间应为 15 分钟。如果第 4 节比赛结束，有一个或几个 5 分钟的决胜期，决胜期是第 3、4 节的延续。第 1 节由中圈跳球开始比赛，第 2、3、4 节由拥有球权的队掷界外球开始比赛。

3．球中篮和它的得分值

一次罚球中篮计一分，如是从 2 分区投篮得 2 分，如是从 3 分投篮区投篮得 3 分。

4．交替拥有

所谓交替拥有就是以掷球入界而不是以跳球来使球成活球的一种方法。

5．暂停

暂停指的是球队的教练员或助理教练员请求中断比赛计时要登记的暂停。规则规定，在第一个半时的任何时间，每队可准予 2 次要登记的暂停；在第二个半时内，可准予 3 次要登记的暂停，以及每一决胜期的任何时间可准予 1 次要登记的暂停。未用过的暂停，不得遗留给下一个半时或决胜期，每次暂停为 1 分钟。

（二）常见违例

1．队员出界和球出界

当队员身体的任何部分接触界线上、界线上方或界线外的除队员以外的地面或任何物体时，即是队员出界。

当球触及了下列物体时，即是球出界。①在界外的队员或任何其他人员。②界线上、界线上方或界线外的地面或任何物体。③篮板支架、篮板背面或比赛场地上的任何物体。

另外，在球出界，甚至球触及了除队员以外的其他物体而出界之前，最后触及球或被球触及的队员是使球出界的队员。如果球出界是由于触及了界线上或界线外的队员或被他所触及，是该队员使球出界。

2. 运球违例

裁判员判断队员运球是否违例（俗称两次运球），首先就要从规则的含义清楚什么是运球，哪些情况不算运球，什么时候算运球结束，什么情况下可以重新运球。这样才能对队员运球时出现的违例做出正确的判断。运球是指队员控制球后将球掷、拍或滚，在球触及另一队员之前再触及球为运球。队员第一次运球结束后，在球失去控制之前或在球失去控制之后未触及另一队员或被另一队员触及之前，他不得再次运球，否则可判该队员运球违例。另外，连续投篮、运球前后的漏接、用拍击的方式试图获得球等情况不算运球。

3. 带球走

带球走是比赛中发生在持球队员身上最常见的一种违例现象，对于这种行为裁判员应给予充分的重视，不得掉以轻心，以免出现漏判或错判，影响队员技术运用的正常发挥，而给比赛造成不公正的影响。

队员原地静止状态下接球或移动中接球双脚同时着地，可以用任何一脚做中枢脚，当他一脚抬起的一刹那，另一脚就自动成为中枢脚；队员在移动或运球中接到球，如一脚正接触地面，则该脚就成为中枢脚；当队员一脚着地，也可跳起此脚然后双脚同时着地停步，此时哪一只脚都不能单独成为中枢脚，队员如需运球，必须在球离手后，两脚任一脚才能离地。

另外规则还规定，队员在场上一旦控制了活球并已确定了中枢脚，在开始运球时，球出手之前中枢脚不得离地，否则可判为带球走；队员提起中枢脚可做传球或投篮，但在球出手之前任一脚不得落回地面。

4. 时间类违例

（1）3秒违例

3秒违例指的是当某队在前场控制活球并且比赛计时钟正在运行时，该队的队员在对方的限制区内停留的时间不得超过持续的3秒钟，否则可判该队员违例。

队员只要触及限制区的线就算位于限制区内。队员在限制区内停留接近3秒时，可允许他向篮下运球投篮，当投篮的球在空中时或连续的抢篮板球与补篮时则不受3秒规则的限制。

（2）5秒违例

罚球队员在裁判员递交球后5秒没有投篮出手；掷界外球的队员在裁判员递交球后或已将球放在他可处理球的地点后5秒没有将球掷入场内；持球队员被严密防守，在5秒内没有传、投、滚或运球时均为5秒违例。

（3）8秒违例

8秒违例指的是当一名进攻队员在他的后场获得控制活球时，他的球队必须在8秒钟内使球进入他的前场。否则可判该队违例。但是当先前已控制球的队由于下列情况的结果被判在后场重新掷球入界时，8秒钟周期应以任何剩余的时间继续。例如，球出界；一名同队队员受伤了；一次跳球情况；一次双方犯规；双方球队的相等罚则抵消。

（4）24 秒规则

它是指当一名进攻队员在场上获得控制活球时，他的球队必须在 24 秒钟内投篮；而且在 24 秒钟装置的信号发出前，球必须离开投篮队员的手，而且球离开投篮队员的手后，球必须触及篮圈或进入球篮，否则为违例。

5. 球回后场

球回后场是指控制球队的队员在前场使球回到后场。在比赛中，当控制球队的队员使球进入了前场，或在球触及有部分身体接触中线或位于中线的该队队员，然后，又使球首先接触了后场地面的该队队员即为该队球回后场违例。

同时，宣判球回后场违例必须符合以下三个条件：①该队已控制球。②该队在前场最后触及球。③该队在后场最先触及球。

（三）常见犯规

犯规就是对规则的违犯，含有与对方队员的非法身体接触或违反体育道德的举止。犯规者的每一犯规行为应被登记，记入记录表并相应地被处罚。

1. 侵人犯规

侵人犯规是指在比赛中与对方队员发生身体接触的犯规，无论球是活球或是死球期间，队员不应通过伸展他的手、臂、肘、肩、髋、腿、膝或脚来拉、阻挡、推、撞、绊、阻止对方队员行进；以及不应将其身体弯曲成"反常的"姿势（超出他的圆柱体）；也不应放纵任何粗野或猛烈的动作，一旦出现，裁判员都应根据规则的基本精神与原则，及时判罚。

裁判员宣判了某队员侵人犯规应有以下罚则处理：①应给犯规队员登记一次侵人犯规。②如果是对未做投篮动作的队员发生侵人犯规，应由非犯规的队在最靠近犯规的地点掷球入界重新开始比赛。③如果对正在做投篮动作的队员发生犯规，如果投篮成功，应计得分并判给 1 次追加的罚球；如果从 2 分投篮区域的投篮不成功，应判给 2 次罚球；但是如果从 3 分投篮区域的投篮不成功，则应判给 3 次罚球。

2. 双方犯规

双方犯规指的是两名互为对方的队员大约同时相互发生侵人犯规的情况。当裁判员一旦宣判了双方犯规，就要做出以下罚则处理：①应给每一犯规队员登记一次侵人犯规，不判给罚球。②比赛应按以下所述重新开始比赛：如果某队已控制了球或拥有球权，应将球判给该队在最靠近犯规的地点掷球入界。如果在投篮得分或最后一次或仅有一次罚球得分的同时发生双方犯规，应将球判给非得分队从端线掷球入界，如果任一队都未控制球也没有球权，可视为一次跳球情况发生。

3. 违反体育道德的犯规

根据裁判员的判断，一名队员不是在规则的精神和意图内合法地试图去直接抢球而发生的接触犯规是违反体育道德的犯规。判断违反体育道德的原则有这样几方面：如果一名队员不努力去抢球并发生接触，这是一起违反体育道德的犯规；如果一名队员在努力抢球中造成过分的接触（严重犯规），则该接触应被判定是违反体育道德的犯规；如果一名队员正做合法的努力去抢球（正常的争抢）发生了犯规，这不是违反体育道德的犯规；如果一名防守队员试图中止一次快攻，而与对方队员的后面或侧面造成了接触，并且在该进攻队员和其对方球篮间没有对方队员，那么，该接触应被判为是违反体育道德的犯规。

当裁判员宣判了违反体育道德的犯规，则应按下列罚则处理：①应给犯规队员登记一次违反体育道德的犯规；②判给被犯规的队员 2 次罚球以及随后该队中场的球权。

罚球的次数有以下几个规定，如果对没有做投篮动作的队员发生犯规：应判给 2 次罚球。如果对正在做投篮动作的队员发生犯规，并没有得分，应判给 2 或 3 次罚球，如果对正在做投篮动作的队员发生犯规，如果中篮应计得分并加判给 1 次罚球。

4. 取消比赛资格的犯规

队员、替补队员、教练员、助理教练员或随队人员任何恶劣的违反体育道德的行为都是取消比赛资格的犯规；一名队员被登记了 2 次违反体育道德的犯规时，该队员也应被取消比赛资格。

当裁判员宣判了取消比赛资格犯规时应按下列罚则处理：①应给犯规者登记一次取消比赛资格的犯规。②判给对方队两次罚球以及随后中场的球权。③如果是对正在做投篮动作的队员发生的犯规，如果中篮应计得分并加判给 1 次罚球；如果未中篮得分，应视投篮区域判给 2 次或 3 次罚球，以及随后中场的球权。

5. 技术犯规

任何故意的，或不遵守规则的言论与行为，应该判为一次技术犯规。

一次技术犯规发生时，按其犯规对象给予不同罚则：①如果是一名队员，应给他登记一次技术犯规，作为队员犯规并作为全队犯规之一计数。②如果是一名教练员、助理教练员、替补队员或随队人员，给教练员登记一次技术犯规，并不作为全队犯规之一计数。③应判给对方队员 2 次罚球，以及随后在记录台对面的中线延长部分掷球入界。

二、篮球裁判工作概述

（一）篮球裁判员的基本要求

1. 较高的思想素质

（1）热爱篮球事业，具有高度敬业精神。作为一名篮球裁判员应该清醒地认识到，裁判工作关系到篮球运动的存在与发展，关系到篮球技、战术水平的普及与提高，关系到良好的体育道德的形成与发扬，关系到国家的荣誉和声望，只有这样他们才能更加热爱和忠诚裁判工作，从公正准确中得到满足，从不断提高中受到鼓舞。

（2）具有较高的职业操守。篮球裁判员应具有良好的职业操守，裁判员到达赛区后集中学习与考核，考核不及格的，不予安排临场工作。裁判员应坚持原则，不弄权渎职、以权谋私；不徇情枉法。工作期间严禁饮酒、赌博，违者立即取消参加该次裁判资格。凡触犯刑律者一律交当地公安部门处理。禁止在裁判员与运动队之间传播流言蜚语、搬弄是非，造成工作被动和同志之间不团结，违者，取消参加该次比赛的裁判员资格，直到降低裁判员技术等级称号。

2. 良好的健康状况

裁判员应该经常锻炼身体，参加国家级的比赛时，要在报到前 15 天内每天最少进行一小时的身体与基本功练习，从而保证用最佳的身体状态投入临场裁判工作。对裁判员身体素质的要求主要包含速度、耐力以及灵敏度等方面。速度方面：篮球比赛中运动员的移动速度快、战术变换快、攻防转换快，所以高速度是篮球比赛的特点之一。在《篮球裁判员手册》中要求前导裁判员应总是位于比赛的前方，因此可以清楚了解到，速度素质对裁判员来说尤为重要。耐力方面：篮球比赛整场 40 分钟，而且赛况异常紧张激烈，裁判员大部分时间都是处在高速的奔跑之中，如果裁判员没有充足的耐力，特别是速度耐力，那么他就会很容易感到身体疲劳、反应迟钝，从而跟不上比赛的节奏，自然也就做不好裁判工作。所以，耐力素质对裁判员保持和提高工作效率是必不可少的。灵敏度方面：裁判员在比赛中不仅要做起动、疾跑、急停、转身、侧移和后退等各种动作，而且还要准确、及时地对比赛中的各种情况做出判断，并适时、规范地做出宣判手势，因此，这就要求裁判员具有良好的灵敏素质。

3. 较高的业务素质

（1）精通竞赛规则通晓技术、战术。裁判员是受托在规则的框架和裁判法的指导原则下对比赛进行监察的，因此为了提高裁判水平，裁判员必须把规则和裁判法这两门课程学深学透。事实表明：裁判员错判、漏判及反判的原因，多数是由于对规则理解不深、对裁判方法运用不当所造成的。这里所强调的精通，就是要用心钻研，着重领会规则的精神实质，并把握住条文之间的有机联系，除此之外，还要将规则解释及各种判例相结合，以达到对整个规则的融会贯通。

与此同时，裁判员为了正确地鉴别技术动作和战术配合的是与非，必须拥有篮球技术、战术方面的知识。从裁判工作的角度来说，裁判员只有懂得了技术，他才能分析出某些动作是否合理，才能找出违犯的主因，才不会被表象或假象所迷惑。所以裁判员只有懂得战术，他才能及时把握住宣判的重点。凡事预则立，只有在思想上有了充分准备，有了较高的预判性，那么在宣判时他才不会惊慌失措，才不会失去工作的重点。

（2）具有较强的英语能力。英语是被国际篮联规定的在国际比赛中的官方语言。在所有的国际比赛中，如有必要使用口语，则必须使用英语，因此，国际篮联对晋升国际级裁判员的笔试和口试都是用英语进行的。所以，如果不精通英语，那么他将很难应试。即使他成为一名国际级裁判员，如果不懂英语，也会因语言的障碍而直接影响他的判罚水平和形象。因此，无论参加国际比赛，还是与人交流，具备高水平的英语能力就显得尤为重要。

4. 较强的时间意识

裁判员应该在赛前三日内到达赛区，接到参赛通知后，因故不能参加工作的，应在报到前 15 天向国家体育总局篮管中心请假，而且比赛期间要严格遵守作息制度。

5. 较强的心理素质

对裁判员心理素质的要求主要包括较强自信、敏捷思维、遇事果断以及沉着等方面。

首先要有较强的自信。自信，能够稳定情绪、产生威严；自信，能够鼓舞斗志、战胜困难；自信，能够控制行动、发挥能力。作为篮球比赛"法官"的裁判员，首先是要自信，如果裁判员缺乏应有的自信，那么他在宣判时就会显得犹豫不决，或者他虽然做出了正确的宣判，但却表现得不够自信，从而让运动员对他判罚的准确性产生怀疑。所以说，自信是裁判员必须具备的意志品质。

其次要有敏捷的思维。由于篮球比赛的速度快，变化多，而有些情况稍纵即逝，因此，裁判员只有反应迅速，从而及时地捕捉到违反规则的行为，才能做出正确的宣判。但对有些问题单凭感觉和知觉是解决不了的，只有通过大脑的思维来判断解决，但比赛又不允许裁判员有足够的时间去思考和判断。所以，具有思维敏捷、反应迅速的素质，对篮球裁判员来说也是至关重要的。

最后是要遇事果决，但不失沉稳。裁判工作的特点是瞬间反应，如果裁判员优柔寡断，那么就会错失宣判的最佳时机，从而形成"漏判"。如果裁判员草率妄断，又会因时机不成熟，从而造成"错判"。所以，只有那些善观风色、善辨时机、善辨是非，且又当机立断的裁判员，才能称得上是高水平的裁判员。此外，对裁判员来说，在他遇到异常或出乎意料的事件时，能不慌张、不急躁、不失态，并有修养、有克制、有举措，这样才能显示出他驾驭比赛的能力，因此，沉着、冷静也是高水平裁判员应具备的素质。

（二）篮球裁判的等级标准与管理

1．称号与标志

篮球裁判一般分为五个等级，其五个等级分别是国际级、国家等级（荣誉级、国家A级、国家级）、一级、二级、三级。其中国家A级就是指参加并通过每年由篮管中心组织的注册考核的裁判级别。但是国家A级篮球裁判不是永久的称号，当篮球裁判考核达不到要求时，就自然降为国家级。

2．申请资格

凡申请篮球各级裁判员必须做到：拥护中国共产党领导，热爱社会主义祖国，能够积极完成各项篮球裁判工作，努力钻研篮球竞赛规则和裁判方法，熟悉篮球技术、战术并有一定亲身实践，执行裁判工作中，要做到严肃、认真、公正、准确，身体健康，并达到国家体育总局篮管中心对裁判员身体条件、身体素质及临场实践数量等方面的要求。

3．各级裁判员申报条件

（1）国际级裁判员。要申报国际级裁判员，首先必须是模范遵守各项规定的优秀国家A级裁判员，思想作风正派，有良好的职业道德和成熟、稳定的裁判业务水平。其次年龄在38周岁以下（以临考时身份证出生日期为准），形体、仪表、气质较好。最后应具备一定的英语听说、读写的能力，能运用英语独立执行临场裁判工作，在中国篮协组织的英语考试中成绩合格，有较好的篮球技能和一定的技战术理论。

（2）国家级裁判员。若要申报国家级裁判员，首先应精通篮球竞赛规则及裁判方法，并能在临场比赛中准确、熟练运用，其次应有较高的理论水平和丰富的实践经验，其次应有组织篮球竞赛的全面裁判工作能力。

在全国篮球竞赛中能担任正、副裁判长职务，并具有担任国际比赛裁判工作的水平。具有训练一级以下各级裁判员的业务能力。掌握英语，熟悉英语裁判术语及规则。思想作风正派，有良好的职业道德和一定的业务水平；晋升一级裁判员已达两年；男子年龄在36周岁以下，女子在35周岁以下（以临考时身份证出生日期为准）；参加全国正式比赛的临场裁判工作达2次以上。形体、仪表、气质良好。年龄在25周岁以下有培养前途者，在同等条件下优先考虑。

（3）一级篮球裁判员。一级篮球裁判员的要求是熟练掌握和运用篮球竞赛规则和裁判方法，具有一定的裁判理论水平和实践经验，基本具有篮球竞赛的全面裁判工作能力。在省级或相当省级篮球竞赛中能担任正、副裁判长职务。具有训练二级以下篮球裁判员的能力。熟悉篮球技术、战术及英语篮球裁判术语。

（4）二级篮球裁判员。熟悉篮球竞赛规则和裁判法，能在比赛中较准确地运用，具有一定的裁判工作经验，能胜任市、县级篮球比赛裁判工作。

（5）三级篮球裁判员。懂得篮球竞赛规则，并能在比赛中运用，或经过篮球裁判员学习班的学习，能担任市、县级篮球比赛的裁判工作。

（6）篮球荣誉裁判。篮球荣誉裁判一般年龄较大，曾对篮球裁判工作做出贡献，不能担任临场裁判工作者可以担任篮球荣誉裁判。

4. 申请裁判的程序

国际裁判需要由中国篮协裁委会推荐，并征得相关省区市体育局（篮协）的同意，以中国篮协名义向国际篮联推荐和申请，参加国际篮联组织的考试。经国际篮联考核批准后，由国家体育总局审批公布，颁发证书、证章和胸徽。已有级别的裁判员，可在现有级别基础上申请上一级别；没有等级称号的裁判员，必须由最低级别三级开始，逐步向高一级别申请。个人申请后，由基层单位根据本人申请，考核其裁判实际情况，向有关批准部门进行推荐。申报国家级裁判员，必须参加国家体育总局篮球处和篮球运动协会组织的统一考试；申报一级裁判员，必须参加省、市、自治区体委及篮球协会组织的考试。批准授予篮球等级裁判员的权限分别如下：国家级裁判员，需由国家体育总局篮管中心批准授予；一级裁判员，需要由省、市、自治区体育局批准授予；二级和三级裁判员由地、县级体育局批准授予。国家体育局直属体育学院、行业体育协会可批准本单位、本系统一级及以下篮球裁判员，省、市所属体育学院可批准本单位三级裁判员，上述两地批准的裁判员，应报当地体育局备案。

5. 篮球裁判的考试科目

（1）临场执裁。参加由各级篮协指定的篮球比赛的裁判工作，由各级篮协裁判委员会指派的裁判技术官员对申报等级的执哨裁判的表现按测评内容进行评分，测评内容一般包含：身体形态（身高、体重等）、仪表、气质、违例的判罚正误、犯规的判罚正误、漏判、裁判的跑位等。

（2）理论知识。参加由各级篮协委托篮球裁判官员出的理论考试，试卷的内容包括篮球技术、战术、规则、裁判法、竞赛制度等理论，其中对规则的认识和新规则的变化情况是考试的重点内容；考题的类型包括名词解释、简答题、判断说明、英语书面翻译和口译等。

（3）技术、战术实践。参加由篮协组织的篮球教学比赛，通过比赛，由篮球技术官员评判考生的篮球运动技术、战术水平。

（4）莱格尔跑。莱格尔跑又称国际篮联 20 米渐进折返跑，要求测试者按照规定的节奏进行跑动。节奏的特点一般是由慢速开始，然后逐渐加快，每次的 20 米要在规定的时间内完成，不能快，也不能慢，当考生不能达到节奏要求时，由考官记录下考生跑的趟数。考生可根据自己的年龄，完成规定的趟数即可。若完不成规定的趟数，则视为不及格。当无莱格尔磁带时，可用篮球场见线折返跑来替代。篮球场见线折返跑的方法是：测试者开始先跑到罚球线，再跑回底线，再跑到半场线，再返回底线，再跑到对面的罚球线，再跑回底线，再跑到对面的底线，再返回原来的底线结束。要求是每人连续跑 3 次，每次间隔 1 分钟，每次进行计时，而且必须在规定时间内完成。

第二节 篮球裁判员能力的培养

裁判员的基本功指的主要是指裁判员在临场中经常起作用的最基础的专门动作。裁判员没有扎实的基本功，临场就吹不出高水平。如果是低级别裁判员向更高级别发展，年轻的裁判员就必须把裁判员的基本功放在第一位，并在此方面多用功。裁判员的基本功主要包括以下几个方面。

一、手势

（一）手势的重要性

一场比赛从开始到结束，裁判员都离不开手势。裁判员的手势是规则中的一部分，每个裁判员必须精通规则中规定的 56 个手势，并在所有的比赛中运用。手势能够直观地、简练地和鲜明地表达比赛中所发生的一切问题，是国际篮球运动中的共同语言，是临场裁判员指挥比赛的重要工具。两个裁判员之间，裁判员与教练员及运动员之间，裁判员与记录台之间都是依靠手势作为联系的纽带，因此手势是裁判员最重要的基本功之一。

（二）临场使用手势的要求

裁判员必须使用规则中规定的裁判手势，临场宣判时，必须以裁判员手势为主，手势与语言相结合；临场裁判员的手势，必须与比赛中所出现的客观情况相吻合。常见的手势问题有三种，其分别是：手势不全、丢三落四；手势不规范、乱而杂；手势与运动员违例、犯规动作不吻合。

手势基本要求应该是：手势应规范、美观、大方，出示号码手势时，应与眼睛同高。

（三）手势练习方法

第一，要掌握每一个手势的动作规格和要领，按照裁判员手势图的要求一个一个地练习，达到熟练地掌握。

第二，自己对着镜子练习手势，边练习边纠正。

第三，在别人的帮助和纠正下练习手势，帮助者喊出手势，练习者快速做出这种手势。

第四，结合鸣哨和宣判犯规或违例程序，综合性地练习手势。

第五，在实际临场中注意提高运用手势的能力和节奏。

二、鸣哨

（一）口哨的选择

口哨是裁判员临场指挥比赛的武器，哨声是篮球比赛中的主要信号，为了适应激烈比赛的需要，裁判员要选择一个声大、音高、声尖的高频率的口哨。目前被广大裁判员公认的最好的口哨是 FO×40、海豚哨、中亚 90。此类口哨的优点有这样几个方面：省力，用小劲吹就能发出大、高、尖的音；好听，声音清脆、虽频率高，但不刺耳；好含，此口哨的嘴扁平而长，容易含在口中；好看，口哨有黑的、有红的，色鲜且发亮。

（二）使用方法

要使口哨吹得更响亮，必须做到含哨要正，要把口哨含在上下嘴唇的正中央，否则，既不好吹，又不好看；含哨要紧，除上下嘴唇紧紧贴住，还要用上下牙咬住口哨；鸣哨时，先吸足气和憋足气，然后再突然快速吐气，只有这样，哨声才能洪亮。

（三）鸣哨要求

裁判员临场需要鸣哨时，应短促洪亮，只鸣单声哨。一般情况下吹犯规时，哨声略长些、重些，吹违例时，哨声略短些、轻些。

（四）注意的问题

跳球时，执行抛球的裁判员不要把口哨含在口中，以防止受伤。在活球的任何时候，口哨都要始终含在嘴里，以免急需鸣哨时，措手不及而影响宣判。鸣哨犯规后，特别是到记录台附近宣判犯规时，要把口哨吐掉，不要含哨宣判。裁判员临场时，最好有一只备用口哨。使用口哨前要检查，用后要清洗、消毒放好，讲究卫生。

三、抛球

（一）抛球重要性

篮球比赛是由主裁判抛球，以跳球的形式开始比赛的，所以裁判员都要抛球。抛球太低或者抛球不正，既容易造成跳球队员违例，又容易造成跳球队员的侵入犯规。因此，抛球的好坏，是衡量一个裁判员基本功好坏的重要标志之一。

（二）抛球要求

1. 高度达到要求

抛起的高度要超过任一跳球队员跳起时能达到的高度，高度一般要达到 3.4 米左右。

2. 垂直下落

抛出的球不得向前后左右偏离并使球在两名跳球队员之间垂直下落，球本身要尽量避免旋转。

3. 位置正中下落

抛出的球不得向前、后或者左、右偏，使球在两个跳球队员之间下落。

（三）抛球要领

两脚前后开立与肩同宽，并全身协调用力，既可用单手也可用双手将球垂直抛起，抛球时应以肩为轴由下向上摆臂。

（四）练习方法

抛球练习方法主要有这样几种：可在篮圈下将球抛起穿过篮圈再落入篮圈；可在篮板前将球垂直抛到 3.05～4 米的高度再落回原处；可在地上划一圆圈，将球置于圆圈上方后，将球垂直抛起，再使球落在圈内。

四、移动

（一）重要性

现代篮球比赛的激烈程度越来越明显，攻守转换的次数越来越多，速度也越来越快。因此，运动员的反应、动作、移动、奔跑速度都大大提高，使比赛自始至终都在快节奏中进行，这必然要求临场裁判员也必须加快节奏和速度。在现实的临场表现中，不少裁判员是处在"慢节奏"的状态，有前导裁判而不前导，有追踪裁判而不追踪的现象。甚至有些裁判员反应速度慢，吹出"马后炮"的哨。

（二）动作方法

常用的裁判员移动技术有：起动、变向跑、变速跑、侧身跑、急停、转身、侧滑步、交叉步等。

（三）移动原则

裁判员要随着比赛的球动、运动员动而不停地移动；要根据比赛队战术有目的地移动，克服盲目移动；根据同伴的移动而移动，或根据同伴的需要而移动；要根据裁判法的分工而移动；要在边线和端线附近移动，必要时可深入比赛场内；移动时，要快慢结合，要横向移动和纵向移动相结合。

（四）移动练习方法

移动练习方法主要有以下几种。

1．采用听觉信号

如教练员使用哨音、击掌声或喊声，使裁判员作各种快速启动、移动和加速跑。

2．采用视觉信号

如教练员做出手势、设置移动目标等，使裁判员作各种各样快速启动、移动变向。

3．提高裁判员速度的主要练习方法有

小步跑、高抬腿跑、后蹬跑、交叉步跑结合加速跑。加速跑的距离为 25～30 米。原地或移动中启动后结合加速跑。30 米反复加速跑。借助外力跑，如顺风跑、下坡跑。增加步长和提高步频跑。

4．提高裁判员速度耐力的主要练习方法

一般性的速度耐力练习，不少于 3000 米。400 米变速跑，快跑 30 米后变慢跑，如此反复。沿篮球场的端线、罚球线、中线折返跑。

五、默计时间

（一）默计时间的要求

默计时间要准确，并与挥臂计算相结合，要使运动员和教练员都能看得清，因为这样将增加宣判的说服力，有时在默计时间的同时也可参看 24 秒钟计时装置的显示。

（二）默计时间的练习方法

1．在篮球场上模拟练习

当队员进入限制区时开动秒表并默计时间，当认为 3 秒时间到时鸣哨，同时停表，然后检查默计的准确性。

2．用秒表测试

开表之后，默计 3 秒、5 秒或 8 秒，认为时间到时关表，然后检查默计的准确性。

第三节　篮球竞赛的组织与管理

篮球竞赛人员多、规模大、竞争激烈，需要大量的人力和财力来保障，组织竞赛要具备一定的条件和制度。竞赛组织工作是有目的地组织、指挥、控制和协调竞赛的过程，一般分为三个阶段。

一、赛前的准备工作

赛前的准备工作是制订组织竞赛计划和实施计划为比赛做准备的过程。这个过程贯穿从成立竞赛筹备组织起至比赛开幕止，其包括建立竞赛组织机构、确定组织方案、制定竞赛规程和拟订具体工作计划等。

（一）成立组织机构

首先要成立竞赛领导小组，即筹备委员会，筹备委员会负责竞赛的筹备工作。根据篮球竞赛任务和计划，讨论决定组织方案，它对竞赛的全过程起组织领导作用。

其次要成立组织机构，制订工作计划，明确任务与分工。一般的竞赛组织形式采用组委会领导下的各职能部门具体负责制。组委会由主办和承办单位的领导或代表、各职能部门的负责人、各代表队的领队组成。

组织机构中的每一个组成部门都有明确分工，比如其中竞赛组主要负责的工作就是接受各队报名单、编印比赛秩序册、审查运动员资格、检查场地、设备、器材的准备情况、制定大会日程表以及绘制成绩记录表、裁判员安排表，参赛队赛前及休息日训练场地安排表等各种表格。裁判组的任务主要是组织裁判员学习竞赛规程的有关条款，进行公正准确、无私无畏的职业道德教育，督促裁判员进行体能训练并进行必要的测试等。场地组负责的工作是按比赛要求布置场地、落实有关设备以及备好比赛用球及与比赛有关的拖把、干毛巾等物品。

（二）确定组织方案

赛前准备工作中，竞赛领导小组要对竞赛的任务、规模、水平、承办单位的"硬件""软件"质量、组织竞赛经费等情况有全面的认识。并且在这个基础上，本着实事求是、精简高效和勤俭节约的原则，对竞赛期间各项活动内容做出计划和安排，对竞赛的各项收支规定标准做出预算。

（三）制定竞赛规程

竞赛规程是比赛的指导性文件和比赛的依据，要提前发给有关单位，让参赛队做好赛前的准备工作。竞赛规程内容主要包括竞赛名称、目的任务、日期地点、参加单位及人数限定、参赛者资格、报名及报到日期、竞赛办法、竞赛所采用的规则、名次评定和奖励办法、抽签日期及地点、注意事项等。需要注意的是规程一旦经过审定，就应保证其严肃性与权威性。

（四）拟定工作计划

各个工作部门建立以后，应根据组织方案、竞赛规程和竞赛的主要工作日程计划，由各部门拟定具体工作计划，经组委会批准后执行。

二、竞赛期间的工作

竞赛期间的工作是竞赛组织的中心工作，因为从比赛开幕到闭幕，所有工作都要在领导小组的领导下进行，为使比赛顺利正常进行而努力。这期间的工作可分为比赛活动的管理和非比赛活动的管理。

（一）比赛活动的管理工作

根据比赛的日程，安排好裁判员、记录台工作人员、技术统计人员和场地工作人员，使每一场比赛都能够按时进行。尤其是不能因为工作人员的疏忽而使比赛情况得不到正确及时的反映，同时也不能因为器材设备的故障而使比赛延误、停顿、脱节。要按照篮球竞赛的法规、规则来管理比赛，建立良好的比赛秩序，使参赛的运动队能够在平等的条件下竞争。

比赛活动的管理，关键在于裁判工作。裁判员的公正、公平和敬业态度反映了比赛的严肃性，鸣哨的准确程度体现了判罚的权威性，执法的松紧程度影响着比赛的对抗性，判罚时的待人态度影响着运动员的比赛情绪。因此，想要加强对裁判员队伍的管理，加强对裁判的管理工作，除了赛前的学习教育之外，赛间的及时检查、小结与监控，也是保证比赛健康发展的重要措施。

除此之外，对赛场中可能出现的假球、赌球、"黑哨"和乱扔杂物、干扰比赛正常进行、围攻裁判员等有损文明行为的突发事件也要有充分的估计，竞赛、仲裁甚至安保部都要有相应的准备。

（二）非比赛活动的工作

在竞赛期间，有许多涉及各工作部门的非比赛活动需要进行组织管理，这些工作对整个竞赛有很大的影响，主要包括以下方面。

1. 开幕式、闭幕式

不管是较隆重的还是简单的开幕式和闭幕式，都应给予足够的重视。要做到明确主题，安排紧凑，场面热烈，以扩大篮球运动的影响，提高篮球运动的社会地位，加强篮球运动员的责任感。

2. 赛事服务工作

要组织好每次比赛后的新闻发布会，尽快地处理和传递当日比赛的各种信息。安排每场比赛中的赛间表演，同时做好对比赛场地器材设备的检查、保养和维修工作。经常对食堂进行食品卫生检查，预防肠道传染疾病的发生。对运动员、裁判员驻地进行相应的封闭治保，避免闲杂人员的干扰，保证参赛人员的休息和安全，为参赛人员提供某些特殊的服务项目。

3. 对赛场观众的管理

篮球比赛观众多、场面大、人员杂，容易发生冲突，所以要做好文明观赛的宣传工作。对观众中可能出现的过激行为要有有效的应急措施，大型的竞赛还要组织好安全保卫和观众的疏导工作。除此之外，由于竞赛期间各种情况的复杂多变，还需要对各个工作部门的相互关系进行协调管理，便于比赛更好地运转。

三、赛后的管理工作

赛后的管理工作包括编制和印发总的比赛成绩表，组织召开闭幕式，宣布比赛成绩并颁奖；印发成绩册；对比赛技术资料处理归档；对比赛器材设备整理；对竞赛的收支进行财会决算；办理各队、裁判人员等的离会和交通事宜。

第四节　竞赛制度和编排方法

一、竞赛制度

（一）赛会制

赛会制指的是让参加比赛的球队集中在一个地方，用几天或十几天的时间，连续进行比赛的一种竞赛制度。如综合性运动会中的篮球比赛、国际性的篮球锦标赛，采用的都是赛会方式。赛会制的适用范围比较广，比赛队伍集中，比赛地点固定。另外因为赛会制的比赛赛期短，比赛场次比较少，因此，运动员锻炼的机会也少些，会容易产生疲劳。不过赛会制的比赛为社会篮球爱好者提供了持续的注视热点，从而能带来相应的社会效益和经济效益。

（二）赛季制

赛季制是一种时间较长、参赛队伍不集中、分别在参赛队各自的赛地进行比赛，参赛队每赛完一场后有若干天训练、休整的竞赛方式。赛季制的特点主要表现在：季制的比赛期长，比赛场次多，为运动员的成长、锻炼和发展提供了更多的机会，不过各队要善于利用每两场比赛之间的间歇时间，进行有针对性的训练，保证队员体力得到恢复，并为下一场比赛做好准备。

赛季制一般采用主、客场的形式进行比赛。由于主、客场的比赛队伍经常往返于赛地，要有雄厚的经济实力保证，因而赛季制比赛应用的范围比较小，一般只是在一个国家内最高水平的比赛中运用，比如 NBA、CBA、CUBS、CUBA 的决赛阶段。

二、竞赛方法

竞赛最基本、最直接的目的是在公平、公开、公正的情况下通过比赛去取得胜利。所以为了使参加比赛的队能够在比较公平、合理的条件下竞争，采用适当的竞赛方法是创造这种良好条件的保证，也是客观反映参赛队的竞技水平的重要条件，也有利于组织管理。篮球竞赛中通常采用的有淘汰法、循环法两种。

（一）淘汰法

淘汰法指的就是球队在比赛中失败一次或两次以后，即失去继续比赛的资格或进取高于此成绩的机会。连续获胜的球队继续参加比赛，直到最后确定优胜队为止。失败一次即失去比赛资格的方法为单淘汰，失败两次即失去比赛资格的方法为双淘汰，而和同一对手以三战两胜、五战三胜或七战四胜的形式进行淘汰的为多次淘汰。

1. 单淘汰法的编排方法

先根据报名参赛的队数，对照 $2n \geq N$ 的关系式，确定比赛的场数、轮数和号码位置数（N 为参赛队数）。比赛场数＝N－1，比赛轮数＝n，号码位置数＝2n。然后，由各队进行抽签，确定在比赛表中的位置，再按顺序将号码两两相连，列出单淘汰轮次表。如果参赛队数恰巧是 2 的乘方数（如 4、8、16、32、64 等），那么在第一轮中所有的队都要参加比赛，逐步进行淘汰。

如果参加比赛的队数不是 2 的乘方数，则要根据参赛队数，选择最接近的、较大的 2 的乘方数作为号码位置数，号码位置数减去参加队数，即为轮空队数。如 13 个队参加比赛，选用 16 为号码位置数，16－13＝3，即 3 个队轮空，可选 2、5、10 为轮空的号码位置。轮空球队必须安排在第一轮，可采用抽签来决定轮空队，也可先设种子队再确定种子队轮空的区位。

如果除了确定冠、亚军外，还要确定其他名次时，往往采用附加赛的方法弥补单淘汰中的不足。附加赛的办法是在同一轮次中，胜队与胜队、负队与负队再进行比赛，直到排出竞赛所需要的名次。例如，13 个队参加的淘汰赛中，需要排出前 8 名的队，那么在第一轮比赛以后，按照反向淘汰对阵的方法进行附加赛，就可以将前 8 名的队排列出来。

2. 双淘汰的编排方法

双淘汰的办法是为了使在第一轮中失败的队能够有机会继续参加比赛，甚至参加到最后争夺第一名的比赛，从而减少单淘汰中产生偶然性的结果。双淘汰的编排，第一轮与单淘汰的编排相同，在第二轮时，把失败的队再编起来比赛，只有第二次失败的队才被淘汰。因而，即使在第一轮比赛中失败的队，只要它在以后的比赛中能够保持不败，就有可能去争夺冠军。不过，在冠亚军决赛中，它如果胜利的话，则还必须再赛一场才能最终定胜负，或者按事先规程的规定进行评判。

3．多次淘汰的编排方法

多次淘汰的编排跟单淘汰相似，其区别就是多次淘汰克服了单淘汰中两队之间交锋一场论胜负的偶然性缺陷，它采用两队之间三战两胜、五战三胜甚至七战四胜的结果来评胜负，这样一来可以更加客观地反映参赛队的实际水平。多次淘汰通常是在比赛水平比较高、双方实力相当，或者在一次篮球竞赛最后阶段的比赛中采用的方法。

（二）循环法

循环法是使参加比赛的队，在整个竞赛中或在同一组的竞赛中，都能够相遇比赛，最后再根据各队在比赛中的胜负场数，按一定的计分规定排列名次的一种方法。循环法包括单循环、双循环、分组循环三种。所谓单循环指的是所有参加比赛的队在整个比赛中都能相遇一次，最后按各队在全部比赛中胜负场数、得失分率排列名次。一般在参赛的队数不算太多而竞赛时间较长时采用。双循环指的是所有参加比赛的队伍在比赛中都能相遇两次，最后按各队在全部比赛中胜负场数、得失分率排列名次。一般在参加比赛的队数少而竞赛时间较长时采用。而分组循环是把参加比赛的队分为若干组，分别进行单循环比赛，在小组排定名次后，再进行第二阶段的比赛。一般在参加比赛的队数多而竞赛时间有限时采用。

1．单循环编排

单循环比赛的总场数为 N（N−1）/2＝X（N 为参赛队数）。即队数（队数−1）/2＝比赛总场数。若参赛队为奇数，则比赛轮数为比赛队数；若参赛队为偶数，则比赛轮数为参赛队数−1。例如：5 个队参加比赛，比赛就要进行 5 轮。

编排方法：无论参加比赛的队数是单数还是双数，都按双数编排，只不过若参赛队是单数，则在队数后面加"0"号，使总数成双。将成双的号数一分为二，前一排号数写于左边，后一排号数写于右边，只不过将"0"写于右下角，右边其他号码分别上移一个位置。两两相对应，就是第一轮比赛的编排。然后，以"0"号位置固定不动，其他号码每一轮按逆时针方向轮转一个位置两两相连，组成整个比赛的轮次表。

2．双循环制的编排

通常情况下，双循环的编排方法与单循环相同，只是在第二循环时，是否重新抽签要视在比赛规程中有无明文规定。

3．分组循环制的编排

如果以 8 个队参加比赛为例。第一阶段分两组，每组 4 个队进行单循环比赛并排出各组名次。进入第二阶段的比赛，方法有这样几个。第一同名次决赛，各组第一名决 1～2 名，第二名决 3～4 名，以此类推。第二，各组前两名编在一组决 1～4 名，后两名编在一组决 5～8 名。第三，各组前三名编在一起决 1～6 名，各组第四名决 7～8 名，或各组第四名不进入第二阶段比赛。

第七章 高校篮球教学目标的创新

第一节 高校篮球教学目标与相关概念

一、教学目标内涵

教学目标的具体含义如下：教学目标是预期中教学活动达成的最终结果。高校篮球教学实践过程中，教学目标是参与者们在主观层面对教学活动结果提出的愿望，是对高校篮球教学者在教学活动结束后理应取得的行为状态具象化描述，也是学习者在经历学习过程后所应获得的学习结果。因此，在确定高校篮球教学目标时，其表述应具体而明确，具备可观察性、可测量性。高校篮球教学过程中，要表述教学目标必须使用清晰明确的语言。若出现表述不清的状况，则可能对教学策略、媒体等的设置与采用造成消极影响，并会阻碍高校篮球教学质量的提高及学习者的进步发展。

首先要明确教学目标与大学篮球教学的相关概念，举例来说，要明确并区分教育目的、教学目标、课程目标、培养目标等概念。本章对众多理论研究成果进行了借鉴，在此基础上将教育目的体系划分成为四个不同的层级结构：教育目的、培养目标、课程目标以及教学目标。

在这一体系中，教育目的代指国家提出关于人才培养的总要求或针对受教育者的培养而制定的整体质量规格，是教育活动的出发点与最终落脚点。这展现出了抽象、概括和原则性的突出特点。教育目的抽象概括了教育活动所要实现的最终目标，对把受教育者培养成何种人才做出了具体规定。在我国，对各级各类普通高校教育来说，无论其人才培养处于何种层次、何种领域，都必须以国家提出的总要求为最高准则。

培养目标则将教育目的更加具体化，是各级、各类学校结合教育目的同高校教育性质、任务等提出的，有关学生发展培养方面制定的各种具体标准与相关要求，若要实现培养目标，必须借由课程目标、教学目标的实现才能顺利实现。培养目标被既定社会层次（体育一线教师、篮球教练员等）以及既定社会领域（体育领域、管理领域等）的具体要求共同决定。对比教育目的，培养目标更加具体细致，不同学校有着各自不同的培养目标，由此，培养目标显示出了突出的灵活与层次化特征。在具体内容角度上看，培养目标与教育目的有相似之处，然而其内在本质、核心内容是始终同教育目的保持一致的。但是，涉及具体目标，则需要考虑学校特色、学生发展状况以及培养层次等因素，制定更加灵活多变的培养目标在逻辑关系上，培养目标承接了教育目的与课程、教学目标，起到了承上启下的连接作用。

课程目标代指某门课程教学的总目标，遵循国家在专业课程上制定的教育方式以及相关指导政策制定，旨在综合学生身心发展特点，使其在有限教学时间内，完成教师制定安排的各种教学内容，最终取得既定的人才培养成效。课程目标是培养目标的下级概念，传递了教学课程编制者、组织者在人才需要方面的思想诉求。在课程目标确定过程中，课程编制者、组织者更倾向于将其已有教学经验以及当前先进教育思想结合到一起，根据课程逻辑规律、市场人才需求与变化、当下最新教学内容进行调整，并站在教师与学生的教学实践活动角度，考察课程对于大学生发展所起到的作用。

在层次体系图中，教学目标位于最底层，将在其之上的三个层次具象化到了课堂教学过程中，是教师和学生之间教学实践活动的直接目标，学习过程的最初目标，也是每个单元、课程乃至教学环节和活动预期取得的各个具体目标。站在不同角度解读教学目标，理解范畴也会发生不同变化，从课程研发者或教学管理者的角度看，教学目标为学生通过学习活动预期取得的结果；从一线教师角度看，是"施教目标"；从学生角度看，是"学习目标"。

总而言之，教育目的即国家针对人才培养问题制定的总目标，是教育工作长远目标，是全部教学实践活动的出发点与终点；各个高校结合自身特点、性质及具体任务，在目的的指导下提出有关人才培养的细节标准与具体要求；培养目标的顺利实现需要以课程目标与教学目标为核心与基础，而教学目标则是保证上述三层目标顺利实现的具体手段。

二、相关概念的辨析

（一）教育目的同教学目标的关系辨析

教育目的具有方向性，映射了国家总体性、最终化的教育方针与人才培养意图。《中华人民共和国教育法》中有明确规定，教育要培养德智体美全面发展的社会主义接班人。从中可知，"培养德智体等方面全面发展的社会主义事业的建设者和接班人"即我国教育的目的，对比教育目的、培养目标、课程目标以及教学目标，教育目的并非是一个特定的教育学范畴。从某种意义上讲，课程与教学目标、培养目标都是教育目的的具象化，可以说是不同层次的教育目的。可见，教育目的与其他若干概念并非先后关系，而是从属关系，"教育目标"是上层概念，其他概念则是从属概念。

（二）教学目标和教学目的的关系辨析

教学目的与教学目标有着鲜明的外在表现形式。现代教育体系中，无论哪一国家地区、何种学科、学段、课程及课题，在各种教学大纲、教学方案、课程标准、备课计划中，几乎每一部分都包含有"教学目标""教学目的"的相关内容，代表了教学实践活动预期获得的教学效果的特定表述。尽管具体内容各有区别，然而其基本构成要素以及表达方式十分接近。

在某些特定环境下，从概念上将教学目的与教学目标二者区分开来是十分必要的。教学目标被应用于课程或学科，大都应用概括性较高的语言进行陈述，英文中用"oal"一词作表述。当教师设计教案涉及教学目标时，陈述所用语言更加具体，英文中用"objective"一词作表述。为使二者有所区分，前者被称为"教学目的"，后者被称为"教学目标"。后者目标的价值在使教学方式方法以及媒体的选择及运用更符合实际，教学结果测评更加准确，学生学习更有成效。

三、教学目标分类理论

教学目标的研究与明确需要最大限度地避免模糊和抽象性，因此，一般强调要使用行为术语来对学习结果、学生变化进行描述，然而这一方式往往导致教学目标过于琐碎，把握难度加大。如若分类教学目标，一方面能够使琐碎目标有序化，另一方面也能够最大程度避免目标分析的疏漏或偏颇。可见，在教学实践过程中要确保教学目标的确定及科学合理地实施，在深入理解教学目标内涵功能的同时，也需要对教学目标分类理论有所理解。

1956 年布鲁姆出版了《教育目标分类学》一书，同年，在认知领域中实现了教育目标分类系统的大发展。1964 年以克拉斯沃尔为代表的学者正式推出情感领域教育目标分类系统。受动作技能领域目标复杂性的限制，研究成果并不丰硕，辛普生和哈罗分别提出了分属动作技能领域目标分类提纲。除此之外，梅瑞尔的教学目标分类理论、加涅的学习结果分类理论都具有较强代表性。通过资料收集和研究，本章选取了具有了广大影响力的布鲁姆、加涅和霍恩斯坦三种不同教学目标分类理论，以此为理论基础对我国关于教学目标分类代表性的研究成果进行阐述。

（一）布鲁姆教育目标分类学

二十世纪，众多心理学家与教育学专家学者，都以教育领域的目标分类问题为对象开展了深入研究，并根据这一课题提出了各自的观点，提出了各不相同的分类体系，并发展出若干理论体系，使理解、制定、实施以及进深入研究课程、教学目标有了更加坚实的理论依据在其中，布鲁姆提出的包括认知目标、动作技能目标以及情感目标在内的分类理论对我国教育体系影响较大。不同目标包含有若干不同层次，逐步递进，相得益彰。

1. 认知领域教育目标

布鲁姆教授对认知领域的教育目标进行了详细划分，制定了领会、识记、运用、综合、分析、评价六个层次，最低层次为识记，最高层次为评价，并进行了详细的分类阐述。

教学设计过程中，处理理解难度高的抽象概念、运动原理的教学内容，应遵照六级设定教学目标来开展教学质量评价。部分学习内容并不强调需要学生开展分析综合与评价。因此，不能够一味照搬，需要根据具体情况适度调整。

2. 情感领域教育目标

经过多年实践，1964 年，克拉斯沃尔根据价值内化程度的区别程度对情感领域教育目标做出了系统化分类，提出应划分出接受或注意、反应、价值评价、价值观的组织和价值的品格化五个等级。

3. 动作技能领域教育目标

在动作技能领域分类上，当前不存在公认、最佳分类体系，因此，本章选择辛普森动作领域分类体系开展研究，将动作技能教育目标划分成知觉、准备状态、引导下的反应、机械化反应、复杂外显反应、适应与创作共七个等级。

（二）加涅五种学习结果教学目标分类

美国教育心理学专家加涅在《学习条件》著作中，对学习结果进行了系统性划分，制定了智力技能、认知策略、言语信息、动作技能和态度五个具体部分。

（三）认知目标二维新分类

受学校关注程度影响，这是当前全部分类理论中拥有最丰硕研究成果、受关注度最高的一种。二十世纪九十年代中期，以安德森为代表的专家学者根据已有分类理论成果及美国课程标准改革修订了布鲁姆认知目标分类并于 2001 年最终完成，出版《学习、教学和评估的分类学：布鲁姆教育目标分类学修订版》一书。在此基础上，课程教学家、教育心理学家、测量评价专家以及教学经验丰富的一线教师集体合作，完成了本书的修订版。在新认知目标分类中，认知目标的分析是借助知识与认知过程的二维矩阵维度来实现的。其中，知识维度被分为事实性知识、程序性知识、概念性知识以及元认知知识四类；认知过程维度被分为理解、记忆、应用、分析、评价和创造六个方面。

四、教学目标定位与取向

（一）教学目标定位

篮球教学目标的定位，根本上说是确定整个教育目标体系中篮球课程目标的位置。站在教学目标体系的整体来看，篮球课程目标一方面受到"教育目的""国家教育方针""体育教育目标""专业培养目标"等目标制约，在另一方面也对其下属的课程教学目标制定起着决定性作用，因此，高校篮球的课程建设要将课程目标的定位问题放在首位。

课程定位必须建立在分析各种关系基础之上，需要在选取课程目标方面把握明确方向，确保课程目标与时代发展相契合，且具有具体性、可操作性、可预测性。下面是高校篮球课程目标以及其他各相关目标的关系结构。从国家教育方针最后落实到具体的篮球课程教学目标，是经过系列转化才实现的。自改革开放之后，国家层面的教育方针出现了性质上的转变，从指令性转变为指导性。之后以国家教育方针为指导到教学目标的制定、从宏观到微观的转换，都具有极大的弹性可调整空间。换句话说，即各院校能够从其办学方向出发，对高校体育教育的总目标进行适当的落实，对于篮球的课程实施来说也同样如此，能够根据其院校体育教育特色以及办学的具体情况对其自身的课程教学目标做出适当调整，这使各体育院校教育教学的自主性和特色性发展有了更大的空间。

（二）教学目标取向

不同个体对受教学生发展规律，对篮球教育教学性质和价值以及对社会发展需求都有着不同的了解，在这三方面上的价值衡量取向各有不同，因此，在大学体育篮球教学目标的取向认识上也必然千差万别。在这里，取向主要代指课程目标表达形式，结合前辈研究成果可知，当前行为目标、展开性目标和表现性目标二种影响最大，因此，下面从这三方面着手分别探讨。

首先是行为目标。行为目标主要来自博比特、泰勒等人的理论研究，他们提出要通过具体行为对课程目标进行阐述，无论何种类型的课程目标都需要将"行为""内容"两部分包含在内。客观来看，以行为目标为取向制定课程目标有一定的优点，其优点主要表现在具体性与可操作性方面，然而其缺点也十分突出。首先，若用行为方式表达全部课程目标，则很有可能课程向能够明确表达和被识别的要素上倾斜，反而对于测评难度较高、被转化为行为方式难度较高的教学内容则被忽视甚至无视；其次，行为目标将学习看作完整体，从用教学实现学生个性情操陶冶的角度上看十分不利；最后，课程目标制定的原理基础本身，有一定的可能性存在疑问或不足之处。由于在当前情况下，能够被确证同教育过程相关的知识仍旧有限，在教育教学正式开始前就明确规定的目标，有很大可能性在教学正式开展后反而成为与实际发展情况不相适应的内容。

其次是展开性目标。展开性的课程目标取向关注点不在于外部的既定目标，强调的是教师从课堂实际教学发展情况出发而灵活提出的有关目标。同行为目标是相对立的，展开性目标更多地强调了过程展开性的课程目标取向受实用主义、人本主义、学习中心主义理论影响较强。关注生成性学习，展开性的课程目标取向的最大特点在于经验性；从另一方面来看，这种课程目标取向也存在一定缺点，主要表现如下：对授课教师提出了非常高的要求，教师需要能够充分理解受教学生身心发展特点，要对各学科体系有深入把握，并且要能够具备较强的研究能力；授课老师要做出大量额外的教学工作；受教学生在知识价值问题上很难做出准确判别。

最后是表现性目标。表现性目标可以说是行为目标批判的另外一种表现形式，以艾斯纳作为主要代表的专家和学者认为，表现性目标有利于帮助教师和学生打破行为目标束缚，为学生提供更多探索机会，寻找能够激发其学习探索兴趣的各种问题。需要指出，表现性目标相对模糊，因而在课程导向作用上的发挥十分有效，更要明确，无论哪一门学科都有着自身特点，在部分学科领域中应用表现性目标，则无法有效确保学生根据其发展需求掌握必要学习内容。

通过对以上课程目标取向的分析可以发现，无论哪种课程目标取向都存在优势，但也各自存在不足之处。行为目标的优点是具体明确、操作和评价性强，缺陷是较难用其表达对受教学生的品德、个性、思维能力等方面的培养；展开性目标的优点是关注学生兴趣特征、能力发展、个性养成等，缺点是集体课堂教学中需要面对的学生数量多且个性、发展等各种各样，使这一目标很难达成；表现性目标的优点是关注到了学生的独特性以及首创性，缺点是较难使全部学生都完成课程标准基本要求。由此可知，应将三者有机地结合到一起，发挥其各自优势，使展开性与表现性的目标成为行为目标的补充，切忌将三者对立起来。

对于高校篮球课程目标来说，上述三种取向都能够成为参考以及修订最终目标的分析框架。高校篮球教学作为有着突出实践性的课程，关注学生对"三基""多会"的掌握，因此要考虑将行为目标形式广泛应用于教学；而对于学生篮球实践能力的养成问题，展开性目标则能起到更加有效的作用；而教学过程中强调学生创新创造能力的发展，则需要将表现性目标形式考虑在内。总而言之，无论何种目标取向都有着各自不同的优势和缺点，可见，在高校篮球教学的目标设定要特别注意综合考虑，最大程度做到扬长避短。

第二节　高校篮球教学目标存在的问题

一、高校篮球教学目标单一片面

在当前社会环境下，政治、经济、文化都向着多元性、开放式方向发展，给我国的体育教育带来了前所未有的机遇以及巨大的挑战，教育工作者们必须满足社会在人才需求上的多元化转变，又要使学生发展过程中对知识的多元化需要得到满足。可见，高校篮球教学要做出创新改革，培养出具有多元化能力、完善人格和全面发展的体育人才。

然而分析当前我国高校篮球教学目标，从上述各问卷调查得出的数据中可以发现，我国高校篮球教学目标普遍存在单一化问题。高校篮球教学的教学大纲上，有关篮球技术与理论内容的要求繁多，不同章节都各自对应了不同的教学目标，在不同教学时间段中提出了各种相对单一、独立的篮球技术动作训练，要求学生在各教学时间段中循规蹈矩地完成各自训练内容，直至各具体技术目标被完成，以培养学生的专业技术能力，并使其全面掌握篮球技术知识，然而在这样的教学过程中，仅仅对技术型篮球人才的培养给予了关注，未能关注到受教个体在兴趣爱好、情感态度、思想认知等方面的发展，单一的教学目标设置、片面关注技能知识培养的教学忽视了上述与"育人"相关的重要内容。单一化导致了将篮球教学片面等同于技术教学，无论是教师还是学生都认为，在篮球教学过程中，技术是不可或缺的重要内容。这一观点将目标仅仅局限在技术上，将技术目标作为篮球教学的全部意义和价值则是完全错误的。未能认识到"人文内涵"培养的重要性，使教师与学生的教学活动受到了束缚，逐渐陷入"教师只教技术，学生只学技术"的不良循环模式中，教学活动变为技术目标的奴隶。在篮球教学过程中，强调了要使学生的积极主动性得到进一步发挥、然而由于将教学目标局限在技术方面，导致了教师与学生将精力集中在掌握、提高技术上，站在学生发展角度来看，其全面、多元化发展的个体属性被忽视，除技术之外的其他方面被忽视甚至在不经意之中被遏制，单一化的教学忽视了学生个体的情感、精神、认知等方面的需求，最终有很大可能会导致学生成长为只具备技术，而缺乏人格属性的统一模式化"机器人"。

总的来说，目前我国高校体育教学目标有着片面化的问题，使一线授课教师的现代化教学理念实施遭到了束缚，科学思维方式形成被遏制，教学艺术行为得不到充分发展空间。在教学目标被限制的情况下，教师不得不严格遵循学校的篮球教学大纲开展教学，故步自封，将应对各种教学检查作为重要任务，拒绝创新实践、自主发挥，并坚持用单一性、模式化了的标准要求受教学生并以此对学生做出评价。单一而片面的教学目标未能认识到学生个性化发展、人格培育的重要意义，对培养学生创新精神、创新能力十分不利。按照这种教学目标培育出的篮球人才很有可能也过于单一化，而将不能同有着多元需求的社会发展相适应。

二、篮球教学目标的价值取向不清晰

教育价值取向是否清晰明确直接决定了教学价值取向是否清晰明确，而教学价值取向是否清晰明确直接决定了教学目标价值取向是否清晰明确，有关教育价值取向问题，国内外专家学者提出了两种主要观点。其一是"个人本位"的教育价值取向，认为教育的主要意义在于人的全面发展，主张人是教育的主体，人的发展才是教育的终极目的，教育的价值在于满足人的需求。其二是"社会本位"的教育价值取向，认为人作为社会组成部分，即使是在教育作用下获得了发展也必须是以社会发展作为前提才能实现的，主张社会发展才是教育的终极目的，教育的价值在于满足社会的发展需求。两种观点有着一定对立性，然而无论是哪种观点都有一定理论渊源与历史背景。面对飞速发展的社会，人们开始逐渐认识到，对于这两种教学目标的价值取向，坚持其对立关系，则需要站在多元整合的立场上分析这一问题。人、社会、教育三者之间有着密不可分的联系，人是教育载体，教育脱离了人也就不可能存在，而没有社会的存在，人的全面发展也是不可能实现的，教育的意义和价值在于推动人与社会双方的共同发展。

从篮球教学目标价值取向方面具体来看，传统教学模式强调"双基"教学，将关注点放在基础知识、基本技能上，没有认识到学生作为人的个体在其他方面的发展需求，尽管有很多教育学理论指出要"全面发展"、要关注"情感、态度、价值观培养"，然而大部分号召都局限在了理论层面、宣传层面，仅仅是一种外在表现形式，出现在篮球教师教案之中，但也被留置在了教案之中。教学实践过程中，受种种因素影响（如考试要求等），教师大都放弃了对学生其他方面成长需求的关注，只强调要实现知识技能目标。

步入二十一世纪后，教育同社会、经济、科技等各方面的联系更加密切，对人的发展带来的影响意义愈发深远而重大。教育教学价值取向发生了改变，受其影响，篮球教学目标的制定开始展现出多元化价值取向并存的趋势，如新出现的教学的生态、交往、人文价值取向等。各种价值取向的侧重点各有差别，以前面举例来说，生态价值取向关注人和自然、社会的和谐共同发展，人作为个体的全面和谐发展；交往价值取向关注教学主体相互交往，即教师相互之间、学生相互之间与教师和学生之间的交往；人文价值取向关注学生同客观世界、现实生活的联系，强调人的生命存在意义，强调人性化的发展，强调人的情感层面发展。总结来看，篮球教学价值取向有着一定的共同之处，即对人的关注，关注教学主体作为生命的存在属性与质量，换而言之，强调教师与学生作为生命个体的意义和发展质量，要求参与教学的个体在生存基础以及领悟情感层面的关心与发展。

三、篮球教学目标行为主体不明确

现代教育站在社会变化和个体发展需求的立场上，从"教师、书本、课堂"三点出发对传统教育的缺陷进行了着力批判。以杜威为代表的现代教学派提出，教育的本质是针对生长、生活、经验进行的持续改造过程，强调学生的中心地位，批判了以赫尔巴特的教学理论为代表的传统教学论。可见，受时代背景下政治经济、科技文化与教育自身发展的影响，在不同社会发展阶段，人们对教学目标行为主体必然会表现出不同倾向。从当前教育领域的变化发展趋势中我们能够发现，作为教育对象的学生受到了越来越多的关注，开始摆脱过去的主体迷失状态，在教学中的地位得到了提高。就篮球教学目标调查结果来看，尽管学生在教学过程中的地位在不断提高，大学体育篮球教学在很大程度上对传统教学缺陷做出了改善，过去一言堂的教学情况很少出现，教学目标的行为主体有了较大改变，调查中近一半教师将学生作为篮球教学目标行为主体，但是教师做出的选择、表现出的认识具有很大片面性。篮球教学目标行为主体包含有学生，然而无论学生在教学过程中的地位如何提升，教学依旧不可能离开教师的主体作用，可见，教师和学生理应同为篮球教学目标的双行为主体。

科学发展观强调以人为本、促进人的和谐全面发展，大学篮球教学必须将科学发展观作为指导，换而言之，要将篮球教学活动中的人——篮球授课教师与受教学生——作为根本，保证篮球授课教师与受教学生作为教学双主体同时获得发展，以确保教学终极目的——学生的全面、健康、多元化发展的实现。要认识到，篮球教师与学生都是鲜活存在的生命主体，是篮球教学创新改革必须首先能够明确深入认识的对象。客观、科学、充分认识篮球教师及学生在教学过程中的主体地位与相关作用之后，是正确认识其他教学方面的必要前提。要特别强调关注学生的学习主体地位和作用，过去理性和知识充斥着的篮球课堂，学生的主体地位往往被忽视，然而随着社会及教育发展形式的转变，教学的终极意义落在了推动学生全面发展上，要从传统教学模式的影响中走出来，认识到关注学生教学活动主体地位的必要性。在篮球教学课堂上，教师需要关注多种教学方式的灵活使用，使以往沉闷的教学氛围得到改变，激发学生学习参与兴趣和热情，给学生创造更多机会和空间，方便学生开展独立思考与探索学习，同时更要关注对学生开展学习方式方面的指导，在"教"的行为得到转变的基础上，"学"的方式也得到改善，从而提高教学成效，最大限度地推动学生的全面长远发展。

四、篮球教学目标在实践中的缺失

任何理论必须借由实践的方式才能将其存在价值转变为现实，实践是检验理论合理性的核心标准。篮球教学目标在整个篮球课教学活动中作为主干和支撑而存在，只有借助教学实践，教学目标才能真正将教育教学指导价值落到实处。但是，通过观察调查研究结果不难发现，篮球教学实践过程中普遍存在教学目标缺失的问题。

在篮球教学活动中，大多数情况下由教师依照课程标准在课程教学正式开展前制定篮球教学目标，明确列入教案之中。然而在教学实践活动中，教学目标同篮球教学课程之间的联系被分割了。受技术本位观念影响，部分教师不会在教学活动中告知学生本节课的教学目标，不会做出详细解释，仅向学生教授专项技能。尽管对于学生来说，学习篮球专项技能十分重要，但如若将技能作为唯一需要学习的内容，不重视其他篮球知识，那么教学活动无法收到更全面、更高质量的成效。学生在教学目标上的认识不够明确，只能被动跟随教师，教师教的同时学生被动跟学，显而易见，这种教学方式会限制学生主观能动性的发挥，损害学生自主学习能力的培养。

另外，部分教师会在教学过程中照原样向学生告知教学目标，这种行为仅仅起到了象征性作用，教学目标的告知被作为教学过程某一环节或任务，教学目标并未能真正地有机融入教学过程中去，因此教学目标的告知意义也未能真正被实现。可见，教学目标在实践过程中并未落到实处，这给教学效果、质量的提高带来了不良影响。从这个角度来看，篮球教学目标仅仅停留在了理论层面，而在教学实践过程中则是处于一种缺失状态。

从当前对我国篮球教学实践的观察不难发现，这种问题逐渐凸显，对篮球教学成效的取得造成了较大阻碍，需要引起高度重视。针对教学目标在实践过程中缺失问题的改革十分必要，要改变教学目标和教学实际的分离状态，将二者有机联系到一起，确保教学目标能够被落实，避免其成为摆设。

五、篮球教学目标层次混乱

在篮球教学过程中，目标层次混乱的问题主要表现在如下方面：首先，在篮球教学目标设计过程中，部分教师将国家针对大学体育篮球教学而统一制定安排的课程目标作为篮球教学目标来使用，一部分教师将教学目的等同于教学目标，另外部分教师将培养目标等同于教学目标，种种将宏观教学目标等同于微观教学目标的现象比比皆是，使大学篮球教学目标的层次被严重扰乱。其次，篮球教学目标的内部也出现了层次混乱问题。要明确这一问题，要先对当前国内外普遍认可的教学目标分类理论做出清晰认识。教育领域中认可程度较高的教学目标分类理论主要有三种：第一种是布鲁姆提出的，认知、动作技能与情感目标三种分类理论，其中认知目标包含有识记与运用、领会与综合、分析与评价六个下属小层级，按照由低向高的顺序从识记上升到评价。受其影响，克拉斯沃尔教授将情感目标划分成接受或注意、价值观组织、价值评价、反应、价值的品格化五个下属层级。辛普森将动作技术目标划分成知觉、准备状态、引导下的反应、机械化反应、复杂的外显反应、适应、创作七个下属小层级。第二种是加涅提出的，划分学习结果成言语信息、智力技能、认知策略、动作技能、态度五方面。第三种是安德森提出的认知目标二维新分类。认知目标二维新分类用知识与认知过程两个二维矩阵的维度对认知目标进行分析，其中，知识二维矩阵维度被分为程序性、概念性，以及元认知和事实性知识四种，认知过程二维矩阵维度被分为理解与记忆、应用与分析、评价与创造六个层次。

然而在教学实践过程的具体操作中，篮球授课教师并未能明确其所教授的篮球课的教学目标应以何种教学理论作为基础，同时，教师没有能够对上述三种理论做出深入明确的研究，对各种概念、相互之间的界定和关系等并无清晰认识，导致教师在行为动词使用上并不准确，种种不足最终导致篮球教学目标出现了内部层次混乱的问题。

第三节　高校篮球教学目标创新

一、高校篮球教学目标特征

研究表明，高校篮球教学目标需要建立在认识其具体特征基础上，经过系统全面地分析可以发现，其特征主要体现在如下方面。

（一）指向性特征

高校篮球教学目标对于教学的最终发展方向起着导向和制约的作用。根据系统科学相关理论，不管何种系统、即使输入没有确定，输出也有着或多或少的指向性换而言之，高校篮球教学系统融入人为、主观条件前，其目标也体现着指向性并且，上面所述指向性有多种不同发展可能，即可能发展成为多种目标。举例来说：

第一，促进学生的理论知识水平和实践能力水平，保证学生全面健康地发展，激发学生学习的积极态度；

第二，推动学生在篮球运动上的裁判实践能力的增长，引导学生理解并掌握执裁的尺度，锻炼并使学生掌握编排组织竞赛的能力；

第三，树立学生的篮球运动意识及行为，逐渐建立健康运动的良好习惯，为将来就业和终身篮球意识奠定良好的基础；

第四，培养学生养成遵纪守法、关爱他人、团队协作、服从组织、顽强拼搏、勇于创新、乐于助人、团结友爱的优良品质；

第五，从时代需求出发，培养有创新意识、创新能力、全面综合发展的篮球人才。

在足够的积极条件下，高校篮球教学系统正确、科学地运作将会产生上述积极成效。理解并充分掌握高校篮球教学系统的各种功能，在理解掌握的基础上提高系统具体成效，就实现大学篮球教学目标来说意义深远。

（二）制约性特征

从高校篮球教学系统的整体功能来看，前文有所分析，篮球课的教学目标是通过各级教学目标逐渐实现最终完成的，因此其受输入条件制约，有着制约性特征。

首先，制定高校篮球教学目标应建立在正确、客观认识篮球教学工作规律的基础上，篮球教学的目标映射了某限定范围内社会或阶级在人才培养方面的渴求。与此同时，社会政治体制及经济发展状况也不可避免地影响和制约了高校篮球教学目标的实现，由此可知，正确、深入地认识篮球教学规律是确定高校篮球教学目标的前提和必要基础，要从时代特点出发，不能越过时代发展规律超前进行，也必须能够适应当代高校篮球教学发展总趋势。

其次，高校篮球教学作为学校教育工作的重要组成，与学校德育、智育教育系统协同合作，在推动学生全面综合发展方面起到了巨大作用，是帮助人才培养质量提高的重要因素。制定高校篮球教学目标是顺利实现学校教学总目标的必要条件，高校篮球教学工作目标的实现，实际上是服务于学校教育目标的，二者呈现出高低从属、上下递进的关系。从逻辑关系上看，学校教育对其下属校内体育有着制约作用，学校体育教育对体育教学、体育教学对高校篮球教学都有着制约作用，从整体功能上判断，学校教育大于其所属各组成部分之和。能够明确得知，制定篮球教学目标要综合考虑其具体位置、层次划分、教育系统的制约作用以及体育系统的制约作用等，否则，不考虑制约性特点而制定的高校篮球教学目标必将是片面的。

最后，高校篮球教学目标即教师和学生要通过教学实践活动努力实现的目标，与现实环境息息相关。可知，高校篮球教学目标同样受教学资源数量质量、教学地点及季节的特点、教学时长等客观现实因素的制约，因此，制定高校篮球教学目标不能过高也不可过低，应将已有经验和当前具备的条件综合起来，科学分析高效性、可行性。

（三）对立统一性特征

高校篮球教学过程中，不同教学目标的实现要借助不同条件，因此，教学目标呈现出了对立统一的特性。对立统一的特性通过篮球教学内容选择设置、不同教学内容资源分配等方面表现出来。高校篮球教学实践活动的各个环节都设置有不同的具体教学效果目标；然而，在具体实践过程中，不同的具体教学效果目标并不能被同等对待处理，篮球教学的各个目标遵循着不同的发展规律并表现出了不同的特性。因此，课堂教学过程中必然出现各个教学目标的对立，如知识传播与技术学习、技术掌握与身体素质关注等。换而言之，假设教师将学生身体素质发展作为教学目标，要实现这一目标就必须给予一定的时间安排足量相关的身体素质练习。时间是教学目标实现的基础条件，每一阶段的教学时间有限，素质练习占用比例增加，其他教学内容所占课堂时间比例必然相应减少，则其他教学目标的实现过程必然受到限制，反之同样如此。

需要注意的是，高校篮球教学目标的实现在显示出了对立性的同时，也存在着统一的特征。举例来说，加强学生集体主义观念，能够相应提高其自主学习积极性与组织纪律性，学生若能够做到严谨自律、积极主动、团结协作，一方面能够确保正常教学秩序，从另一方面来看，无疑也能够对其他教学目标的最终实现有所帮助。提高学生在篮球上的理论知识水平，其在身体练习中的质量也会得到相应提高，篮球运动是按照既定理论指导而开展身体练习的，学习、理解、掌握科学篮球锻炼的理论知识与方法，有利于帮助实现篮球训练、篮球教学目标，保证教学成效。改善身体并提高综合素质能力，能够帮助学习并掌握篮球理论知识以及各种运动技能。篮球运动抽象理论知识以及各种实践技术技能的创造形成和发展，都必须以良好的身体条件做基础，对于任何体育运动而言都是如此，基础条件越优秀，对篮球理论知识以及技术技能的掌握就越高质高效。提高篮球运动的技术能力能够帮助学习者增强体质。学生具备了篮球运动技术，才能更好地展示其自身身心上的协调能力，运动技术能力的发展，能有效改善篮球教学，使学习者体质心智得到培养。

篮球教学各目标是统一的整体，彼此之间相互促进，相辅相成。因此，对高校篮球教学目标的研究与制定，要立足当下，牢牢把握高校篮球教学目标体现出的主要特性，顺应时间先后顺序使各种目标相辅相成，在彼此的相互作用中获得统一。

二、高校篮球教学目标创新原则

高校篮球教学目标要实现顺应时代发展的创新就不能随意实施，必须按照要求进行，换而言之需要以科学原则为指导，以确保目标创新进行得高效、顺利。客观分析高校篮球教学目标的内容及落实方式，可以得出如下结论，高校篮球教学目标的创新应在科学性与主体性、系统性和多元化四个原则指导下进行，下面对四个原则进行详细分析。

（一）科学性

设置大学篮球教学目标，应首先遵循科学性的基础原则。高校篮球教学的目标制定，只有严格以科学性原则为指导，保证自身科学性，创新才能真正体现出其价值，缺乏科学的基础保障，高校篮球教学目标就将同教学实践相脱离，真正的教学目标创新和发展更是无从提及。

首先，坚持科学性原则要从联系社会生活出发，要能够满足社会的人才需求。教育教学的核心价值是为社会发展服务，这一价值是借助培养社会所需要的人才转变为现实的。高校篮球教学是实现教育教学的方式之一，教育者必须承担教育职责，才能实现教育价值。因此，高校篮球教学需要从实现小目标开始，循序渐进，最终实现社会需求的核心目标。

其次，坚持科学性原则要充分考虑受教学生的实际情况，科学选择教学内容。高校篮球教学目标的具体制定需要从教学内容性质出发，例如，团队协作能力培养的教学目标，需要与教师技战术设置以及学生领悟战术意识的内容相配合，引导学生感受教学目标生成过程。

再次，坚持科学性原则要关注学生身心全面协调发展，要兼顾学生认识态度、情感性格等特征及其变化教学目标的制定要适时适度，以学生"最近发展区"为参考标准确定教学目标，如果目标水平太低使其达成难度太低，则学生很难获得学习成就感；如果目标水平太高使达成难度太高，则学生学习的积极性容易遭受打击而产生厌学心理，上述两种情况都不适合学生发展，需要避免。

最后，坚持科学性原则要确保目标的高度可操作性。实际教学中，部分篮球教师较为容易出现如下失误，将教学目标设置过高，导致其抽象广泛，学生必须对其"仰视可见"，从而产生了不必要的敬畏感，并很大程度上削弱了操作性，事实上是对其操作意义的忽视，这对于高校篮球教学目标的创新设置是十分不利的。需要认识到，实践性本身对于顺利实现教学实践活动来说是不可或缺的重要元素。因此，对于高校篮球教学的目标创新来说，实践性同样也是保证其良性发展的重要元素。

（二）主体性

高校篮球教学中，教师和学生都是主体，教学目标的构建也是围绕学生身心全面发展的中心实施的，因此，教学要坚持突出学生作为教学主体的存在，着重激发学生在教学过程中的主观能动性与创新创造力。当然，主体性是相对于而言的，传统高校篮球教学将教师与课堂书本作为系统中心，而实际教学活动过程中，往往极易出现学生的教学主体缺失现象。因此，教学创新需要坚持主体性原则，目的在于更好地激发学生参与教学的积极性，引导学生在主观层面对高校篮球教学产生积极情感，更好地完成学生身心全面发展以及以人为本教育的目的。这里需要强调，主体性原则强调学生在教学过程中的主体地位，但教学主体不等同于学生主体，同时也需要将教师主体包括在内，不能与传统教学同样陷入局限性误区，肯定一方面否定另一方，坚持非此即彼，而是需要明确并肯定教师以及学生的双主体地位，从而更好地提高高校篮球教学活动品质。

高校篮球教学旨在培养学生知识技能、情感态度及价值观等，必须有受教学生的参与，作为教学创新的重要组成部分，高校篮球教学目标的改革必须坚持主体性原则，保证学生能够参与教学全过程的每个不同环节，从教学目标的制定到实施再到评价等。

根据大学体育教学目标的内容，篮球教学目标的制定要实现创新性发展，应始终贯彻主体性原则，要做到兼顾学生共性及其各自独有的个性，保证学生个性和共性共同发展，真正实现将学生发展作为立足点。以大部分学生共性为立足点，要科学、合理制定稳定、具体、处于大部分学生最近发展区的篮球教学目标；以受教学生个性为立足点，一线授课教师要做到胸有成竹、未雨绸缪，能够对教学目标全面掌控、灵活调整，使全部学生都能在共性得到发展的基础上，展现出与众不同的个性，实现学生全面、个性化发展。

（三）系统性

高校篮球教学目标是有机化、整体性的系统，包括课程、单元和课时目标三个组成部分，每个组成部分之间在横向上彼此联系，且在垂直纵向上彼此相关，有机结合在系统整体中不可分割。可以说，高校篮球教学目标的创新本质上是目标系统的整体性创新，而随着整体创新的进行，各组成部分、目标要素也必须随之改变，自身也发生创新改革，以各系统要素相互之间的和谐有序来对整个系统起到支撑作用，才能确保整个系统的正常发展运作。

从纵向上观察可以发现，从课时目标到单元目标再到课程目标，三个组成部分之间呈现层层递进的上下级关系。换而言之，课程目标对于单元目标的确定与具体实施起着一定程度的决定性和制约作用，同样，单元目标又对课时目标的确定与具体实施起着一定程度的决定性和制约作用，整个系统中，下级目标在上级目标的指导下逐步具体化，并最终通过教育教学过程转变为现实，从横向上观察可以发现、坚持系统性原则意味着篮球教学需要建立在与其他学科的优势整合上，与其他学科保持紧密联系，而不能将其机械地分离。例如，不能将计算机部分的学习内容等同于教会学生如何使用计算机，如何利用所学知识应对考试，这样做反而忽视了学习本质。要借助计算机部分的学习内容培养逻辑思维能力，确保学生掌握了知识和技能，能够自主运用计算机技术来解决篮球学习中的各种问题，能够站在信息技术角度审视篮球运动学习并从中发现与信息技术相通的博大智慧，产生篮球学习兴趣，促进心智发展。总之，教师需要在最大程度上将"知识技能、过程方法、情感态度价值观"的三维目标同大学篮球教学每个阶段的具体教学目标融合起来，促使学生将知识顺利内化并融会贯通，在各方面的能力都获得发展。

高校篮球教学目标的创新发展，要时刻坚持系统性原则，站在系统化、整体角度对大学篮球教学目标的改革进行审视，使学生能够对学习目标的任务及发展方向有更加清晰、明确地把控。在此基础上，学生能够借助大学篮球教学目标的导向性及时调整其个性化学习目标，对学习进度做出准确掌控，通过这种方式学生拥有了更多的学习主动权，而非完全在授课教师掌控之下、按教师意愿开展学习活动。循序渐进地把被动学习由此转化为主动学习，主动学习转化为创新学习，将学习、训练切实转化为推动学生个体发展的必要方式，而非为应对考试不得不承担的负担。

（四）多元化

社会发展对于人才需求的多元转变，也决定了高校篮球教学目标必须向多元化转变。

首先，要将高校篮球教学的教育、发展和实质三方面目标有机融合起来，保证其能够落到实处。教育方面目标代指通过高校篮球教学开展面对学生的全面性教育，使其构建起正确积极的世界观、人生观和价值观；发展方面目标代指通过高校篮球的教学，推动学生身心健康的培养；实质方面目标代指通过高校篮球教学，引导学生领会并掌握篮球知识与相关技能。

其次，要将高校篮球教学同学生生活实际有机融合起来，严禁教学和生活之间的割裂。大量教学现状证明，当前很大一部分学校因循守旧，固守传统篮球教学模式，未能充分认识到学生生活、兴趣对于学习的意义。学习从本质上说是推动学生社会化发展的重要途径，将教学和生活分割开来，无疑不利于学生社会化发展。因此，要重视教学和受教学生生活的有效联系，使学生能够在篮球运动的技能、知识方面学有所得，并同时能够在社会生活上获得一定发展，培养与社会生活相适应的多元人才。

再次，要将人文主义与科学主义有机融合起来，确保学生在习得篮球技战术的同时，有机会在全面性、多元化空间中得到发展，实现各方面能力的增强。保证科学主义意味着学生所学技能、知识的真理性，学习内容属于人类认知中基本确定的正确的部分；保证人文主义意味着重视学生的学习主体地位，确保学生全面健康发展，在知识技能、生活情感、人格审美、自我实现等诸多方面得到培养。

三、高校篮球教学目标的创新改革策略

高校篮球教学目标的创新改革策略，即以高校篮球教学目标创新的顺利实现为目的，在理论与实践上制定和实施的相关计划及系列行动。在反思旧有高校篮球教学目标弊端的前提下，应依照科学教育发展观指导，严格遵循上述目标创新原则，站在教学目标实践主体角度上，制定以学生为本的策略；站在教学目标构建与具体实施角度上，制定教师与学生的共同转变策略、突出整体性策略和强调过程性策略；站在教学目标内涵角度上，制定多元评价策略。

（一）以学生为本

坚持以学生为本的原则，即将高校篮球教学根本任务落在学生的全面发展上，以学生为本的策略在当前高校体育教育课程创新改革中处于核心地位。在教学过程中，以学生为本的策略要求必须重视学生在教学全过程中的主体作用，授课教师要始终坚持把满足学生学习需求与多元化人才培养需求当作一切教学活动的出发点，使课堂归属于学生。在教学活动中，教师要开放思想，根据实际教学条件创设具有启发性的教学情境，引导学生积极融入教学情境中去，开展与教师及其他同学的交流协作，勇于质疑、探究教学内容、学习方法，由以往的被动接受真正转变为主动探索。高校篮球教学要实现创新改革，必须首先坚持"以学生发展为本"的基本理念，将学生包括创新精神、实践能力等在内的多方面综合素质的提高作为教学重任，牢记学生同样是高校篮球教学目标的实践主体，教学最终的

目标需要落实到学生的全面发展上来。

坚持以学生为本的原则也就意味着必须在高校篮球教学活动中将学生的主体地位充分体现出来。篮球教学中，学生对教学各个环节的广泛参与是实现其主体性地位的最主要方式。因此，在课程正式展开之前，教师必须精心设计各个教学活动、教学环节，根据学生实际发展情况科学制定教学方法、明确教学内容。作为一线篮球教师，要着重注意如下方面：首先，必须严格在教学大纲的指导下，依照规定的教学要求及内容，寻找并明确与当前形势下最适合的教学模式，站在受教者"学"的视角上审视并设计教学。其次，教师需要在篮球课堂上创建相对民主的氛围，为学生提供时间和空间上的相对自主性。高校篮球教学各个环节的设计，要始终坚持围绕学生的教学主体地位进行，通过提供时间、空间上的相对自由发展空间，刺激学生产生教学活动的参与积极性。高校篮球教学设计的创新改革，能够通过以学生为中心的教学活动的改革得到充分体现。相应的，教师的角色地位及其所起到的作用也需要伴随学生学习活动的改变而相应调整。举例来说，教学课程正式开展前，篮球教师需要在准备活动中为学生做出正确示范，用适当引导确定学习方向，课程进行过程中要不停地巡视，观察学生各自学习情况，对学生出现的学习困难提供适当帮助，出现的学习错误予以及时纠正；教学活动之后篮球教师要认真检查教学活动完成状况，站在整体角度总结教学过程中出现的主要问题，解答学生的学习疑惑，充分发挥教师在教学过程中的主导作用，突出学生在教学过程中的主体性作用。

坚持以学生为本的原则，最大程度推动学生充分发展，需要从主观层面出发，使学生产生主体情感，构建主体发展的学习氛围：首先，授课教师要重视学生情感，在具体的教学活动中，建造并灵活更换教学情境，创造轻松愉悦的教学氛围，为学生创造积极的学习情感体验。从教学实践角度上来讲，课堂中学生的情绪受教师主导，良好教学氛围的构建需要教师保持积极向上的教学心态，在此基础上为学生带来积极的情绪影响。其次，篮球教师应转变传统观念，改变传统教学中教师的权威、垄断印象，积极拉近与学生之间的距离，消除师生之间的陌生感，充分尊重学生，构建积极活跃、平等交流的学习氛围。与此同时，在教学过程中，教师要关注学生的进步，及时予以表扬，坚持引导和鼓励，让学生能够切身获得成功体验，从中产生更多学习的动力，同时也增强自主探索学习的自信心，在内在层面以主动、积极情感对教学活动产生认同感。

坚持以学生为本的原则，意味着在关注学生身心全面发展的同时，同样要重视学生的创新能力、创新精神等方面的提高。具体教学过程中，以具体的创新型目标为指引，篮球一线教师需要从学生课堂表现及变化出发，有目的性、针对性地进行灵活掌控，保证对学生的严格管理，同时适当创造自由空间，使学生有更多对大学篮球教学的自主探索机会，引导其养成自主发现问题、解决问题的良好学习习惯，适当鼓励学生创新思想方式、用独创性思想观点解决学习中的各种问题，为学生创新思想培养及提高创建积极影响。"以学生为本的策略"在教学目标的创新中极为重要，在明确教学目标的内容、具体制定教学目标，以及实施教学目标，都坚持以学生为本的策略，才能最大限度地保证高校篮球教学创新改革的顺利实施，确保教师教学活动的实效性，推动教学目标顺利转化为学生学习目标，使学生真正认识到学习对自身发展的价值，将学习当作人生乐趣。

（二）教师与学生的共同转变

在体育教学改革进行过程中，对于篮球教学来说，无论是教师还是受教学生，都需要明确认识到自身在教学过程中的角色作用，顺应时代需要对旧有角色认知进行更新转变。篮球教师要从教学主导者、掌控者转变为教学引导者，丰富在传统教学中教授理论知识、技能的单一职能，成为学生学习过程的参与者及促进者；学生转变在传统教学过程中被动接受知识的地位，成为教学的主动参与者与学习的创新开拓者。在高校篮球教学活动中，每个不同环节，要更好地实现，都必须由教师与学生互动协作、共同参与、协同实现。高校篮球教学目标的创新改进，需要对传统意义上教学目标制定做出改变，不能由教师依照既定教学大纲单独决定，教学目标的制定同时也要适当增加开放性，引导学生参与其中，丰富、充实教学目标。事实表明，使学生参与到教学目标的确定过程中，能给予学生机会，根据自身发展需求适当调整教学内容，使学生在主观层面上的被重视感受有所增强，树立学生主人翁意识、学习主体意识。

（三）突出整体性

传统教学模式中，和众多其他学科教学相同，高校篮球教学也具有或多或少的应试性目的，尽管为适应时代发展，篮球教学提出了对学生在情感智商、技能及精神意志等方面培养的新目标，然而教学实践过程中却往往难以落实到位。在学习过程中，学生更习惯于将学习重点放在知识掌握和技能强化等与考试规定相关的内容上，换而言之，当前学生的篮球学习大都将考试作为终极目标。所以，要实现篮球教学目标的创新发展，切实提高教学质量，就要打破传统教学的限制，使学生明确其发展所需，有能力在整体层面对学习目标有明确认识。通过这种方式，一方面让学生对即将接触到的学习内容预先把握、整体感知，有准备地接受教学，从实际教学内容中总结出与自己相适合的科学学习方法，掌握自主发现问题和解决问题的能力；另一方面，充分发挥教学目标的导向作用与激励作用，以学习目标的明确为基础，不断增强自身学习动力，学习目标的完成效果也就得到了相应提高。

整体上分析，不同层级高校篮球教学目标需要采取不同方式呈现。总目标大都适合在开学之初课程正式开展前向学生展现，可由教务处或一线篮球授课教师将教学目标绘制成简洁、生动的表格、图示等直接呈现给受教学生，借由这一呈现，学生能够对篮球教学课程特点、框架以及整体结构做出全面化、系统性掌控，对篮球课程学习内容以及培养的能力做出预判。单元目标适合在单元讲授前向学生展现，可由一线篮球教师将教学目标制作成目标图的形式呈现给学生，为学生预习提供指导借鉴。课时目标为高校篮球教学各个课时实施的具体目标，其呈现方式多种多样，教师可在课程正式开展前列出既定的具体目标，使学生能够站在更高一级对学习方向有更好的判断。此外，一线篮球教师也能够在教学结束、开展教学总结时，再次呈现教学目标，帮助学生更好地开展阶段学习后的总结工作。

（四）强调过程性

教学观念发生了变化，在最新教学观念的指导下，教育实验研究广泛开展，在总结了实验研究成果的前提下，广大教师从不同层次、不同角度对篮球教学目标价值取向进行了积极有效的探索研究。对旧有突出篮球基本知识、基本技能的"双基"的价值取向进行了丰富和改变，在重视"双基"的基础之上，增加了对生活经验、创新思维能力、精神情感的关注，使高校篮球教学目标价值取向同样发生了多元化的转变。由以往单一强调知识、战术的灌输性教学到强调学生认知、情感等多方面共同发展，这种转变说明了当前我国篮球工作者们认识到了促进学生全面发展的重要意义，高校篮球教学价值取向的多元化进步，促使教与学活动向着多样和丰富性转变。在通常情况下，"双基"教学目标有具象化特点，能够被较为容易地测量，因同应试教育需求的契合性，而长期受到各学校、教育工作者们的高度重视相对的，其他目标无法被清晰量化，其效果取得也并不明显，然而其对于个体发展不可或缺，随着教学过程的推动和教学情境的改变、教学内容的逐渐升华，除"双基"之外的其他目标在潜移默化中逐渐形成。推断可知，高校篮球教学中，既定的目标不能涵盖所有目标，而是在教学活动的发酵下逐渐超越其原有意义，伴随教学过程不断生成和发展。

通过调查篮球教学发展现实状况可以发现，教学目标已超越了传统概念，开始发生了质的改变。当然，这改变具有顺应教学发展的合理性。篮球教学的不确定因素较多，其中，主观性最强、变化性最大的因素为作为教学主体的人（教师及学生），要保证学生发展得综合全面、健康长远。教师及学生需要按照教学环境、内容及形式等其他因素变化而相应做出调整，保证整个教学系统运行的和谐，尽最大可能创造所有机会为学生提供更加健康的教育成长环境。

第四节　高校篮球教学目标的路径构建

要提高篮球教学实效性，正确陈述教学目标是必要条件，以借鉴国内外教学目标分类研究价值为基础，学习、掌握高校篮球教学目标陈述基础要求是十分必要的。

一、确定教学目标

高校篮球教学目标是教育目标、目的的具象化确定，篮球授课教师要根据课程教学内容保证教学目标制定得科学合理，要考虑到学生身体素质发展状况，也要考虑学生情感认知发展状况。在教学实施过程中，要关注三种教学目标的产生与总结，有计划性、有针对性地将学生的注意力放在实现教学目标上，用实现学习目标激发学生参与学习的兴趣；此外，学习并掌握篮球技术、战术，必然需要时间与精力进行积累，使技术动作从分化逐渐过渡发展到自动化，这就意味着学生从初次接受到深入掌握某技战术内容，可能要花费数节课的时间。如在理论知识的初步讲授阶段，陈述性或是程序性理论知识，教学重点都相同，即学生理解理论知识，相对应的，高校篮球教学目标同样是理解。在理论知识的巩固内化阶段则有所改变，这一阶段在陈述性理论知识讲授上，教学重点在长期保持理论知识上，而高校篮球教学目标为学生记忆运动理论知识。在程序性理论知识讲授上，教学重点在使学生内化理论知识上，而高校篮球教学目标则是使学生熟练掌握各类技能。

二、教学目标的系统平衡

高校篮球教学目标是由包括动作目标、认知目标、情感目标等在内的各式目标集合而构成的系统，庞大且复杂，且此系统时刻处于动态变化过程中，每个目标彼此作用、相互影响、此消彼长，因此，需要对高校篮球教学每节课的目标做出适时把握，保证不同目标相互之间有效促进，而非相互制约，确保目标系统的平衡。

篮球教师在每节课程正式开始前，认真研究课时中最主要和基本的教学目标，从预期教学目标出发针对安排教学方法、选择教学内容，力争事半功倍。举例来说，篮球教学预期目标为：能够讲解篮球运动进攻中有关挡拆战术的基本要领与要求，并演示出来，预期目标中包含有诸多内容：掌握并能够演示挡拆战术、进攻方基本要领、防守方基本要领等。要确保预期教学目标的整体实现以及各小目标的平衡，大学篮球教学过程中，授课教师需要从以下几方面出发做出最大程度的努力。

第一，从总教学目标出发，明确某个本节课的最基本、最主要的教学目标。确保学生通过本节课的学习，至少能获取"一得"，按照"一课一得，得得相连"的规律，在各个课程的点滴积累过程中，最终能够自主构建篮球学科的知识框架，形成知识体系。

第二，不能忽视教学目标的层次性：例如，就部分篮球运动规则的学习来看，概念是先决条件，教学目标的设置和完成不能主观跃进，需要坚持层层递进，逐渐实现。无论是加涅学习结果分类还是布鲁姆教育目标分类系统思想，都鲜明强调了这一点。

第三，平衡认知领域目标同情感动作技能领域目标。举例来说，在篮球运动裁判规则的课堂教学过程中，部分学生乐于充当裁判角色，因此对这一部分学习表现出浓厚兴趣，积极听讲，认真实践，在知识技能和实践能力上进步迅猛；部分学生只对篮球运动技能的学习感兴趣，并不喜欢裁判规则部分内容，若大学篮球教师在教学过程中，仅关注篮球技能上的教学，而忽视学生在篮球运动上的参与性，其教学效果必会大为失色。

第四，教学目标数量、水平必须符合学习规律。心理学领域中，在注意稳定性上的研究提出：过长时间保持对同一类事物的注意，易使人产生疲劳。且有关记忆的研究指出：对于难度较高的运动技能、知识材料，分散学习相对于集中学习来说得到的最终效果更好。

三、教学目标分类研究的教育价值

高校篮球教学的实践过程中，相当一部分人未能对教学目标做出正确陈述，具体表现在如下方面：

首先，一味追求"目标陈述"，对目标知识类型不甚了解。这一问题广泛出现在当前高校篮球教学实践中。很大一部分篮球教师仅做到了从篮球学科教学的角度出发，简单粗暴地提出教学目标，例如教师在某节课（某单元）的学习过程中，提出了如下教学目标：使学生掌握篮球行进间急停跳投技巧，掌握急停跳投基本教学原则，能够在实践过程中熟练应用此技术。然而由于未能深究或很少意识到深入思考的必要性，教师对其所述目标知识应归属哪种类型并不明确，对要实现以目标需要为学生创造何种教学环境并不清楚。

其次，自顾自话，仅从自身语言体系出发，按照教师个人习惯陈述篮球教学目标。例如有的篮球教师提出了"会用、学、教"的"三会"课程教学目标，表述简单，在教学指导以及帮助教学实效性提高上的效用低微，往往目标制订者自己没能够依照目标指导开展教学，而是采取了简单应付的应对方式。

再次，陈述篮球课教学目标的方式过于抽象空洞、难以理解，例如提出"养成团队协作能力""树立队友支持精神""能够分析球变幻莫测的复杂局势"等目标。

最后，用"教师通过何种行为，达到何种标准"的套词陈述目标，或粗暴搬用教学大纲或课程标准中提出的教学目的任务作为篮球课教学目标的陈述，缺乏针对性、创造性和实用性。

以教学目标分类为对象的研究广泛开展，国内外众多教育专家学者在此研究上获得的丰硕成果使篮球课教学目标现状的改善有了坚实的理论基础，对一线授课教师来说，教学目标分类研究价值主要展现出如下方面。

（一）强调有效定性

教学目标分类理论的存在使授课教师具备了科学化确定教学目标的能力，通过学习借鉴，教师能够对教学目标进行更好掌控。篮球课的教学目标对具体教学工作的开展产生了针对性的指导和推动作用，因此，编写篮球课教学目标是一线授课教师在教学设计环节中的常规工作，绝大部分篮球教师都在篮球课教学方案中制定了"单元教学目标""课时教学目标"等有关教学目标的内容。但也必须承认，大多数篮球教师对自己制定的教学目标的性质其实并不了解，教师大都将关注点落在教材中需要讲授的具体内容上。例如，部分篮球教师有这样的记录：在本次课程教学中，学生"对篮球运动裁判法规则有了初步掌握，在执裁能力上有所提高"。然而，从知识类型上看，裁判法规则属于何种性质、需要何种学习条件，大部分教师没有清晰认识，也并未进行深入研究。因此导致如下现实问题的出现，教学实践将教学活动等同于"教教材"，在规定教学时间内完成教材讲授视为完成教学任务，就认为教学目标也已经达成。有了教学目标理论做辅助，这种不利情形则能产生极大改善。在开展了科学分类的前提下，教师能够在知识内容、认知过程维度类目理论指导下加深理解各类目内容，顺利定位教学目标。

同样以"对篮球运动裁判法规则有了初步掌握，在执裁能力上有所提高"的教学目标举例说明问题，加涅的学习结果分类理论认知学习结果分三种：言语信息、智力技能以及认知策略三类。在这之中，智力技能被分为辨别、概念、规则、高级规则等若干小类，根据复杂程度的不同描述了学习者心理发展由低到高的过程，掌握规则的学习者完全能够用相同类别的行为解决相同类别的问题。显而易见，"篮球运动裁判法"的学习是规则学习，成功的学习者能够沿相同步骤顺利实现性质相同、相似的裁判活动以布鲁姆的认知目标二维新分理论为指导，也能够有效帮助加深对篮球教学目标的认识。"掌握"一词经常被一线篮球授课教师使用和提及，但这一词汇包含有多种不同理解方式，不同理解方式可能影响学习过程并最终产生不同学习结果，例如应用、举例、记忆等。对大学篮球教学来说，对篮球运动裁判法有"掌握"、学生执裁能力有"提高"，意味着要求学生达到"执行""实施"的发展水平。借鉴认知目标二维新分类理论，"执行"与"实施"在认知过程维度框架中隶属于三级水平。在理论解释中，"程序性知识即怎样做事的相关知识，包括具体篮球技能及理论知识、使用程序性知识的恰当时机、篮球技术战术相关理论知识"。由此可以推断出，对篮球运动裁判法规则有了初步掌握，在执裁能力上有所提高应该归属程序性知识。可知，按照认知目标二维新分类框架的理解，上述教学目标涉及"程序性知识"与"应用"。

从上述分析可以发现，篮球教学目标属于程序性知识，学生需要通过"执行"规则来证明其已经实现了相应知识的掌握和内化。如安德森曾经提及的，如若对框架中各类目的具体含义有所掌握，清晰了解这些目标也就轻而易举，正如将动物归纳到种系框架中能帮助更好地了解动物一样，将教学目标归纳到框架之内能帮助我们更好、更深入地理解目标。

（二）注重有效适配

对教学目标的科学分类能够使一线教师明确知识类型，根据类型的不同选择更有利于增强学习实效性的教学与评估方式。在此处，适配代指目标、教学以及评估三元素对应一致。很多专家学者都对上述对应一致的思想有着精辟研究。举例来说，尽管学科有所区别，但其各自学习结果有着统一一致性，而就相同学科来看，也有着不同教学结果，因此资源有效配置具有必须性。首先，目标类型不同，在教学方法上的要求也有差别，即在学习活动、课程材料以及师生角色上都要有所区别。其次，尽管学科、课程有所区别，但目标类型相似也可能需要相同的教学方法，不同类型目标提出了差异化的评估方法，相似类型的目标则提出了相似的评估方法。

我们依旧将"对篮球运动裁判法规则有了初步掌握，在执裁能力上有所提高"教学目标当作范例来阐述目标、教学、评估三者的适配一致性问题。根据加涅学习结果分类理论来看，"对篮球运动裁判法规则有了初步掌握，在执裁能力上有所提高"的字面含义显示这一目标有关于篮球裁判规则的学习，然而目标的陈述并未就篮球授课教师需要提供何种技术、理论支持等问题做出明确阐述，"掌握、利用规则"要求教师在教学过程中按照如下方向开展努力：①必须使学生能对篮球裁判规则和其他体育项目裁判规则间的不同有明确掌握；②必须确保学生将篮球规则熟记熟背；③必须使学生掌握判别比赛各种情况的能力，掌握规则实施尺度。因此，篮球教师在教学过程中需要适当创造更多的实训机会，通过实践锻炼学生在知识掌握和运用上的能力，发现理论知识和实践的差距，弥补将理论知识转化为实践能力的不足。按照布鲁姆的认知目标二维新分类框架来分析"对篮球运动裁判法规则有了初步掌握，在执裁能力上有所提高"教学目标，可以发现这一目标是"程序性知识"与"应用"两部分的交集。从这一发现中可以推知，不论何种具体目标，都能够这样开展教学活动：①明确程序性知识相关基础概念；②明确具体技能及抽象知识；③学生创造执裁机会，使学生在处理比赛突发事件、应对赛场多变形势上的能力有切实提高，保证并提高教学效果。除此之外，可以将评估形式设置为课堂上的更多执裁机会，确保学生在裁判过程中能够得到科学、适时的指导与帮助。当前我国大学篮球教学实践过程中，很大一部分篮球教师更倾向于关注学生在篮球运动技能与战术方面的掌握上，大量训练、广种而薄收成为教学常态。究其根源，与篮球教师没能够准确定性教学目标有很大关系。在缺乏明确而具体的教学目标的前提下，教师要顺利开展教学、要明确教学重点，就必然需要求助于评估工具，这就必然会导致评估转变为教学目标，教师的教变为以评估为目的的教。

（三）提供共同标准

国内外教育专家在教学目标分类理论上取得了重要研究成果，其另外一层价值在使教研活动具备了基本词汇与共同标准，推动了研究者们彼此交流的机会。教学实践过程中经常出现此类陈述："通过本节课学习，确保学生掌握……或理解……"，然而类似此类词汇主观性十分明显，不同教师思想意识中的"掌握""理解"标准很有可能大相径庭。可能有部分教师认为，有能力复述出教材中的相关概念即为理解；部分教师可能认为自己组织语言正确阐释相关概念才是理解；还有部分教师则可能认为只有能从正反两方面列举案例进行详细阐释才是真正的理解。显而易见，在个体认知发展过程中理解要远远超出回忆，要定义理解，就必须用被广泛一致认可的基本词汇作为共同标准。

（四）目标陈述两种技术

正如前文分析得知，目标陈述对高校篮球教学的有效性有着十分重要的影响，在篮球教学实践过程中，很大一部分篮球教师有困惑而较难解决的重要问题。在过去的教研活动中，心理学家们在目标分类理论的研究方面取得了显著成绩，同时针对实践层面也设计出了具体的方法，影响性最为广泛的是行为目标陈述法以及内外结合表述法。对比来看，前者的关注点在行为学习观，强调利用能够测量、观察的相关方法对教学目标进行阐述；后者的关注点在认知学习观上，强调学习过程中学生内在心理变化发展过程。

1. 行为目标陈述法

"行为目标即能够被可观察、可测量行为所陈述的目标"。1962年，在行为目标研究上取得了卓越成就的学者马杰提出，教学目标中有关行为目标的陈述需要涵盖如下要素：①阐述学生能力范围（例如"在篮球比赛执裁过程中应用篮球裁判规则"），②阐述学生在任务完成过程中可以拥有的条件（例如"独立完成裁判工作"等），③明确学生目标实现的评判标准（例如"执裁正确率超过90％"）。

马杰提出的行为目标陈述法使传统教学方法中目标陈述过于模糊的弊端得到了有效改善。举例来说，过去篮球授课教师经常提及"在教学过程中提高学生执裁能力"，然而何种程度的表现能够被视为具备执裁能力？各人理解不尽相同。若将马杰行为目标陈述法引入目标陈述当中，则篮球课教学目标可被精确发展为："能够独立完成裁判工作，在篮球比赛执裁过程中应用篮球裁判规则，执裁正确率超过90％。"这样，具体、清晰的教学目标能帮助教师、学生对学习目标产生明确认知，知道自己所需要教授、需要学习的是什么，知道自己所需要重点学习、着重强调的是什么。

2. 内外结合表述法

行为目标使传统教学模式中陈述教学目标过于含糊的缺陷得到了有效改善，但从一方面来看，其着重突出学习者行为结果，反而未能关注其内在心理过程的变化发展，用行为目标表述法有很大可能导致篮球授课教师将关注点局限在学生外在行为上未能重视内在层面、能力情感等的发展变化。因而会无法避免地使用到诸如"掌握""理解""体会"等有关内部心理的描述术语。甚至部分篮球教师承认，喜欢如"掌握篮球技术运用方法、培养学生能力、体会团队协作情感"等语句，是一种习惯。但是，客观评判，与内部心理相关的描述术语并不能够对教学目标做出相对准确的陈述。举例来说，当大学篮球教学目标为"学生能够理解'篮球文化'概念"的时候，不同教学活动参与个体就"理解"一词就有着程度不同的解读，很难有统一、确切的含义界定。能够借助教科书内相关定义解读"篮球文化"可以是"理解"，能够凭借自身经验和认知，使用个性化语言解读"篮球文化"可以是"理解"，能够用具体事例陈述或针对篮球文化建设提出科学建议同样也可以是"理解"。明显的上述多种不同程度、不同层次的"理解"其实是回忆、解释、举例与运用等不同认知水平的映射。以传统陈述方法以及行为目标陈述法的缺陷补充为出发点，1978年，格朗伦在《课堂教学目标的表述》中提出，可以采用内外结合方式开展对教学目标的陈述——用与内部心理过程相关的描述性术语陈述学习目标，来反映诸如理解、分析、欣赏、创造等内在层次的心理发展变化，后用列举的方式进一步解释内在变化，通过举例使内在心理的发展变化能够被观察与测量。即结合内部过程与外显行为的教学目标表述方法。

（五）目标陈述基本要求

1. 教学目标的陈述必须是受教学生最终学习结果

对这一要求进行的阐述主要可从如下三方面进行：首先，大学篮球教学活动中，教师与学生是行为主体；其次、教学目标映射内容学生在经历篮球教学活动后，其认知与行为上的发展改变，而非学习内容；最后，大学篮球教学测验及评估不等于目标本身，仅是目标评估手段。总而言之，大学篮球教学目标描述对象是学习结果——预期中学生习得成果、预期中学生实现的发展和变化。

高校篮球教学实践过程中，经常出现结果、内容、手段三者相互混淆，主要表现分为以下几点。

其一，将篮球教师在教学过程中的活动等同于教学目标使用。例如，"对学生开展篮球技术、战术实践训练""引导学生切身体会技战术实践过程中优秀运动员的感情思想"等，在教学实践当中，作为教学目标出现都十分常见。

其二，将"学生学习篮球技术动作"等同于教学目标。

其三，将高校篮球教学评估、测试的通过等同于教学目标，例如"使学生裁判能力达到国家二级篮球裁判员标准"。

种种错误产生的原因都在于将高校篮球教学活动等同于教学目标，将高校篮球教学的学习内容等同于学习结果。这种错误的认知给篮球教学带来了不良影响，误导授课教师，使其以为成功的教学即按照高校篮球教学大纲要求实施篮球课堂教学、将高校篮球教学大纲中规定的内容作为全部教学内容，认为只要学生能够通过国家二级篮球裁判员考试，能够取得相应等级证书，就说明篮球教学目标得以达成，然而事实与其相距甚远。事实上，高校篮球教学大纲中明确提出的"教学要求"是最基础要求，规定了篮球授课教师限定教学时间段中为完成目标所应做到的基本教学行为，其行为对象为授课教师而不是受教学生，涉及内容也不包括学生通过学习在认知、情感及行为等方面应实现的发展改变。这也就意味着，即使教师教学过程依照相关要求完成了教学行为，也并不能证明教学目标真正得以实现。学生在经历了学习之后，认知、情感、行为等方面是否得到了发展变化，是否能够在测量检验中被发现有显著增长，并非"教学要求"要回答的。教学目标陈述的并非也不能是教师教学行为，应该是在经历教学过程后，学生内在认知、外显行为等的全方位改变。

2. 目标陈述需要具体明确

对高校篮球教学目标的陈述必须最大程度避免使用含糊不清、脱离实际的词汇语句。诸如"培养学生创新思维能力""发展学生的一专多能素质""增强学生信息信心""促使学生具备坚强意志品质"等教学目标陈述，都有着无法明确检测、难以把握、脱离实际的缺陷，不具备应有的教学指导作用。然而，从当前高校篮球教学普遍情况中可以发现，众多一线高校篮球教师在教学实践中，对于"了解""掌握""知道"等描述性语词依旧有很大依赖，习惯用这一类词汇对篮球教学目标进行陈述，甚至在部分公开发表、"范例性"教案中都出现过这一情况。

要保证高校篮球教学目标陈述的明确与具体性，最大限度地发挥教学目标在篮球教学活动中应有的导向、指引作用，心理学家提出建议，应采用陈述目标标准格式——学生将能够（或者学会）+动词+名词。其中，动词即认知过程，名词在一般情况下等同于知识

（举例来说，学生能够比较急停跳投与原地投篮的相同点和差异性等）。高校篮球教学目标陈述中，动词能够被分作行为动词与非行为动词。行为动词即描述的外显、可见性行为的动词（说出、列举、说明等）。也存在很多动词，其所描述的学习成果不可见，如理解、感知、明确、体会等。不同认知水平层次也有代表认知能力的动词（回忆、再认等），反映理解能力的动词（解释、概括、比较说明等）。

3. 目标陈述需要以某分类框架做依据

为最大程度发挥篮球教学目标的导教、教学指引功能，众多心理学专家、学者在教育目标分类研究方面付出了巨大努力。一维教学目标分类、认知目标二维新分类等五种学习结果分类理论研究成果，在教学活动发展中做出了卓越贡献。同时，佛罗里达国际大学教授豪恩斯坦、课程与教学设计专家马扎诺都在教育目标分类的问题研究上，提出了创设性见解。前者就当前认知、情感、心理动作技能领域的区分进行了再思考，提出目标分类需要均衡协调、突出行为且保持整体的统一，强调学习过程中每个学习者作为单独个体的整体性；后者对"一维"（认知、情感、运动技能）、"二维"（知识和加工水平）以及三系统（自我、认知以及元认知系统）做出了详细说明，解释了其各自的作用原理，强调了自我与元认知系统对认知系统具备的影响力。比较看来，豪恩斯坦认同教育目标能够被划分作认知、情感与心理动作技能领域，但同时，更强调学习完整性行为，认为通过学习获得的成果必须是认知和情感以及心理动作技能的融合产物。显而易见，最近时间段内，就教学目标、学习结果的分类研究，各专家、学者并未提出明显分歧，且有关三大领域（认知、情感/态度、心理动作技能）的区分的观点理念有着高度一致性。出于这种原因，我们必须按照教学目标/学习结果分类的某框架做依据，对篮球教学目标进行陈述，切忌随心所欲，在篮球教学目标陈述的问题上主观臆断。

第八章　高校篮球教学的内容

第一节　高校篮球教学的内涵及相关概念

一、教学内容的内涵

（一）权威书籍中的界定

"教学内容，即学校教学中传授给学生的包括知识思想、技能技巧、观点信念、言语行为和习惯等的总和。"

"教学内容又叫课程，是学校给学生传授的知识和技能、灌输的思想和观点、培养的行为和习惯的总和。我国把规定教学内容的文件称作教学计划、教学大纲和教科书，它们是教学内容的具体化。"这一观点具有权威性、代表性，映射了当前对教学内容的理性思索与观点认识。

（二）国内学者的界定

教学内容是教育理论领域中的基本术语，在俄罗斯以及我国广为流行。在一些以英语为母语的西方国家，专业术语不存在教学内容的专有名词，仅有课程内容这样的词，这些国家认为教学内容本质上是文化的教育化。作为教育化了的文化，教学内容既不是原生性文化，也并非单纯从原生性文化中粗暴截取的某个部分，而是将文化的精华部分提炼出来并有机融合到了一起，本质上说是具有简洁性和再生性的文化。

二、相关概念辨析

在通常情况下，教学内容容易与"课程""课程内容"等同，又和"教材""教材内容"等易混淆，在新课程改革中，"课程资源"概念被反复强调，那么教学内容与上述概念彼此之间到底有什么区别和联系呢？

（一）教学内容、课程、课程内容

在传统教育模式中，课程和教学内容、课程内容和教学内容的相互关系容易出现混淆。当前依旧有很大一部分教师对此没有明确掌握，习惯于交互使用课程内容、教学内容。举例来说，有人定义课程为"学校的教学内容与教学进程计划"，这种交互使用课程内容、教学内容定义的情况在各种专著、文章中普遍存在。必须承认，课程及教学内容、课程内容及教学内容彼此存在关联性，关联性的客观存在也是众多专家学者容易混淆几者的原因，然而从本质上看几者相互之间存在区别黄甫全指出："课程理应包含有教学内容""课程内容代指内容选择与组织设置；教学内容则代指教学过程中以教学内容为对象的选择与加工，是教师实施的、作用于教学内容的加工处理、删减补充、改变替换等教育工作过程，是师生针对当前课程内容为对象开展的教学活动，也是师生对课程内容的发展和再创造。"在新课改理念的指导下，教师加工、处理课程内容以及师生协作互动创建发展新

内容得到了重视。

（二）教材、教材内容、教学内容

通过上述分析可以发现教材和教学内容、教材内容和教学内容彼此区别、各有侧重，相互之间是包含和被包含关系，那么将几者等同、混淆应用的根本原因是什么？通过分析可以得知，这主要是受传统教学模式影响。在过去，我国课程实施长期强调教师教学活动的"忠诚"性，全国上下保持一致，要求一线授课教师如实传递来自上层的规定，禁止出现创新及改变。教材被神圣化，在教学活动中处于无可动摇、高高在上的地位，使教师与学生必须严格按照教材开展教学活动。上述教学规定被列入国家文件之中，教师不能擅自更改，教师不能进行主观发挥，这是大学篮球教学活动必须遵照和依据的统一标准，教师的教学工作不可违背触犯此外，社会普遍将教材视为教科书，认为二者属于同一事物，教学即讲授教材、讲授教科书，将教学统称为"教书"，教师又被戏称为"教书匠"。然而事实上，此时的教学内容仅代指教科书意义上的教材。将教学内容与教材内容等同起来，原因在于教材内容、教学内容二者紧密相关，"教学内容源自对教材内容的演绎，最终发展成为对教材内容的发展和再创造"。教材内容属于教材具体化的概念，解决的是"用何去教"的问题。教学内容则是学生学习、知识内化的具体资源，由教师加工处理得出，理想状态下教材内容能够实现"课程内容教材化""教材内容教学化"。在当前时代环境下，教师需要做出调整应对，更新陈旧教学观念，凭借创造性思维客观审视教材，拒绝神圣化，也不能一味贬低，将学生知识技能学习与身心全面健康发展视为教材追求的"范例"，灵活使用并正确把握教材，使教材服务于教师和学生，并紧随时代发展积极推动教材创新和深加工，教师由以往的"教书匠"向"研究者"方向努力转变。

（三）教学内容以及课程资源

在新课程改革进行的过程中，新术语——课程资源广泛出现在各种报纸杂志中，在教育系统中的重要性也逐渐显现。课程资源是课程改革推进、教学设想实现的坚实保障，倘若没有课程资源，则课程改革必将变成空谈，会因为无法转变为现实而最终失败。课程资源的丰富程度与适合程度在很大程度上影响并决定着教学目标向现实的转变，因此，明确课程资源的具体含义是十分必要的。

包括课程形成要素、课程来源及课程实施必要条件等在内的多种因素，只要能够帮助课程目标的实现，都能够被称为课程资源，课程资源包括显性与潜在两种类型，诸如图书馆、资料室等属于前者，诸如良好学习风气、平等互助的课堂学习氛围等属于后者。课程资源范围十分广泛，包括直接对课程起作用的素材性资源（知识技能、经验能力等），通过影响其实施范围与水平而对课程起作用的条件性资源（人力、财力、物力等）、物质形态资源（科技设备、文化馆、古迹等）、精神形态资源（价值观念、行为准则、习俗风气等）。从对课程资源的大致理解可以得知，其都有教授和学习价值，能够全面支持教学活动的开展，教育价值主要体现在对学习的服务上。因此，教师和学生按照既定标准对其做出筛选加工后，课程资源完全能够融入课堂教学中，完全能够被视为大学篮球教学内容的有机组成部分。

三、篮球教学内容概念关系辨析

在明确了大学体育篮球教学内容相关概念后，以更深一层对篮球教学内容实质进行考察为出发点，我们需要从一般意义上，按照逻辑角度将教材、学习活动、学习经验相互区分开。

（一）教材

教材即教科书，指代"用图形、文字等语言符号的形式表现出来的代表一定教学内容的教学用书，是以事实、原理等形式来表述教学内容知识体系的，教材是教学内容最直接、最常见的物质载体。"然而教材与教学内容并不等同，要认识到，教学内容中的直接经验、情感经验等是不能通过教材体现出来的：从某种意义上说，教学内容涵盖了教材，教材是教学内容的直观体现。

传统的教学模式中，教学内容一直都被视为学生需要习得的知识内容，同时知识传递也是要依靠教材作为方式和媒介才能实现的，因此，传统教学模式中教学内容被顺理成章等同于教学所用的教材，经典的"教学内容即教材"取向也是由此而来。

（二）学习活动

人类社会发展进入二十世纪之后，科学技术进步在社会发展方面的推动作用逐渐明显起来，这一现象在教学发展中也有明显反映。如博比特、查特斯等课程研究工作者提出，利用成人活动研究来识别各种社会需求，后进一步将其转化为课程目标，再后将课程目标转化为学生学习活动，使其作为教学内容而被落实，即著名的"活动分析法"。在我国，著名教育家陈鹤琴也在这一方面做出过深入研究。

某种意义上可以说，"教学内容即学习活动"的取向是对前面提及"教学内容即教材"的反对。这种教学内容取向重点并不在于呈现、传递给学生系统性的理论知识，而在于鼓励学生积极参与各种类型的学习活动，突出的是学生外显性学习活动。十分重视外显以及动态性内容，并将这种内容作为教学内容。众所周知，实际来看教学内容包含的仅仅限于直接经验形态的内容，将课程与学习活动等同起来是有着一定局限性的。国内篮球教育领域中持有这种观点的并不多见，在大多数情况下，"教学内容即教材"的观点才是普遍被认可和接受的。

（三）学习经验

"学习经验"最初是教育学以及心理学中的术语，泰勒在著作《课程与教学的基本原理》中进行了使用之后，学习经验也变为教育教学理论中的常用语。将"学习经验"归纳到教学内容之中，重点在于强调学习质量的最终决定因素——最终决定了教学质量的是学生自身而并非教材，学生是教学活动的主动参与者。提出教学内容中呈现的知识只能被"学"会，并不能由"教"而会。这是一种将教学内容看作学习经验的内容取向，对于强调学生在教学过程中的主体地位、发挥其主体作用十分有利。但同时在另一方面也使课程设计不得不加大了难度，原因在于只有学生自身才能够对这类经验的结果以及现时的状态有真正深入的了解。然而若按照这一理论出发将教学内容的支配权交付于学生，其结果也就可想而知。在大学体育篮球教学改革过程中，有关"以学生为主体"的主张日渐高涨，这种教学内容取向也被经常提及，然而在选取、组织教学内容的实践过程中，则较少有相关实践行动。

上述不同的教学内容取向，是分别站在不同性质形态知识表现以及课程实施过程角度进行的教学内容审视，无论哪一种都有着一定的合理性，然而无论哪一种也都存在明显弊端。教学内容与教材、各种学习活动、各种学习经验都不等同。如若坚持单一的某个方面，忽视或无视其他方面，将几者的关系对立起来，这种做法对于大学篮球的教学内容改革来说都是不值得提倡的；相反，应该着重考虑的是怎样处理好几者之间的相互关系，使其能够有机融合到一起。

四、篮球教学的课程内容创新发展意义

对于大学篮球教学来说，选取组织教学内容的问题直接关系着课程目标能否顺利实现，对于实施课程教学活动来说有着极为重要的意义。首先，教学内容同教学目标相互的逻辑联系紧密而不可分割。课程内容科学性、合理性的程度深浅对教育目标、课程目标最终实现有着直接的制约作用，也间接地对体育教育专业篮球人才培养规格、质量等有着影响。课程内容的不同内在结构，直接作用于学生素质培养方向、学生各项发展结构。正是由于上述的客观逻辑联系，无论是在哪个时代背景环境下，课程教学内容必须始终不断地探索"什么知识最有价值"的问题答案。其次，对于大学体育篮球教学来说，课程内容对篮球课程实施过程中各项教学活动开展的方式以及方法等有着直接影响。受直接经验教学、间接经验教学二者的模式、方法等方面的本质性不同限制，大学体育篮球教学内容性质、编辑逻辑顺序等必须在课程具体的实施过程中灵活处理、合理应对。归纳来看，教学内容的科学合理性对于大学体育篮球教学的创新发展而言是核心问题。

第二节　高校篮球教学内容存在的问题

通过对教学实践的分析可以发现，我国高校篮球教学的内容有着相对固定的属性，教学过程大都是教师遵照教学计划、大纲要求向学生讲授教科书内容。通常情况下，若篮球教学过程中出现问题，则常在教师的教学方法使用等方面寻找原因，未能认真思考教学内容本身是否存在问题。上述调查研究结果显示，当前我国高校篮球教学在内容上主要显示出了如下不足之处。

一、偏于陈旧而同时代与社会发展需求不相适应

当前，我国篮球教学在内容方面出现的最主要问题就在于"旧"。即原有篮球教学内容相对比当前时代状况来说过于陈旧，不能反映出新知识、新技术，可以说在一定程度上与社会发展、科技进步以及人民生活需求有了脱节，尤其是教学内容的时代化与实用性，已经不再能够使社会发展、学生个体发展需求得到有效满足。篮球教材没有将最新的科学研究成果包含在内，篮球教材也没有融入时代理念和社会发展特点的新意识。这种现象产生的原因大致来自两方面。首先，受传统教学模式影响，篮球教学课程在技术理性方面倾向性较强，关注和强调技战术内容，因此，选择、组织教材内容的过程，在大多数情况下是以技战术学习要求为指导进行的，教学实践过程中也更加重视对技术的多次重复练习，同时也就忽视了社会需要与学生的爱好兴趣，导致教学内容同社会发展实际、学生发展需求相脱节。其次，篮球教材本身有着较大的稳定性，教材编写是一项严肃严谨的工作，在时间、精力等方面的耗费较大，这就导致教材使用周期偏长，更新再版的频率也很低，在及时吸纳、消化新科学知识、研究成果方面的难度很大，且在当前节奏加快的社会环境下，即使具备再版条件，也很有可能来不及将最新、时尚、多元化的元素融入教材之中。

以《篮球运动教程》来说，尽管有多次改版，但总体上看在教学内容方面的改动并不大，与旧版相对比，每个新版对最新知识的体现也仅占很小的比例。

二、偏于繁杂而导致学习无趣低效

篮球教学内容偏于繁杂，换句话说就是教学内容过繁，且有重复出现的状况。对比每个版本的篮球教程（教材），可以轻易发现其在外表上的共同特点——厚、大、沉等，导致正式开展学习活动前，繁杂的教学内容就可能给学生带来巨大心理压力。篮球教材从运动概述直至研究性学习指导，包含有十几大章，加之各种非必要性的教学要求，导致需要教师教的内容、需要学生学的内容变得愈发复杂琐碎；教学内容的选编与组织应简洁、高效，然而在当前诸多版本的教程中，部分内容过于琐碎且反复出现，部分教学要求已经与当前教学实际不符，这部分内容很可能导致学生无端浪费时间精力，并在情感层面丧失学习兴趣，甚至出现厌学心理。

身处经济、文化大爆炸的信息化社会，知识信息海量更新且速度迅猛，面对这一形势，篮球教学内容的选择要精，要站在学生长远发展角度筛选对其日后学习、工作中有着重要意义的基础知识、基本技能，为学生的终身学习、长远发展打下坚实的基础，并节省学生时间精力使学生有更多的自主发展空间，自主探索其感兴趣的各个领域，锻炼培养批判精神、探索发现能力和创新思维，切忌用繁杂的教学内容、低效反复的训练强迫学生学习掌握对其长远发展来说用处不大的知识、技能。

三、不全面，功能过于单一

从上面的调查结果可以发现，当前我国篮球教学在对技战术和理论知识传承方面过度关注，未能关注到针对已有篮球文化开展创新的重要性，导致篮球教学内容的中心和重点落在了讲授既有知识经验、技能战术上。甚至有部分篮球教师把书本知识等同于教学内容，把教学活动等同于"教书"活动，学习与"学书"同等对待，使教学活动被束缚在了经验和认识活动范围内。在这种情况下，学生的培养发展受限，变成了教育制作出的"机器人"，技能过硬但情感淡漠、实践能力、创新精神表现差等问题，直接反映出了篮球教学内容的长久积弊。

社会的多元化发展趋势对篮球教学内容提出了全面化、综合化的客观要求。教学内容的全面化和综合化需要从如下方面着重考虑：首先，篮球教学内容必须成分齐全，需要将知、情、行三个层面都涵盖进去。其次，篮球教学内容包含范围一定要广泛，必须确保门类齐全。具体来说，就是在一定要有技战术、理论知识内容的同时，还必须加入思想情感、团队协作、价值观、科学研究等各方面相关内容，要重点突出自学创新能力的培养内容。要从这两方面着手使篮球教学内容得到丰富、完善，使教学内容的整体功能得到最大程度发挥，为学生全面发展提供最大支持。

四、缺少兴趣激发与经验养成的元素

个体的学习过程中，兴趣是至关重要的非智力因素，能够为学习提供不竭动力。但是，传统教学中，课程内容关注"经典学科内容"，学科课程大量充斥于教学内容中，同时占据了很大比例的教学内容"与现实生活中学生切实需要的知识、技能联系不大，同反映了现代社会、科学、经济等领域问题的内容关系不密切"。同样的，在篮球教学内容中也存在同样性质的问题。过度突出经典事实性的知识，要求学生不加思索地接受教学内容，将篮球的高超技能推上神坛，忽视教学内容、趣味因素，也因此而很难被学生从情感层面上喜爱和接受，甚至容易造成学生的抵制、反感，激发厌学心理。从这种情况出发，在新形势下的篮球教学创新改革，有必要尝试将教学内容同学生现实生活、个人经验联系到一起，在篮球教学内容中适当添加被现代社会发展所需要的、能够激发学生学习兴趣的、和学生实际生活紧密相关的各种元素，要明确，篮球人才不能仅仅在技战术方面有优秀表现，更需要具备能够满足社会需求的各种创造性能力，对激发学生学习兴趣、强化学习质量、树立终身学习意识并培养相关能力来说是十分必要的。

第三节 高校篮球教学内容的创新

一、高校篮球教学内容的选择与组织

（一）制约教学内容选择的因素

文化知识产生于人类社会，不能与之脱离而单独存在.因此文化知识必然会受到社会中各种因素的影响，高校篮球学科课程同样如此，其存在和变化发展会被各种因素影响和制约，分析制约教学内容选择的因素问题，旨在于确保教学内容选择的科学合理。

1. 教育理念

每个学校在教育实施过程中都遵守着其自身教育理念，按照理想的人才类型培养学生，这种教育理念最终通过教学目的表现出来。教育理念对高校篮球教学内容的选择有着极强的影响和制约作用，根据理念中对人才的定义确定培养目标，根据培养目标选择相关教学内容，才能最终将主观层面的期望转变为现实。对于坚持专才教育理念的学校来说，高校篮球教学内容需要高度专业化，避免学科内容交叉，避免其他学科在篮球教学内容中的渗透；对于坚持通才教育理念的学校来说，篮球教学内容需要同科学、艺术融合起来，即使是诸如纯技术、纯战术等专业性较高的教学内容，也需要其能够蕴含有艺术美、音乐美的相关内容。可见，教育理念在教学内容的选择上有着不可忽视的重要影响。

2. 社会需求

教育目的之一在于为社会需求培养人才，因此高校篮球教学内容被社会发展需求所影响具有必然性，要更好地实现教育价值、达成教育目的，需要明确社会对高校篮球教学内容的制约作用是如何实现的。总结来看、其作用方式主要包括科学技术、人的异化、社会交流等方面。

对于高校篮球教学内容的选择而言，科学技术的迅猛发展是其首要社会制约因素。纵观当前人类社会，百分之百的机械化、自动化在工业生产领域屡见不鲜；信息化、网络化社会环境已经初步形成；教育技术的信息化转变已无可逆转……种种迹象都要求着大学篮球教学内容必须保证现代化，这样培养出的未来体育事业人才能够与飞速发展的社会相适应。因此，教学内容的选择过程中，必须合理安排科学新知识的学习以及相应的能力训练，确保学生能够不被科学技术飞速发展的时代所抛弃。

人的异化同样是对大学篮球教学内容的选择起到制约性作用的社会性因素。人的异化指，在科学技术迅猛发展的环境下，随着物质生活条件极大丰富而出现的人的自身庸俗化，乃至人性丧失，是一种不良社会现象。高校篮球教学在内容选择过程中必须突出思想道德上的教育，确保学生能够通过教育养成积极健康的道德信念，实现人性回归。

社会交流也制约着高校篮球教学内容的选择。信息技术普及使当前人类社会产生了这种现象：人与物的交往提高同时人与人的交流降低。高校篮球教学内容的选择要注意这一点，适当增加需要教师、学生相互之间沟通交流的内容，推动教师与学生在相互交流沟通的过程中产生感情层面的沟通，增加篮球教学的人文色彩，使篮球教学内容适应当前时代的发展需求。

3. 学生心理

高校篮球教学的内容选择必须重视大学生心理因素，受教学生心理发展水平在很大程度上决定了篮球教学内容数量多少和难度深浅。高校篮球教学内容要同受教学生心理发展相适应，以学生心理发展条件为参考，对教学内容做出适时调整。

大学生心理和认知特征并不是固定不变的，而是渐趋发展成熟的动态变化过程，要保证学生心理能够健康成长，篮球课教学内容的选择要重视时代性和针对性、兴趣性。从已有科学知识体系中选取的材料包括经典与新创造两种，为满足学生好奇心，激发其学习和探索的欲望，就不能一味注重经典性，也需要适当加入新颖的、当前时代环境下的新内容。根据大学生心理特点，教学内容不能千篇一律，要选择有针对性的知识及相应的能力训练，穿插加入部分隐性内容，在潜移默化中影响学生，引导学生向适合自身的个性化方向发展。而所有教学内容的最终确定，都必须充分考虑学生兴趣，要时刻关注学生兴趣所在，避免教学内容选择过于僵化，避免学生产生厌学心理。

年龄与所处环境对于学生心理发展都有着影响和制约作用，各年龄段学生的心理个性各不相同，因此对教学内容提出了不同要求，选择教学内容及按照教学进展适时开展调整时必须将学生心理状态以及发展潜力考虑在内。除年龄因素的作用之外，学生心智功能发展同时也在很大程度上受外界环境影响，现实表明，在某种特定环境下部分学生展现出了良好的发展趋势，高校篮球教学的内容选择必须将此类因素考虑在内。部分教育专家认为，若仅考虑知识讲授、思维和行为训练，而忽视学生自身内部条件、心理发展水平，选择出的教学内容必然徒劳无功。这类预估有重要的教学指导价值，重点在对广大教育者们的提醒，重视大学篮球教学受教学生的心理特征，就大学篮球教学内容的选择和组织而言影响深远。

4. 篮球运动知识变化

篮球运动的知识改变对于篮球教学的教材内容演变有着最直接的影响。知识更新换代、发展丰富，教材必须相应更新并增加新知识；知识老化过时，教材也必须相应淘汰旧有知识，面对这类有增加、有删减的复杂制约性，应如何正确处理教学内容的选择？

其一，要将篮球运动知识的逻辑体系做重要参考，以此为前提组织教学内容。换言之，要站在系统论角度，选择对教学目标实现有良好推动作用的相关内容。此外，要兼顾受教大学生身心发展水平以及教学开展所必须遵循的客观规律，以逻辑力量为框架将篮球理论知识序列系统性组织成为和谐的整体。期间，随各种因素变化而必须实现的知识增减更新，都要在逻辑因素动态制约下进行。

其二，要在逻辑系统内明确篮球知识范畴，必须认识到基础性知识在教学中无可取代的地位，使其成为教学内容必不可少的选择，其基础作用是无可替代的。举例来说，传、运、投等基本技术在篮球运动中可以说是最重要和最具有基础性的，这部分知识不可能因为新技术出现而使其失去基础性作用和地位。时至今日，这部分知识在篮球教学各阶段中依旧都是必学的内容，对于篮球专业的受教学生而言同样也是必须熟练掌握的基础性技术，可见，教材编选者需要关注篮球运动知识的基本范畴，保证必要性、基础性教学内容不会遭到遗漏。

其三，明确篮球知识体系模块构成对于教学内容的挑选来说，有着根本上的指导意义。任何学科本质上都是不同范畴构成的模块，不同模块以逻辑力量为框架，紧密联系并最终构成完整知识体系。高校篮球教学的内容选择过程中，最有利于保证教材内容增减的科学性和顺利实施的是明确篮球运动知识模块。纷纷涌现的新知识是信息爆炸时代给予教育发展的新挑战和新契机，面对这一挑战与契机，明确哪部分知识能够同原有知识模块相融合、哪部分知识能够发展成为新知识模块、哪部分知识能够被移除到教学范围之外、哪部分知识能够被进一步简化等问题，是众多篮球专家与教育学者们需要为之共同努力的，可见，对篮球运动知识模块构成问题的分析，对教材内容选择有重要影响。

总而言之，高校篮球教学内容的选择受多方面因素的影响和制约，除教育理念、社会需求以及大学生心理之外，还包括社会习俗、地区环境等。

（二）高校篮球教学内容的组织

篮球运动知识固然已经形成了独立的逻辑系统，然而篮球运动知识的逻辑系统并不等同于篮球教学内容的逻辑系统。教学内容要生成逻辑性需要教育者的进一步努力，综合考虑多种因素，严密进行科学组织，使各个部分科学紧密地联系起来，确保其容易被学生掌握。篮球教学内容逻辑性的生成、逻辑系统的构建也就是下面要讨论的有关高校篮球教学内容的组织问题。

1. 教学内容的组织原则

高校篮球教学内容要实现系统化和组织化，必须遵守教学内容组织原则做出编排。大致原则如下。

（1）知识条理性

篮球运动知识体系的产生并非一蹴而就，而是经历了漫长的历史发展和演变过程，各种知识的出现是有一定先后顺序的，并且相互之间按照一定的逻辑顺序连接起来构成了篮球知识体系。坚持条理性原则即需要以某种顺序为依照，安排组织教学内容。坚持条理性原则需要以时间顺序为突破口，按照从过去到现在的顺序组织教学内容。例如讲授篮球运动起源发展时，要遵从篮球运动最初发明者詹姆士·奈史密斯博士开始按照历史进程演绎运动的发展过程，这样才能使学生学习思路清晰明了，使教学活动事半功倍。

要强调的是，在遵守时间顺序的同时也需要从知识的逻辑联系、知识的系统化等不同层面深化理解。

（2）知识基础性

高校篮球教学的内容选择与组织，必须始终贯彻打好技战术、牢牢掌握理论基础的原则，对于高校篮球教学来说，基础知识等同于其构建和发展的根基，有坚实的根基支撑，篮球学习这个系统而庞大的建筑才能屹立不倒。

知识基础的最终确立必须由篮球专家进行，作为篮球运动的知识权威，各专家对篮球运动知识构成基础有着正确、清晰的认识，由其选择能在最大程度上确保教学内容科学客观。专家需要从教学规律出发，提出有关篮球教学的基本要求，用科学方式将篮球基础知识转变为篮球教学内容的基础；如若不然，则篮球基础知识不能发挥出在教育过程中应有的基础性作用，没有良好基础，教学内容的组织自然也无法顺利实现。

（3）知识关联性

高校篮球教学内容彼此之间并非是孤立存在的，包括概念事实、原理法则等在内的各方面内容彼此紧密联系并通过联系而构成内容整体。因此，教学内容的组织安排必须关注各部分内容彼此之间的关联性。

要关注高校篮球教学内容自身具备的逻辑关联，例如教学内彼此之间的纵向时间联系、横向的逻辑发展联系等。明确不同部分知识的内在关联性，有利于确保教学内容组织的系统化。

要关注学生知识学习的关联。在组织高校篮球教学内容的过程中，要联系学生的认知，从学生具备的知识、经验、认识出发，延展引出新学习课题、新研究问题，启发学生展开新探求、新思考，对其已经具备的知识经验进行丰富拓展，通过关联性使学生扫清学习新知识、新技能的障碍，在能力培养上取得更高成就。

（4）知识实用性

组织确定高校篮球教学内容要确保其实用性，不能仅停留在理论层面，同时更要确保内容的组织对于训练、教学实践都有着积极效用，换言之，大学篮球教学内容的组织，对于教师来说要实用，对于学生来说也要实用。

举例来说，教材的编写是在教育者主观作用下产生的，作为主编人员，必须协调知识的基础性、清晰性、关联性等问题，最大限度地实现主客观吻合，保证最佳效果的产生。要确保其实用性，编写人员需要慎重考虑篮球教学内容的范围及顺序、要求等，思考做出的组织安排是否能够帮助篮球教师的教以及受教学生的学，倘若能够帮助启发学生思维，激发学生自主参与，那么教学内容的知识安排也就遵循了实用性原则，体现了内容组织的价值，获得师生双方的好评。

高校篮球教学内容的组织安排需要充分考虑上述四方面的具体原则，凸显条理性、确保顺序性才是保证高校篮球教学内容组织具有科学性的必要条件。

2．教材编写准则

在明确了高校篮球教学内容上的选择标准以及组织原则之后，要通过其实体形式——教材展现出来，因此引入这样的问题，编写教材需要遵守何种准则？

（1）最优系统性

篮球运动的知识构成复杂、总量庞大，学生学习的时间和精力有限，因此，教材需要保证提供给学生的知识最为充实、系统。教材编写要确定最佳容量，这样才能保证教学实践中，教学内容最优系统性准则能够发挥其应有作用。

（2）最普遍应用性

最普遍应用性原则是教材内容选择上要着重考虑的：例如篮球运动中，跑、跳、投、运、传等内容一直是篮球教学的普遍内容并会在将来一直延续下去，是受教学生必须学习的内容。需要特别说明的是，也存在部分内容适合少数人的教学活动，这部分内容并非不适宜被纳入教材之中，也并不是没有用处，对于部分专业人士来说，这些教材内容的选择同样遵循了普遍应用性原则。

（3）最适宜传授性

高校篮球教学内容的最终确定，同样要考虑是否适宜传授给学生同高校篮球教学不相适宜的内容，即使有很高的教育价值，也必须考虑重新挑选。

教材逻辑性需要能够和受教学生认知发展程度保持统一。详细来讲，就是教材内容中，知识逻辑性需要和受教学生的认知发展保持相同层次，即如若学生技战术发展水平处于初级阶段，则相应的教材逻辑性也需要选定在初级阶段，只有保持教学内容逻辑性和受教学生认知水平的相互统一，教材才更易于被学生理解和接受，不会因逻辑性过强、超出学生认知而导致厌学心理产生，也不会因逻辑性过于简单而对学生认知发展毫无帮助。

（4）最全面发展准则

高校篮球教学教材内容的选择方面，不能仅局限在学生知识技能的掌握上，同时也要关注对学生能力发展的推动以及对学生个性发展的促进。

二、高校篮球教学内容的创新发展

要弥补传统高校篮球教学内容上的不足之处，教学内容与时代、社会发展需求相适应，就要对传统教学内容实施改革，开展教学内容的创新。如何实施创新的问题，具体可从如下方面着手。

（一）树立创新观念，强调创新人才培养

进入新世纪以来，创新逐渐在时代精神中占据了重要席位，创新精神是国家和民族进步的不竭动力与坚实支撑，创新精神、意识和能力的竞争可以说在很大程度上决定了各国国力的竞争，而"个体的创新精神、意识与能力养成的最有效途径是教育"。信息技术展现出的前所未有的发展趋势以及随之到来的知识经济时代，将掌握高新知识、具备领先技术的人，特别是有着较强创新意识与能力的篮球人才，变为能够对国家、民族的国际竞争力量起着决定性作用的重要战略资源。教育是新知识传播、创造和运用的主要领域，是创新人才养成的主要方式。高校篮球教学要实现创新人才培养，必须在教学观念方式、内容手段、方式评价等各个方面做出深入改革发展。面对这一复杂形势，要以观念创新同内容革新为突破口着手推进。篮球教师需紧紧把握新课程改革的难得契机，适时更新教学观念，构建教学创新观，时刻关注时代发展趋势、社会变化以及受教学生实际发展状况，在此前提下，对高校篮球教学内容进行更新重组，为学生提供最新、最具科学性的知识和理念。与此同时，高校篮球教学实践过程中，授课教师要改变过去强制性思想灌注、压制个性化思维、排斥打击自主探索等各种不良教学行为，重视学生在教学中的主体地位，要强调学生在批判质疑、创新探索上的精神培养。从某种角度上可以说，篮球教学过程中，发生在教师同学生之间的任何交互活动都将转变为各种形式的学习内容、学习经历，并最终在学生思想意识领域中留下印记，在潜移默化之中对学生之后的发展起到长远而深刻的影响。

受传统文化观以及教学理念影响，仍存在部分篮球教师因循守旧，坚持维护自身在课堂中的绝对权威地位，对学生的新异想法不惜挖苦讽刺，对所谓"喜出风头"的学生更是不断打压，未能认识到所谓"异想天开""喜出风头"有可能正是创新意识的外在表现，昭示了学生的创造潜力和发展前途，未能发现能够获得创造性成果的人往往有着"与众不

同""异想天开""喜出风头"的特征。高校篮球授课教师,必须有意识地建立起教学创新意识理念,对学生"奇思妙想"持有尊重鼓励的态度而非一味否定打击,要关注学生的好奇心、探索欲,要从当时、当地的情境出发因势利导,通过潜移默化的方式培养学生的创新观念意识,使学生的创新精神和能力得到强化。

(二)对教材内容进行创新

高校篮球教学内容的主要来源是教材,教材也是篮球教学不可或缺的重要组成部分。在我国,篮球学科教材是在一定标准指导下,由众多专家、学者等精心选择并组织而成的经验体系(包括直接与间接经验),其科学性、权威性毋庸置疑。然而社会的发展进步从未停止,科学知识数量及水平不断上升,而被纳入教材的知识必然有限,除此之外,从教材编写到出版再到正式投入使用,需要很长周期才能实现,可以推断,高校篮球教材在内容方面难以避免地会落后于当前社会、科技发展水平,这在客观上提出了大学篮球教材内容改造的必然要求。

创新改造高校篮球教材内容的工作,主要借助如下两方面实现:首先是高校篮球教材编写上的创新,其次是教师教学上的创新。从教材编写上来看,编写活动必须以课程标准基本思想的正确领会与充分掌握为前提,要在教材之中反映出来,同时专家、学者也需要发挥创新精神,使教材编制多元化,用不同特色、风格的教材满足不同发展水平、个性特征的受教学生的学习需求,具体来说,创新教材内容可通过如下方面展现出来。

第一,精心在大学篮球教学内容的基础上确定更加基础实用的内容,确保学生学习的高校。高校篮球教学内容无论如何创新,都必须从基础做起,而篮球基础知识、基本技能始终是必须首要考虑的内容。当前,教育学专家和学者们就基础知识和基本技能的定义和范畴问题尚未达成共识,但毫无疑问,教材内容的创新确定必须从被普遍认可的、能够帮助学生技战术学习、有利于学生未来就业发展的理论知识与实践技能中选取。如何具体实施仍旧是需进一步探讨与研究的复杂问题。

第二,要选择能够映射现代社会生活与科技发展水平、具有时代代表性的内容。传统大学篮球教材的更新相对偏慢,内容普遍陈旧,大都与学生实际生活脱节,导致学习理解难度较高,学生很难产生积极参与学习的兴趣。教材创新编写要根据时代发展适时调整,适当增加诸如信息技术、脑科学、人体工程学等具有最新时代特色且能够体现现代社会生活、高新科技发展水平的内容,提高学生的探索发现兴趣,使其积极加入学习当中,通过学习理解、掌握与时代和社会紧密相关的新知识、新信息。

第三,选择生动典型的明星案例帮助学生体验理解抽象的教学内容。传统大学篮球教材内容里,更强调经典知识,但过于偏重经典会导致教学内容高端而枯燥,学生难免产生畏学心理。教材的创新编写有必要适当加入最新明星案例,选择与学生心理特点、生活经验贴近的内容知识。来源于现实生活,知识的学习也必须最终回归到生活的应用中去。使教材内容贴近学生现实生活能够帮助学生减轻对篮球运动知识的陌生感,使其能够顺利投入到学习当中,顺利掌握知识的理解与运用,同时也能够帮助学生内化所学知识,有意识地将所学知识融入现实生活当中,切实感受到学以致用的乐趣。此外,教材内容也可呈现出部分未能在现实中得到解决的趣味问题,为学生创造更多探索研究的空间。

第四,教材内容的选择要更加关注研究性,为学生的观察讨论、调查实验、探究创新提供丰富素材。旧有大学篮球教材更主张为学生提供确定性、结论性强的知识内容,从长远来看对学生探究意识、创新能力的培养并无益处。大学篮球教材内容的创新编制应适当增加部分过程性知识内容，安排阅读理解、调查讨论、实验探究等刺激学生发挥主观能动作用的环节。

第五，选择能够帮助学生情感态度和思想价值理念培养的内容，传统高校篮球教材的内容在很大程度上忽视这方面的内容，教材的创新编写应适当弥补，在强调认知性目标的同时，也要着重加强学生情感态度和思想价值理念培养工作。因此在教材内容的选择过程中，需要对具有情感态度和思想价值理念因素的教学内容予以重视，确定其教学育人价值后使之有机融合到教材之中。

第六，努力将高校篮球教材内容向着多样化的呈现方式方向转变，更多地吸引学生注意力。教材的设计可以借鉴图画书等容易被学生接受的书籍设计经验，适当增加趣味性。教科书并不等同于教材，而仅仅是其核心组成部分，教科书的设计要从整体着眼，使其与辅助教材、文字及视听教材、社会教材、课外活动读物等能够有机结合、相互促进，发挥整体作用，促进篮球受教学生的学习发展。

第七，篮球教材内容的设计要留有一定的自主空间，给篮球教师实现创造性教学提供更多机会。传统教学模式中，对教材的设计更倾向于大量地知识填充，以期能够在最大程度上避免必要知识被不慎遗漏，然而实践表明这种教材设计方式存在较大缺陷。事实表明，即使是完美无缺的教材设计，也必须借由篮球教师的主观能动作用才能最终实现，每个授课教师在认知情感、态度及价值取向等方面都有着自身独特性，难以避免地将按照自身主观意愿开展大学篮球教学内容的传授。设计大学篮球教材内容必须保留一定空间，让教师的创造性得以发挥，体会到自身在教学过程中的价值，在教学实践中获得专业上的成长和发展。

从篮球教师教学角度来看，高校篮球教材内容的创新，即借助先进教学方法、手段，将教材内容转化成为篮球教学内容的过程具体方式如下：

首先，从变化发展的教学实际需求出发，对高校篮球教材内容进行整合重组。传统教学中，篮球教学教材内容由专家、学者编写，以既定要求为标准，严格遵循了篮球运动的知识体系发展规律，具有极强的严密性和逻辑性。这种教材编写方式尽管对于篮球运动知识传授来说帮助甚大，但没有同教育教学实际紧密结合起来，较难被学生深入理解和充分掌握。因此，可以说这部分内容是纯粹的课程内容，但并不能在真正意义上被称之为大学篮球教学内容。只有经过了授课教师加工处理之后，真正被纳入高校篮球教学层面并发挥了积极作用的课程内容，才是真正的有意义的教学内容。篮球教师要从当前形势出发结合教学目标要求与学生实际发展情况，有针对性地选择教材内容，在适当删减陈旧过时、冗余内容的同时，增加与时代发展要求相契合的内容与领先研究成果。此外，篮球教师可从具体教学情境出发，适当做出调整改编、整合重组，确保教学内容同社会实际、学生实际更为符合。

其次，通过教学情境的创设将篮球教学内容背景化。高校篮球教材中往往有一部分知识抽象而难以理解，针对这部分内容，篮球教师可利用情境构建或安排相关背景知识的导入融合，为学生营造具体印象，降低理解难度，使学习变得相对容易。例如，传统教学模式中，学生常常有篮球理论知识很难学的印象，主要原因在于传统教材对教学内容的呈现方式，使学生接触到的大都为既定知识及抽象结论。篮球授课教师可根据教学实际情况适当取舍，着重挑选能够激发学生兴趣、与学生现实生活息息相关的生动素材，构建开放性问题情境，引导学生开展自主探究，以过程化学习的方式发现、感受并理解抽象知识结论的产生和形成。情境要能够使学生的情感产生触动，能够激发学生自主探究欲望，能够使学生快速沉浸到最佳学习心理状态之中，为学生的学习创造更好的情感体验。

最后，使高校篮球教学内容更加突出过程化。"新课改要求改变课程关注重点，由知识传授转移到过程体验上来，突出积极主动的学习态度的养成，引导学生在基础知识、基本技能的习得过程中，学会如何学习并构建正确的思想价值观念。"对于篮球教师来说，要在教学过程中有意识地突出教学内容的过程化属性，强调学生对知识产生发展与应用过程的体验、有目的地引导学生自主观察、发现、探究，逐步探索问题寻求结果，强调情感态度和思想价值观念的渗透，通过努力协调篮球受教学生在技战术、理论知识学习过程以及情感态度理念、运动技能等各方面的全面协调发展。

（三）高校篮球课程资源的深入开发与充分利用

从课程理论角度出发，课程资源的开发价值至少要经过三层检验筛选才能最终确定。第一层检验为教育哲学，即有价值的课程资源需要能够帮助实现教育理想、推动办学宗旨转变为现实并能够反映社会发展需求与进步方向；第二层检验为学习理论，即有价值的课程资源需要同学生学习的内容条件保持一致性，要能够与学生身心发展特点相符合，能够同学生兴趣爱好、发展需求相适应。第三层检验为教学理论，即有价值的课程资源需要同教师教育教学修养的实际发展状况保持有一致性。由此可知，高校篮球教学内容的创新必须经过这三重标准的严格检验，只有完全通过才能够被作为必要课程资源而被归入到大学篮球教学层面当中。

然而在实践过程中也必须认识到，深入开发与充分利用后的课程资源价值体现的关键依旧在其是否能够在高校篮球教学实践中发挥出应有效用。实践是检验真理的唯一标准，只有在融入高校篮球教学实践并真正发挥出积极效用后，教学资源的存在价值与应有意义才得以彰显。深入开发与充分利用篮球课程资源可从如下方面入手：

首先，要从调动一线篮球教师积极主动性入手，实现篮球教师课程资源的最大限度开发与利用。高校篮球教学资源开发过程中，最大障碍主要体现在课程资源缺乏上，这个问题同时也极大地困扰着广大篮球教师。篮球课程资源缺乏的原因多种多样，其中，教师薄弱的课程意识也是引发这一问题的重要原因，当前一线篮球授课教师普遍未能充分意识到自己也是课程资源的重要组成部分。在传统篮球教学观念里，开发与利用课程资源是有关专家、学者的工作，同篮球授课教师无关。当前形势下，教育改革的深入要求篮球教师不得不面对挑战、应对新要求，其中极为重要的一项就是教师具备课程开发能力及相关专业素养。需要认识到，篮球教师在很大程度上对鉴别课程资源、开发新资源、积累生活中的课程资源以及二次利用资源等方面起着决定性作用，举例来说，篮球教师自身的学识积累、能力技巧、经验经历等都能够与篮球教材有机融合到一起，使篮球教学课程资源得到极大丰富。可见，调动广大授课篮球教师积极性，使其树立起课程资源开发意识，对于篮球教学资源的开发以及教学发展的推动来说有着显著重要性和必要性。

其次，要以广泛调查作为参考，明确篮球课程资源的开发类型以及开发方式。社会调查要保证广泛性和代表性，对当前社会环境下篮球人才素质的基本要求有所明确和具体，对当前社会环境下篮球课程资源开发利用的选择范围有所明确和具体。要特别以学生为对象开展广泛调查，对当前学生篮球课程资源方面提出了何种需求、对篮球课程资源表现出了何种兴趣以及何种篮球课程资源能够对学生学习发展起到帮助作用有所明确和具体，确定了开发利用的篮球课程资源的类型后，开展广泛调查，收集意见建议确定资源开发与利用的详细措施，从实践层面确保资源能够以更加高效顺利的方式切实和高校篮球教学融合到一起，全面具体地为篮球教学活动和受教学生发展服务。

最后，培养独具特色的校园篮球文化：校园篮球文化本质上是教师与学生之间的传统习惯、价值范围思维行为方式等的综合体现，是在校内、班级等特殊场所，由校园个性化社会结构、成员共同发展目标等的支撑而产生和发展起来的。校园篮球文化作为课程资源来说有一定特殊性，具有非学术性、隐性课程的作用，能够帮助学生潜移默化地培养健康人格，促进学生的情操陶冶。

（四）开发、利用学生资源

传统教学观念中，课程资源的开发与利用过程中是没有教师和学生参与的，对由专家、学者安排制定的"权威、神圣"课程来说，篮球授课教师与受教学生仅仅是底层消费者与忠实执行者。然而实际上，篮球教师与受教学生本质上都可被视为潜在、丰富的课程资源。然而，传统文化、教学观念影响根深蒂固，导致忽视篮球受教学生资源的现象普遍存在，极难更改。开发利用学生资源，对篮球教学目标的确立与实现质量程度、教学内容的组织以及教学实施的具体方式等都有着直接影响。众所周知，高校篮球教学设置的出发点是学生发展，课程变革的出发点和目的也是为帮助学生实现更好的发展，然而，无论是从我国传统篮球教学还是从当前的教学改革来看，篮球课程、篮球课程创新改革的目标人群——学生都处于严重"隐形"状态，学生在教学中的价值、意义和作用总在被忽视甚至是遗忘。作为重要篮球课程资源的学生，同样需要得到必要的重视，高校篮球教学内容选择与组织，必须将受教学生身心发展实际状况充分考虑其中，重视学生兴趣爱好、认知水平、情感个性等方面的差异性。同样的，教师在开发与利用学生资源过程中，必须更新传统教育教学理念，正确认识并充分尊重学生作为独立个体的差异性，保证学生在教学活动中的平等权利，重视学生的教学主体地位，最大限度地发掘学生内在潜能，因势利导并科学开发利用，使学生资源能够转变成为高校篮球教学内容中直接形象、鲜活具体且充满了生命力、个性化的教学资源。

（五）良好多元教学情境的创设

二十世纪八十年代末期，建构主义思潮从西方兴起，建构主义从新视角提出了针对知识、学习、教学的解读。在建构主义来看，知识有复杂性、建构性、社会性、适应性以及情境性，知识由个体建构而成，学习并非从当前世界中发现意义的活动，而是个体借助活动、对话、交流等方式实现意义建构的过程。对应的，高校篮球教学需要积极创设教学环境，构建"学习共同体""学习者共同体"，引导学生切实、主动地融入教学活动中，自主探索并发现问题答案，从而实现自身知识体系、认识系统等的建构。总而言之，建构主义理论中，对于创设科学性、多元化的教学情境是极为重视的。

高校篮球教学的实现体现了教师、学生以及内容与环境的互动成果。但是，传统篮球教学观认为，教学具有确定性，是经过预设了的、静态知识的讲授活动，认为教师必须做到"忠实传递"教材内容，课堂教学上篮球教师的所有教学活动，最终目的都在于能够最大限度地依照教材编写者的意图将教材中的教学内容完整传递于学生，学生教学活动的目的也在于能够在要求下循规蹈矩"复制""再现"教学内容，这也是教学活动中学生存在价值的全部所在。在建构主义、后现代主义和新知识观指导下，当前，教学观念理念产生了很大程度的更新转变。前面提及，多元教学观提出，教学具有非确定和非预设性，学习是动态的知识建构和创生活动。教学过程中，篮球教师不能仅发挥"扬声器"作用，教师需要帮助学生实现知识能力构建、情感态度和价值观培养，教师需要成为课堂上的引导者、教学活动的促进者以及学生学习活动的合作者，学生也不能成为"应声虫"，需要积极接受篮球教师引导与帮助，发挥主观能动性，成为学习的创生者。

高校篮球教学情境创设对于教学的推动作用不言而喻。宽松和谐、平等民主、积极生动的教学情境能够帮助学生勇敢提出质疑、进行批判，不惧怕冒犯权威或触犯错误。在上述学习氛围中，学生思维活跃性能够被最大限度地激发，创新意识、能力能够得到有效提高，对于学生全面发展来说也更有帮助。高校篮球教学中，构建多元教学环境就需要在教学过程中适当增加教师和学生以及学生相互之间的互动教学内容。以交流交往、对话合作为支撑构建起来的多元教学情境以及在此情景下衍生出的教学内容，同样也是高校篮球教学内容的重要组成，相对比来看，这部分内容属于隐性教学内容，对师生生存状态改善和自身价值实现意义深远，借此内容教师和学生能够切身感受到教学活动的内在生命力和丰富多彩的艺术感，针对隐性教学内容的教学活动，在大部分情况下是无法以师传生受的方式开展的，只能在某些教学情境中，借助篮球授课教师和受教学生的非言语交流才能实现，可见，对篮球教学非常重要的隐性内容的教学是必须有良好教学的情境做支撑的。由此可见，良好多元教学情境的创建对于高校篮球教学内容创新而言是不可或缺的重要策略。

（六）借助多种方式全面提高教师素质

教师素质以及其在教学过程中所能起到的作用对于高校篮球教学内容的创新而言有着关键性影响。在新课程改革大环境下，对比以往篮球教师的课程意识有了极大程度的拓展，高校篮球教学内容展现出了以往不具备的开放性、不确定性和动态生成性特征，客观上要求着篮球教师需要具有课程资源的开发能力，成为课程创新发展的推动者。种种客观要求体现了对篮球教师作为课堂教学主体的尊重，对其教学创造性能力的重视，一方面是为篮球教师能力发展提高创造的新机会，另一方面也是对篮球教师提出的严峻挑战。广大教师是否能够适应上述新变化，是否能够在新形势下承担起诸多重任，是否能够顺利实施预期中的有效教学，都同教师素质、能力有密不可分的关系。可见，借助多种方式全面提高篮球教师素质是十分必要的。受历史以及现实因素影响，通过当前我国教师的现实教学表现来看，大部分依旧远不能达到转变成为课程改革者的标准，同预期目标之间尚且存在有很长距离，对于广大篮球教师来说，全面提高自身素质、承担起历史和现实赋予的育人职责依旧任重而道远。

第九章　高校篮球教学信息化建设

第一节　高校体育教学信息化改革

一、体育教学信息化改革理论分析

学校在体育教学中，由于历来都会沿用传统的教学方法，导致体育专业人才整体培养层次比较低，难以满足社会对专业人才的需求。学校进行体育教学改革，将现代信息技术融入学校体育教学中，使信息技术与体育课程教学结构、教学内容、课程资源建设以及课程实施等要素进行融合，在教学过程中能够极大提高学校体育教学水平。除此之外，参与体育教学的教师还可以把信息技术当成关键的教学工具，学生可以把信息技术当成学习体育的中介。详细来说，体育教学中应当把教学工作的整体需求设定为重要依据，构建以网络与多媒体为基础的信息环境，顺利开展各类体育教学活动。

对于体育教学而言，应当把信息技术与体育课程教学有机融合在一起，借助信息技术加工工具来进一步优化学生的学习手段，重构学生的体育知识，这是师生在体育教学中共同实现体育教学目标的新型教学手段。

二、体育教学信息化改革的必要性

（一）学生认知特点的需求

在体育教学中应用信息技术，特别是应用多媒体技术，有助于推动体育教学工作与使学生的认知能力与认知规律更加吻合。在现阶段，多媒体不只是拥有计算机特定的储存记忆功能、高速运算功能、逻辑判断功能等，也能够借助图形窗口模式、交互界面模式和语音识别模式来推动计算机具备处理文本、图形、音频、视频的能力。除此之外，多媒体技术传播与表达信息的依据是人类的认知方式，能够进一步突出教学活动的直观性、生动性以及启发性，有助于学生高效掌握运动项目的理论知识与技能。

（二）个性化教学的内在要求

个性化教学的宗旨是将所有学生的潜力都挖掘出来，重要依据是学生的具体特征与实际需求。教师在实施个性化教学时，一定要给予所有学生平等的选择机会以及选择权利，而信息技术能够在该方面向学生提供网络课程资源教学平台。在改革体育教学信息化的过程中，学生可以在认真听取教师科学指导的前提下，联系自身的实际需求来灵活挑选学习内容，借助于自主学习可以形成个性化学科知识结构，最终培养出一大批体育教学个性化的人才。

（三）有助于拓展体育教学资源空间

应用现代信息技术不仅解决了记录和存储体育信息的难题，还解决了加工体育信息的难题，给编制与实施体育教学内容带来了不同于以往的结构理念以及技术手段。在体育教学过程中，教师能够全面运用课程教学配备的教学资源来提高教学质量，可以在分析学生认知水平与认知特征的基础上灵活组织教学，从而使教学效率得到大幅度提升。现代信息技术所承载的体育教学资源超出了教师和课本所能容纳的极限，并且成为学生获取体育知识的主要途径。因此，体育教学信息化改革可以极大地扩充教学信息量，拓展学生的视野和思路。

（四）有助于打破传统教学时空限制

传统教学方法使得体育教学工作被局限于课堂上，但在 MOOC 等学习模式产生之后，学校体育教学工作需要应对的挑战在不断增加。客观教育环境的变化要求学校必须改变传统的方法。而实现体育教学信息化改革，学生可以随时随地通过校园网学习优秀教师的体育教学课件，满足学生的碎片化学习需求。学校在体育教学中通过推广教师先进的教学思想、教学经验，能够使学生接受最好的教育。这样能够实现学校体育资源的高度共享，有效提高体育教育传播的范围及时效。

三、体育教学信息化改革的具体对策

（一）加强体育教学改革的硬件设施建设

1. 加强多媒体教室建设

在体育教学过程中，运用多媒体教学包含多个方面优势，如借助多媒体来观看优秀运动员的动作示范等。从整体来看，在体育教学中运用多媒体技术，对体育教学工作实现多元化目标有很大的推动作用。因此，高校应当密切联系体育教学的具体需求，积极建立一些专用的体育教学多媒体教室，从而提高体育教学工作的趣味性。

2. 加强网络系统建设

积极加强网络系统建设，有助于教师在闲暇时间参照体育教学要求，选择音频或视频来积极指导学生学习体育技能和体育知识。在互联网普及范围不断扩大的背景下，网络被应用于社会的各个领域，体育教师可以借助网络搜索需要的体育专业知识以及各类教学资料。师生可以通过网络实现在线沟通，从而使学生在学习过程中的疑惑得到及时解答。

3. 加强 CAI 研制和开发

学校为了实现体育教学信息化改革/加强体育课程资源平台建设，必须要有大量的体育课件，并且应不断进行更新与丰富，因此学校必须要积极组织教师制作 CAI。通过不断制作新的体育教学课件，不断实现体育教学模式的革新和多元化。

（二）建立体育信息教学资源平台

在传统的体育教学中，由于没有充分考虑到学生不同的身体素质情况，导致学生的运动特质难以被调动出来。在体育教学中由于没有考虑到学生的个性化发展需求，使学生的全面发展受到了严重影响。由于在教学中没有充分考虑学生的实际特点，忽视了学生的个性化发展，导致体育教学工作很难取得较好效果。因此，根据学生的实际需求，通过建立体育信息化教学资源平台实现优质体育教学资源共享，能够在体育教学中充分发挥学生的个性，这是提高体育教学质量的重要途径。在信息教学资源平台建设时，建立优秀教师授课资源课和优秀教练的训练课资源课，这样不仅能够实现优质体育教学资源共享，同时学生还能够根据自己的需求灵活选择教学内容，实现学习方式的个性化发展。借助体育教学信息化改革有助于高效管理学校的体育设施与体育场地，有助于大幅度提升体育设施和体育场地的利用率。由此可知，高校应当积极构建教学资源平台，从而达到学校资源共享的目标，这同时也是体育教学信息化改革的关键基础。

（三）加强教师信息技术的培养

在现阶段，教师整体信息素质不高是我国高校普遍存在的问题，还是限制高校体育教学信息化的关键性因素。所以，提升高校教师的信息素养技能是一项重要任务。而要想从根本上达到这个目标，应当从几个方面出发：首先，学校构建的培训体系应当完善、系统，同时在学校内部设立专门的培训机构，分期、分次地组织教师参与信息技术培训；第二，在培训体育教师的过程中，需要密切关注信息技术的最新发展动态和发展成果，从而对教师培训内容进行及时的革新与优化；第三，在培训体育教师的过程中，应密切联系学校体育教学的具体需求，不断探究与教学特征相适宜的培训模式以及培训运行机制。

（四）加强教学资源的数字化

教学资源对教学具有不容忽视的支撑作用，所以体育教学信息化改革的首要任务就是突破教学资源限制。在传统体育教学中，其主要方式是教学集合、集体训练、例行活动、解散，但这种方式存在着单一、枯燥的缺陷，学生真正接受到的体育知识十分有限，绝大多数教学资源都未能充分运用。要达到教学资源数字化的目标，学校层面应当先构建数字化教学资源库来充当信息化建设的基础性模式，把大量的体育类图片、视频以及多媒体教学资料作为教学的基本资源库，同时在教学过程中对学校自身的教学资料进行收集并不断扩充，将优秀体育教师和优质体育课程的资源以数字化资料的形式并入资源库。

通过基本收录与平时的不断扩充，高校的数字化体育教学资源库将越发丰富，这一方面会大大便于学校的统一管理及分类保存，同时还可以使每一类体育教学课程都有强大且具有本校特色的资源库。教学资源的数字化，基本上实现了多媒体教学资源的集中管理和流水化补充体系，资源集中，数据量大，便于查询及保存，同时也为教学提供了丰富的教学资源，这是高校体育教学信息化建设的基础。需要补充的是，学生可以自觉借助学校信息化平台来浏览各方面的资源，从而有效推动自身的自主学习。

（五）加强教学手段的多媒体化

教学手段的多媒体化同样是体育教学信息化改革的重要层面之一。多媒体教学手段不仅拥有良好的交互性以及生动的教学模式，还是完成体育教学及信息化建设有效整合的措施。传统体育教学模式存在单一化的缺陷，绝大多数为教学示范与自我训练两种方式，随后则会安排自由活动，但很多学生都存在无法全面理解教学难点的情况。例如，因为篮球教学的运动节奏快且运动规则繁杂，所以学生在全面理解所有动作的标准性方面存在很大难度，同时对犯规的具体要点无法精准区分，而多媒体教学则能够从根本上解决该问题。

在播放多媒体教学短片时，教师可以利用慢放、定格、倒退、多次播放等形式来使学生全面掌握关键动作或教学难点，教师还可以借助数字多媒体设备把技术难点中的重要动作抠出来，同时借助 Flash 等形式实施分解。采用这些方式不仅能让体育教学的准确程度与形象程度得到大幅度提升，还有助于学生的理解与记忆。对于犯规行为来说，可以直接以多媒体模拟各种犯规行为的动态过程，这样学生的理解要比单纯的教师讲解或者简单的示意图更为直观。除此之外，教师还可以在课堂上播放经典的篮球比赛，紧张激烈的比赛可以瞬间将学生拉进实际篮球比赛场景之中，感受到比赛和运动氛围，也可以提升学生的学习兴趣。在多媒体技术的辅助之下，体育课堂可以变得更加多元与生动，这也是对数字化教学资源库的重要运用。

（六）实现教学平台的网络化

资源共享和互助是现阶段教学改革的重要趋势，而资源共享的一项有效手段就是教学平台的网络化，这同时也是体育教学信息化建设与改革的一项常见功能。平台的网络化包括多个方面，如学生与学生之间、教师与学生之间、教师之间、学校与学生之间、学校之间等，信息化建设可以将这些因素全面地联系与整合起来。在教学实践中，应该在信息建设中构建网络交流平台，作为信息建设的门户及主要功能窗口，于其中嵌入教学资源、交流、反馈等多个功能模块。例如，可以构建网络平台，在网络平台中，首先学生可以对整个学校的数字化教学资源进行搜索、浏览、下载等一系列操作，同时利用 E－mail、在线交流等形式与同学和教师进行沟通，大大缩小时间与空间的限制，同时可以在网络平台上根据体育爱好组建各个 BBC 类社区，在社区内部实现资源共享与交流。

另外，网络平台的显著作用是实现院校间的密切协作和资源共享，体育教学信息化改革有助于高校之间达到体育教学资源共享，借助电子化数据文件来向其他高校传输教学经验、经典课程、经典课件等，从而为高校之间共享教学经验、借鉴先进教学理念与教学手段、邀请体育教学专家在网络平台上与广大体育教师交流提供了很大的便利。教学平台网络化对提升高校体育教学水平、深入改革体育教学信息化都有很大的积极作用。

（七）构建考核模式的信息化

考核与检测不但是构成体育教学的关键部分，而且也是很多职业和升学要求通过的首个关口。高校体育教学信息化改革也需要推动考核方面的信息化建设。在现阶段，有很大一部分高校依旧运用点传统考核模式，即以跳远、跑步等固定项目对学生进行考核，最后根据学生成绩打分，并人为地设置一个"及格线"。这样的模式不仅没有人性化地考虑各个学生在体质和运动爱好以及平时训练强度的差异，也难以实现考核及测评的数字化，因而其结果不仅不够科学与人性化，也难以进行后续的分析与处理。

分析高校体育教学的实际情况可知，现代教学理念下的体育教学往往是服务性的，其最终目标是提高学生身体素质和推动学生均衡发展，所以专门划分一个及格标准设计是没有必要的。针对这个方面，可以借助新兴体质监测模式来代替以往的体育考试，即综合体检与趣味体能检测的模式对学生的肺活量、肌肉弹跳性、爆发力、耐力等做出科学的测定，并将其与学生的身高、体重、年龄等基本因素综合起来。

对于高校体育教学来说，信息化建设的显著作用是由检测开始的数字化模式能够让数据来反映学生的检测结果，同时相互之间能够借助系统来完成后续的分析，提出最终的体质检测报告，对学生的身体状况进行判断并提出身体机能的弱项和后续锻炼、饮食、睡眠等方面的建议。这种手段的准确性和科学性更加显著，能把对院校的所有教学成果以及学生的体质检测统一汇集到信息平台，为学校的管理与分析提供便利。体育教学信息化的改革和发展是高校体育教学在未来发展中的必经之路，还是与时代发展背景有机融合的重要趋势。体育教学信息化改革和建设对优化高校体育教学具有深远影响，高校教育应当把体育教学信息化改革摆到重要位置上。就现阶段来说，尽管体育教学信息化发展过程中还存在很多问题，但只要高校积极组织体育教师进行探索并立足于教学资源、教学方式、考核模式等方面来着手，就必然能从根本上推动高校体育教学信息化的改革进程和发展进程。

第二节　高校体育教学信息化系统的构建

一、构建高校体育教学信息化系统的意义

（一）充分展现体育教学的特点

在通常的体育教学中，很多体育运动的动作是比较复杂和烦琐的。同时，大量体育运动的动作具有连贯性、快速性等特点，在进行某些较为专业的训练和教授时，学生难以观察清楚一些关键动作以及技巧，进而难以在教学中把握重点和难点，这往往使得体育教学的教学效果大打折扣。从教师层面来看，由于教师水平、理解能力、教学方式以及运动水平的差异，在教学中也不可避免地会受到自身随意性的影响。体育教学信息化系统的构建能够把传统教学与数字化教学资源充分整合起来，有助于体育教学的维度和广度更加丰富，有助于体育教学难度的下降，促使体育教学的理解性和形象度得到大幅度提升，最终使体育教学的整体效果得到改善。

（二）促使教学形式的多样化

由于体育教学涵盖面广，而高校体育又比较开放及自由，因而高校体育教学的形式并不像小学和中学那样固定。同时，由于硬件设施的相对完善，排球、足球、乒乓球、羽毛球、田径、游泳等大量的体育活动都可以作为体育教学的内容。

就教学形式来说，不管是开展简单的体育活动、专业化培训、不同类型的体育比赛，还是测试学生对体育知识的掌握情况，均造成了体育教学的涵盖面不断拓展，管理难度和对教学资源的需求量都在逐步增加。同时，各种体育教学形式间也需要全面整合，所以体育教学信息化系统建设十分必要。

（三）有助于深入推行素质教育

在素质教育推行深度不断加深的情况下，高校体育教学理念发生了翻天覆地的变化，体育教学已经从简单的体育运动发展成为集身体训练、协调性、身体机能开展、学生心理健康、生存能力、意志力于一体的综合性学科，很多高校的体育教学已经更名为了体育与健康。这些方面的转变也让体育教学目标朝着多元化方向发展，衍生出了知识目标、技能目标、情感目标、社会适应目标等全新的结构和理念。针对这些变化，体育教学必须要有效整合更多信息，提供生动形象的教学方法，形成更加多样化的服务性功能，如果只单方面依赖传统的体育课程教学是无法实现的，必须要有体育教学信息化系统的全面支持。

二、构建高校体育教学信息化系统的具体实施

构建高校体育教学信息化系统的实施过程包括很多环节，这里主要对系统概念、系统分析、系统总体设计、系统功能实现进行阐析。

（一）系统基本概念

教育电子政务是电子政务和教育信息化的组成部分，从形成开始便一直受到教育部的密切关注。体育教学管理系统应当把实际应用当成重要目标。教育信息化着重反映在体育教学中运用信息化方式解决传统体育教学中的管理问题上，其在提升教育管理水平和教育管理工作质量以及优化教育部门服务职能等方面的作用越来越突出。

系统平台能够在安全的前提下供全校师生在线使用，选择统一认证的方式，在校师生可以选择 Web 的形式实施访问，查询并管理体育课程以及素质测试信息。信息化管理平台软件可以采用数据库服务器、业务服务器分开使用的方式提高访问并发性及数据安全性。每天自动从各相关系统抽取数据，保持数据的及时准确，用户根据需要可直接快速查看所需的各类信息，不需要再进行二次加工，功能基本上涵盖了高校体育教学所涉及的内容，能够满足学校的实际使用需求，采用良好的人机界面，并能够随着业务的发展及时更新相关功能，软件专门设置了学生查询访问系统，每个学生的所有相关体育信息都可以随时在网上进行查询，并且可以进行网上选课，网上选择课外协会、俱乐部，网上预约体质健康测试。

在现代信息技术飞速发展，计算机技术、通信技术以及网络技术发生翻天覆地变化的情况下，高校体育教师应当不断提升应用及驾驭信息技术的能力，全面掌握开发工具与开发方式，不断提升自身掌握信息技术的素质。在现阶段，社会信息量持续增加、各类信息混杂无序、信息质量的差距较大，提供服务的信息资源数量十分庞大，信息资源之间交叉重复，很多学科与领域的信息都有涉及，所以高校体育教师必须要对各类信息资源形成清晰认识，不断提升自身的信息查询能力和信息获取能力。而针对已经获取的有关信息，体育教师应具备组织、加工、分析信息的能力，准确吸收与自身需求相吻合的信息，同时将其组织和加工成与自身需求相适应的形式，对自身参与的实践活动发挥出推动作用。

目前，有很多高校的信息化系统构建已经实现了校园一卡通管理、无线校园网覆盖、高性能服务器群、数据库中央信息等多项功能，截至目前已经形成了功能齐全的教务管理系统与学生管理系统。因此，在完成系统架构设计工作时，应当对怎样和当前系统有机结合进行全面考虑，实现直接取得当前数据信息的目标，舍弃重复录入环节和数据导出工作。本系统的课程信息与学生信息选择和教务系统以及学生系统同步更新的方式，为数据的准确、有效提供了保障，学生体育锻炼成绩能够借助系统联动输入至教务系统中。这些系统都已经拥有基于数据库结构的接口模块，并且在人员权限管理上能够采取统一身份认证的方式，把权限通过角色的方式进行组织，最终为系统管理者和系统使用者高效管理系统用户带来便利。

（二）系统分析

1. 需求分析

高校体育教育信息化是一项系统工程，体育成绩管理、交费重修、优秀生选专业、体育馆（所）开放管理与完善、教学质量监控系统和教学评估制度都一定要科学运用计算机网络系统，从而更好地适应崭新的教学管理运行机制，为高校实现教学秩序井然、教学各个环节良好运转提供保障，这种发展趋势一定会成为未来体育教学信息化系统发展的潮流及方向。

高校学生没有固定的班级，在每学期开始之前，教务处会公布体育课程班信息，学生可以自己选择不同类型的体育班和任课教师。教务系统将选课结果同步到中央数据库，体育锻炼管理系统则通过中央数据库同步来实现更新。数据同步采用定时运行数据同步程序来实现。

2. 系统功能分析

系统设计需要达到的要求分别是超前性、及时性和准确性、高效性、方便性、安全性和可靠性、参数化和兼容性、先进性和可扩展性。具体来说，超前性有助于系统升级及功能的延伸；及时性和准确性是指每天自动在有关系统中抽取数据，从而保证数据及时和准确；高效性是指用户结合实际需求在短时间内查看不同类型的信息；方便性是指使用者能够直接查看相关信息，无须二次加工；安全性和可靠性是指清晰划分不同用户的实际权限，明确限定具体功能的使用权；参考化和兼容性是指各项功能选择参数化设计，从而为修改和升级系统功能提供便利；先进性和可扩展性是指运用理想的人机界面，同时根据业务发展情况来更新有关功能。系统功能分析的具体内容包括以下几个方面。

（1）为全方位落实并实施《学生体质健康测试标准》

必须对上报学生体质健康测评数据时进行全过程与全方位的监管，为上报质量提供保障，保证上报质量达到信息化要求和规范化要求。

（2）精准统计和全面分析学生的体质健康情况

对体教工作的科学决策和教学研究提供重要参考价值，就必须保证社会公示有事实依据、有说服力，达到真实、客观的要求。

（3）业务工作信息化

将学生健康测试数据管理的主要业务由计算机处理，避免人工处理的信息不准确、效率低和出错率高等问题，提高对数据处理中遇到的种种问题的实时响应能力，加快决策的速度。同时，通过对现有业务流程的整理分析，可以优化业务流程、提高工作效率。

（4）信息管理网络化

所有的应用都应在网络上实现，将数据和应用集中起来形成整体。避免数据和应用系统不及时与不统一带来的信息"孤岛"现象，防止对同一数据重复录入和结果不一致而造成的数据冗余及数据丢失等现象。同时，信息通过网络传递，也加快了信息处理的速度。

（5）业务管理数字化

全面且准确的测试数据不仅是研究、改进质检工作的重要依据，还能为学生体质评价带来参考价值，也是体育教学管理、体育教学决策的重要根据。当前，体育教育管理已经不再只凭借经验，而是以数据为重要根据，立足于实际情况，保证最终的决策更加科学、更加合理。体育教学信息化系统通常是充当指导性的管理监控平台，该系统集全局性、精确性、独立性、稳定性、安全性、可扩展性于一体。本系统将采用当前易用和流行的 B/S（基于浏览器/服务器）的架构，用 Java 语言开发，保证系统有良好的可操作性及后期扩展性。该系统要求能实现的功能有系统管理、新闻管理、体育成绩管理、课外锻炼管理、课外俱乐部管理、健康测试管理、教师管理、电子教案、理论考试、网上选课、网上成绩评价、业务数据上传等功能模块。

（三）系统总体设计

1. 系统设计

本系统将采用 J2EE 技术进行开发。J2EE 是一种利用 Java 2 平台来简化企业解决方案的开发、部署和管理相关的复杂问题的体系结构。J2EE 技术的基础就是核心 Java 平台或 Java 2 平台的标准版，J2EE 不仅巩固了标准版中的许多优点，例如"编写一次、随处运行"的特性、方便存取数据库的 JDBC API、CORBA 技术以及能够在 Internet 应用中保护数据的安全模式等，同时还提供了对 EJB（Enterprise Java Beans）、Java Servlets API、JSP（Java Server Pages）以及 XML 技术的全面支持。

就系统设计来说，可选用分层手段完成构建系统架构的工作。把和业务逻辑有关的内容组建成业务逻辑层的部件，前台一般采取 Java 开发界面（表现层），而界面设计则需要把用户的具体使用考虑在内，构建理想的人机交互。针对业务逻辑层下面与数据层更接近的位置，应当安置和数据层存在直接联系的业务数据操作业务，从而形成数据操作层。底层就是数据层，其充当着系统的核心数据库角色，储存和业务数据存在联系的内容是其主要作用。因此，我们可以将整个系统分成四个层面，以期在未来调整系统业务逻辑方面和表现层时不会波及系统架构，也便于开发人员采取修改手段来调整与新建中间业务层的内容，最终达到更新系统的目标。

2. 数据设计

系统采用 B/S 模式，用户通过 Intranet 访问系统，进行数据查询并获取数据处理结果。系统安装在 redhat Advance Server 5 上，数据库采用 Oracle 9i，主页服务器使用 Apache 2.0 加 JBoss 3.26，以获得对 JSP 良好的支持。使用 JDBC 与数据库建立连接、发送 SQL 语句并处理结果。JDBC 为程序开发提供标准的接口，用户的查询命令先是被发送到 JDBC，然后由它将 SQL 语句发送给数据库。数据库对 SQL 语句进行处理并将结果送回给用户。结合高校体育教学信息化系统的功能需求分析。

（1）运动处方相关数据库结构设计

①运动测试评价表

运用体育锻炼管理系统，学校整理并分析实施体质健康测试，同时把最终结果反馈给学生。成功构建大学生体质健康档案以后，体育教师与指导员应当以学生在各个阶段的体质健康情况为依据，对体育锻炼的内容与计划进行科学修订及完善，在密切联系学生生活方式的基础上，制定出针对性强的运动处方。

②运动处方表

假设高校的本科生大约是 2.5 万人，每个年级第一学期都需要完成体质测试，怎样有效管理学生的体质测试，怎样有效管理各年级学生的晨跑、体育课外活动以及体育俱乐部锻炼，怎样把学生体育锻炼数据换算成体育成绩，都必须借助于信息化方式来完成切实可行的人性化管理。教师运用个人校园网络平台和手持终端，了解并掌握学生具体体质情况，能够更有针对性地培养体质差和特殊学生群体的体育兴趣与爱好。由于各方面条件所限，现阶段我国高校体育教育还无法真正意义上为每个学生制定体育运动处方，而现代化的以人为本的教育理念要求教师尽可能引导并帮助大学生形成科学的健身技能与正确的运动锻炼习惯。

（2）体质测试成绩评价

对于高校体育教学信息化系统软件来说，学生体质测试的成绩评估结果和具体数据是系统决策的重要依据，阐述这个部分的设计过程与实现过程，当学生完成各项体质测试之后，相关数据会随之进入系统。

对于某一个学生，通过学生信息基础表获取其性别，与健康成绩评价标准系数表进行比较，得出对应学生的单项成绩、状态、折合分，并对各项分数相加得出学生的总成绩，对学生的体质测试状况进行精确判断。

在运用高校体育信息化系统评定学生体质成绩时，应当把每名学生的体质测试成绩根据不同性别和健康成绩评价标准系数展开细致比较，从而获取学生的单项成绩与总成绩

（折合分累加获得）。

（四）系统功能实现

1. 模块功能的具体实现

高校可以充分发挥并完善无线网络覆盖的作用，选择带有无线网卡的 PDA 完成日常教学管理。PDA 的主要特征是选用触摸式图形界面操作，可操作性特征和直观性特征显著，具备多媒体功能。教师手持 PDA 进行教学活动，将学生的课外活动出勤数据、体育考试成绩数据、健康测试数据和游泳测试数据等信息实时传输到服务器后台，由体育教学管理平台软件进行处理。对于设备的技术维护来说，应当由学校信息化办公室安排专人管理各类的软件设备和硬件设备。如此，就可由专业人员完成网络维护工作与硬件维护工作，而体育部门则是使用部门，仅需学习并掌握软件的业务使用流程即可。这样能够把体育部门与体育教师的管理任务分摊出去。

（1）系统人员管理

目前，很多高校的人事管理与学生管理已经配备了应用系统，同时有关系统和高校中央数据库是实时同步的，有效预防了体育锻炼管理系统中体育教师数据与学生数据被再次输入的问题，为数据的完整及一致提供了保障。体育锻炼系统的人员和中央数据库数据是直接同步的，系统管理员不具备在系统中增加人员信息的权力，要想对人员更新就必须先完成数据同步，达到数据同步目标的方法是采用定时运行数据同步程序。体育锻炼管理系统中不允许更改教师信息和学生信息，相关信息更改只能要求学校人事管理系统和学生管理系统修改，然后同步更新到体育锻炼管理系统中，以保证数据的统一性。

人员登录采用高校统一身份认证系统，用户登录体育锻炼管理系统时，体育锻炼管理系统将用户名与密码发送到统一身份认证系统进行验证，统一身份认证将返回"True"或"False"，体育锻炼管理系统根据返回值判断用户登录是否成功，体育锻炼管理系统本地不保留用户密码。

体育锻炼管理系统设有三级权限，即系统管理员、教师、学生。系统管理员具有最高权限，教师可以管理自己课程班学生的信息，而学生则只能查询与自己相关的信息。

（2）手持机管理

在高校全面覆盖无线网络的情况下，体育教师可以在工作中使用手持机登记学生早操出勤情况、课外锻炼成绩、体育课成绩，进行常规的早操和课外活动的设置与考勤，也可以采用课外俱乐部的组织模式，进行俱乐部式的锻炼及考勤，然后上传到服务器。课外俱乐部可以安排体育教师结合实际需求来自行设置，指导学生结合自己的意愿来选择，自由选择学生感兴趣的运动项目，从而有效调动学生参与课外活动的主动性，最终实现强身健体的终极目标。

在课外锻炼考勤中运用手持机的优点是方便携带、操作性强、性能稳定。在条件允许的情况下，高校可以选择符合标准的 IC 卡，选择一次能够存储 2.5 万条记录的机器，同时在电脑端导出数据后清空，然后进行反复使用。

①持机体育管理程序界面

手持机上的体育管理程序可根据课程需要设置早操课外锻炼、游泳成绩录入、体育成绩录入和数据上传等多个方面的内容，教师在进入体育管理程序前需要先刷教师的工作证进行身份识别。

②早操、课外锻炼

早操、课外锻炼和课外俱乐部运动是体育教学课内外一体化的组成部分，通过早操、课外锻炼和课外俱乐部锻炼刷卡统计学生的锻炼次数可作为学生体育成绩的一部分。

③游泳成绩录入

高校可以强制要求学生在校期间必须要通过游泳 50 米的测试，不然就不能颁发毕业证，这样不仅有助于提升学生的身体素质，还能让学生掌握一项生存技能。在游泳测试中，不需要考虑时间和姿势，只设置通过和不通过两种选择。当学生刷卡后，教师需要完成的工作是确定学生是否通过测试并记录具体成绩。

④体育成绩录入

体育成绩录入是教师对学生进行专项考试时，教师可以选择考试科目，刷完学生卡后进行成绩录入。

⑤数据上传

通过手持机完成各类体育项目考核之后，应当把数据保存在手持机中，教师可以连接无线网络把手持机中的数据上传至服务器，最终导入系统。需要注意的是，上传的成绩也需要在手持机上进行备份。

（3）系统反馈

大学生体育健身过程是指不间断地进行学习、健身、信息反馈、修正调整的动态系统，而不管是哪个环节存在问题，都一定会对健身活动的开展产生制约，常常会出现学生离开体育健身活动的情况，没有深刻认识到学生体质测试评价的重要性是出现大学生体质水平下降的关键因素之一。把测试的证明功能摆在过高位置、不积极向学生提出反馈信息以及切实可行的健身指导意义的评价方式，显然对培养学生的健身意识和健身习惯是有负面作用的。

长时间以来，传统的高校体育教学工作都没有密切关注学生的体质信息分析、体质信息反馈，也没能提供针对性强的健身运动处方，没有联系学生体质来给出针对性强的运动处方反馈，最终出现了健身系统脱节的问题。而信息化教学就是要应用现在已经基本普及的高校校园计算机网络，沟通学生、体质评价信息和教师之间的联系，更好地为大学生的科学健身服务。

测试资料的收集、整理和保存系统实现了学生的各项测试成绩和登记卡的电子化信息管理，整理保存学生历年的测试数据，是大学生体质健康状况的追踪调查研究的宝贵资料。同时，建立实现学生的各项测试结果、评价等级的网络化查询体系，在校园网信息发布系统上，大学生可以随时查阅自己的评价等级、各项测试数据。

组织测试是学校实施标准工作中相对复杂的一个环节，体育教师要想获得准确、客观的学生原始数据，就必须对组织测试环节进行正确的处理与解决。详细来说，组织测试往往由测试时间安排、测试人员培训、场地器材与仪器的准备、场地器材与器材的安全策略等很多个问题组成；体育教师充当主测者角色，在测试尚未开始时就需要做好思想准备和测试条件的准备。准备内容包括领会文件精神、全面掌握测试项目内容以及测试仪器性能，全面掌握测试手段以及使用过程中的熟练操作，保证场地准备到位、器材准备到位，这些方面的准备对最终的测试结果有着直接影响。

因此，高校要想保证标准的顺利实施，就一定要制定定期培训测试人员的制度。学校组织教师对体质健康知识方面进行培训，组织教师参加体质健康知识方面和对仪器操作方面的培训；标准要求学校对学生进行安全教育，一是要对学生日常的体育锻炼提出安全要求，防止伤害事故的发生；二是测试前要检查并了解学生的身体健康情况，有病或身体状况不好的学生不得参加测试；三是测试前要检查场地器材是否符合安全要求；四是测试前要给学生讲清测试细则和安全要求，使其引起重视；五是体育教师在上课时对学生进行宣传必须要结合学生体育活动的特色，注重标准宣传工作的多样性，向学生进行经常性的宣传教育，深入进行思想发动，帮助学生了解健康的意义和锻炼目的。要让学生了解实施标准的目的是为了促进他们加强锻炼，提高体质健康水平。由此可知，学校应当在宣传方面投入更多精力，实现课内和课外相互呼应的目标，有针对性地进行标准宣传。根据标准的实施要求，密切联系体质测试项目的实际情况，在高校中举办具有娱乐性与观赏性的趣味运动，促使学生在娱乐过程中认识到测试的正确方法，让学生亲身感受到运动前和运动后的身体机能变化，由此实现主动宣传。

高校和体育教师应当采取多种方式来充分发挥学校各类资源的作用，真正落实好宣传工作，保证学生深刻认识到测试的重要性，如此才能使测试在学校顺利推广。标准的测试结果和评分成绩，不只是检验标准实施效果的关键性指标，还是追求调查研究学生身体状况的珍贵资料。体育锻炼管理系统能够在最佳时间段内完成评价以及统计分析，进而准确找出问题，有效归纳经验，制定出切实可行的策略，对增强学生体质健康的方法展开深入研究，最终促使高校体育更加科学化。

大学生积极评价自身体质健康情况，有助于学生对健康形成崭新的认识，构建出和现代社会发展走向适宜的体质健康理念，推动学生明确深刻认识到身体成分、身体形态、机能、基础素质、运动素质是决定人类健康水平的关键性因素；有利于帮助与督促学生建立并实现健康目标；有利于科学地、综合地自我评价自身体质健康状况，通过学生端平台的信息反馈，大学生自身体质健康状况的监控和及时反馈又能激发他们自觉主动参加体育锻炼，培养终身追求健康生活方式的行为及习惯。

在不同方面的教学条件和训练条件的制约下，当前体育教师无法针对每名学生都制定出详细的运动处方来，任课体育教师和学生可以在健康测试的测试平台窗口全面掌握自身的体质水平，保证各项措施的针对性和实效性，尤其是要针对学生的体质情况制定出切实有效的学习计划和训练计划，从而为获得预期教学效果提供保障。

贯彻并落实"以人为本"的时代精神，把灵活性与资源性摆在关键位置。因为高校体育教学信息化系统表现出了多媒体化和信息的可扩充化，为学生脱离以往的被动接受式学习方式提供了条件，使学生能够自觉建构知识体系，能够在多种环境与多种条件下探索性地学习体育基本知识和运动技术，充分凸显出学生在教学过程中的主体地位。

除此之外，高校体育教育还提出了实现人才多样化的目标。要培养信息时代所需的人才，就迫切需要合作化的体育教学方式。在合作化的体育教学方式中，学生的学习不仅来自体育教师，也来自学生间的相互帮助和纠正错误动作。随着教育信息化的进一步发展，在传统教学环境下难以开展的研究性学习、发现式学习等会再度兴起，尤其是以学为中心的各种教学模式将会被广泛认同。教学过程中"教"的单极化走向合作化，新时代教育模式以人才多样化培养为目标，注重目标管理，同时注重个性化的培养。

第十章　高校篮球队伍管理

第一节　篮球队伍管理的目标和特点

一、篮球队伍管理的目标

（一）目标的含义、特点和作用

目标是指组织在一定时期内预期达到的境地和标准。其含义包括以下几个方面内容。

第一，表明组织的目的性，组织整体的发展方向；

第二，具有明确的边界条件，即组织管理活动的实践界限，数量上与质量上的要求以及职责范围；

第三，常常由一系列的指标构成；

第四，管理活动的目的与评价活动标准之一。

目标具有以下特点：一是方向性，目标具有一定的方向性，它能够为人们指明前进的道路和方向；二是层次性，表明组织总体方向的总目标，需要分解成一些低层次的目标，即子目标，这些子目标的实现构成了组织总目标实现的基础，一般来说，目标的层次可分为两级、三级或更多级；三是网络性，组织系统中，各层次、各部门、各成员的目标之相互关联，纵向有从属性，横向有联系性，纵横优劣的排列，则组合成为目标网络，或称目标体系；四是可考核性，组织目标一般要转化为一定的指标，并制定出一系列在质量和实践上均有具体要求的标准，从而便于检查、考核和评价，最终达到落实目标的目的；五是挑战性，合理的目标总是要求在原有水平上达到一个新的高度，需要经过一定的努力才能到达。

组织目标是管理者和组织中一切成员的行动指南。没有明确目标的组织，则无法形成统一的行动，难以进行有效的工作，目标的具体作用可分为以下内容。

第一，指向作用。组织目标是组织的目的、宗旨的具体化，指明组织的发展方向。它既是管理工作的出发点，又是管理工作的终极归宿。

第二，激励作用。目标不仅指明方向，还为人的行动提出了明确的标准，成为一种推动力。目标价值越高，实现目标的概率越大，所激发的力量也越大。

第三，标准作用。组织目标确定以后，管理过程中要以目标为导向，作为检查、控制的依据，管理结束时要按照目标进行考核、验收，使之成为评估工作成效的衡量尺度。

第四，凝聚作用。组织目标把组织的各部门和全体成员拧在一起，表现出强大的向心力，形成统一的有机整体，为实现共同目标而协调配合、锐意进取。组织的各部门和各个成员，只有在总目标指引下，团结协作才能实现自己工作的价值。

（二）目标管理的过程

目标管理是一种有规律的操作过程的管理方法，它是依据管理活动的规律和目标管理的特点而进行的。目标管理一般应依据以下程序进行：

首先，确定目标。确定目标是目标管理的第一步和关键环节。只有制定出符合本单位实际、又有利于长远发展的目标，才能使目标管理活动获得好的成效。目标的确定，需要经过周密地调查，依据上级的要求、主观条件和客观条件诸因素进行认真的分析论证，千万不可草率从事。一个好的目标必须做到：关键性与全面性结合，灵活性与一致性结合，可行性与挑战性结合，指令性与民主性结合，具体化与定量化结合。

其次，目标开展。它是指目标从上到下层层分解、层层落实的过程，包括目标分解、对策展开、目标协商、明确目标责任和授权、绘制展开图等，它们相互联系、相互制约，构成一个不可分割的整体。目标展开的效果，将直接影响目标的实施和整个目标管理活动的成效。

再次，目标实施。目标实施是关系到目标能否实现的中心环节。目标实施要求精心组织，随时依据环境变化搞好调节平衡，充分发挥下属的积极性和主动性。

最后，目标考核。它是目标管理的最后一个环节，也是下一个目标管理周期的开始，考核工作做的效果，将直接关系到目标管理的效果。目标考核工作内容包括考评成果、实施奖惩和总结经验三方面。

（三）目标的内容及确定

目标包括目标方针、目标项目和目标值。

目标方针是目标的高度概括，规定了篮球运动组织在一定时期内总的发展方向、发展战略、发展规模和需要达到的水平，是确定目标项目和目标值的依据。目标方针的确定，必须做到方向正确、含义明确、简明扼要，并且要有鼓动性和号召力。

目标项目是目标方针的具体化，具体地规定了篮球队伍组织为实现目标方针在各个主要方面应达到的水平和主要要求。目标项目的确定应注意：各周期目标衔接，纵横目标结合，构成一个连续的、科学的系统。

目标值具体表示各项目目标应达到的水平和程度。目标值分定性与定量两类。定性目标值是指没有量化的目标值，有的定性目标只能采取模糊转换量化，有的还无法量化。不能量化的目标，也要尽量使其具体化，制定具体的考核标准；定量目标值是指能够用数字表示的目标值，如表示数量的教练员数、等级运动员数，以及表示质量的场地使用率、活动出勤率的达标率等。

（四）目标效果评价

目标管理的最后一个环节是目标考评，目标考评主要是对目标效果的评价。目标评价的方法和形式主要为：自我评价、民主评价和领导评价。

自我评价是指个人或部门自身对照目标进行总结评定，并赋予价值确定的评价方法，它是其他评价方法的基础。这种方法虽然带有一定的主观性，但具有自我教育、自我激励作用。

民主评价是指个人或部门的同行对其进行评价并赋予价值确定的评价方法。这种方法既可以横向比较目标成果的优劣，还可以起到交流经验、加强沟通的作用，较为客观和民主。它是惩罚与表彰的依据。

领导评价是指由领导给部属加以评断和赋予价值确定的评价方法。领导评价一般是带有决定性的评价，所以领导者必须充分掌握被评部属的有关情况和信息，公开客观地作评价，而不应以个人的好恶，从个人印象出发进行不负责任的评价。

以上三种评价方法在篮球队伍管理中都是必不可少的目标管理评价方法。自我评价是执行者对本职工作的自我认识、自我鉴定，反映其责任感和自信心，是做好管理工作的基本要求；民主评价是共同工作的同行集体的一致认可与鉴定，反映其工作质量在整体中的地位和可信程度，是提高管理工作的效率的关键环节；领导评价是上级部门或领导者对下属工作的考察与尝试，反映其胜任该工作的适应程度，是反映管理者水平及其权威性的具体体现。在具体实施目标管理评价时，可根据需要与可能的原则单独应用以上三种中的一种，也可以综合应用此三种评价方法。

二、篮球队伍管理的特点

篮球队因其归属系统、性质、水平、级别层次的不同而各具特色，尤其是职业俱乐部球队更因其产业与商业化气息而具有全面差异，它们的最终目标不同，组合结构不同，成员在智力、能力、知识、性格等方面也大相径庭。因此，要实现一个球队的目标，重要的是挖掘每位成员的最大潜力，同时有意识、有组织地进行不间断的协调活动。另外，人们在群体中的相互作用是一个发展、变化的动态过程，每个人的技能、个性特征、训练水平虽有一定的稳定性，但不是固定不变的，也需要做出及时调整。这些协调的综合活动就是篮球队的管理，它反映的是整个教学训练过程中对运动员情况的具体管理。

从现代管理学角度看，管理的范围包括人、财、物、时间、信息，其中最主要的管理对象是人。篮球队的管理包括对运动员的训练管理、生活管理、学习管理和思想教育管理。运动员不是孤立存在的，只有当他们在发展的环境中努力从内外两方面约束自己时才能不断完善自己，同时也为创造这种理想环境做出贡献。科学的管理可以充分调动每名运动员的积极性、主动性和创造性，将篮球队建设成一个团结战斗的集体。

随着篮球运动职业化与竞赛产业化进程的加快，篮球队的管理越来越受到人们的重视，加强管理力量、提高管理水平已成为我国加强篮球队的建设、赶超世界先进水平所必须解决的一个问题。

篮球队的成员主要由一至两名教练员和十几名运动员组成。在这样的篮球群体中，球队成员在一定的空间和时间内相互作用、相互影响，直接或间接地使用有效的相互作用在持续性、广泛性和融合性上达到密切的程度，并逐渐形成一个自身的内部准则，以指导其价值的实现，篮球队的管理具有以下几个特点。

第一，篮球队的管理是以竞赛活动为中心的周期性行为。管理过程中的各个阶段（制订计划、组织实施、检查调整、做出总结），既有各自的独立性，又有紧密的连接性，它们之间互相联系、互相促进，并且按照篮球运动和管理学科的基本规律，依照一定的次序，连接成一个封闭的循环系统，即一个管理周期。

第二，管理周期的重复性。篮球队的管理不是随着某次比赛的结束而终结，恰恰是以它为起点，开始新一轮的管理，周而复始，不断进行。管理周期的重复出现，并非简单的重复，篮球队的整体情况可能会发生一定的，甚至是重大的变化，例如新老队员的交替、主力阵容的调整、比赛结果的后作用等，管理者应根据实际情况，有效地调节管理活动。

第三，大量的管理活动渗透在实际的训练过程中，为训练工作的物质和精神两方面作保证。

第四，竞赛期间的管理工作有其特殊性，比赛过程中的生活管理和思想管理尤为突出。

第五，管理工作的效果要在比赛中体现，并得到社会的检验与认可。篮球队的技术和战术水平、比赛作风、文明程度等直接反应管理水平。

第六，篮球队的管理者，以领队、教练员或教练小组为主，其他专业人员为辅。教练员不仅要具有专业技术，还要掌握多种学科知识，具备较高的管理能力。

第七，篮球队的管理幅度（即管辖人数）较大，所以管理的内容较多，是贯彻全面素质教育的重要管理过程。

第八，篮球是一个整体、一个团队的运动，而不是一个人的运动。

第九，篮球队伍存在着一定的结构。球队中的每一个成员都占有一定的地位，扮演着一定的角色，并由此而构成一定的等级体系和人际关系网络。教练员在球队中居于主导位置，是球队的灵魂，并指挥球队的活动；而篮球队员则分别扮演着各自的角色，并按照角色规定进行交往与活动，发生互动与联系。

第十，篮球队有一定的目标。这种目标即篮球运动的方向和目的，没有目标，篮球运动就没有动力，更谈不上存在和发展。

第十一，篮球队的队员有共同的价值和规范。球队的价值和规范是球队每一个成员所必须遵守的准则，它使球队成员的共同活动得以协调进行。球队成员如果违反这些规则，必将影响既定目标的实现。

第二节　篮球队伍管理的原则和方法

一、篮球队伍管理的原则

篮球队伍管理与一般管理活动一样，都必须遵循一般管理的客观规律，遵循科学管理的基本原则。

规律是事物发生过程中内在的本质联系和必然趋势。它具有不以人们的意志为转移的客观必然性，是事物本身所固有的。管理工作的基本原则，是对管理实践活动的实质内容进行科学的分析总结而提炼出来的，是对管理规律的科学阐述，它是一个发生、发展的过程，并将随着社会的发展而进一步完善提高。管理原则反映了管理活动的规律性、实质性的内容。原则是根据对基本规律或原则的认识而引申出来的，是人们必须共同遵循的行为规范。

管理原则对于指导篮球训练、篮球队伍、篮球运动管理实践，提高管理效能，有效地实现管理目标，具有重要的意义。篮球队伍的科学管理，需要遵循系统原则、人本原则、动态原则和效益原则。

（一）系统原则

1. 系统原则的概念

系统原则是指为了实现现代化科学管理的优化目标，运用系统理论，对管理对象进行细致的系统分析。

系统原则最重要的观点是"整体效应"观点。著名的定律——整体大于各孤立部分的总和。"整体"为什么会大于"部分之和"？这是因为系统诸要素经过合理的排列组合，构成有机整体之后，便具有其要素在孤立状态中所没有的性质，即放大了功能。系统的规模越大，结构越复杂，这种"放大的功能"就可能越大。而"功能"能否放大的关键在于科学的组织管理，我国的"神舟计划"负责人在总结该计划时，曾深刻指出，我们没有使用一项别人没有的技术，我们的技术就是科学的组合管理。这正抓住了事物的本质。说明如果管理得好，采用合理的方法，可能产生 $1+1>2$ 的效果；相反，如果管理不当，就会产生出 $1+1<2$ 的效果，这就是整体效应。获得整体效应，并使整体效应尽量增大，这是优化管理的最大追求目标。

系统原则理论的运用，是现代管理区别于小生产管理的分水岭。系统原则理论要求每个管理人员必须从思想上明确：自己负责的对象是一个可以控制的整体动态系统，而不是一个孤立的、静止的系统，应该从整体出发，使局部服从整体，又使整体照顾局部；同时还应明白，无论如何管理，都必须考虑系统整体的利益，摆正自己的位置，为更大系统的全局利益服务。

2. 系统原则的要点

系统原则的要点，在于系统的目的性、整体性和层次性。

第一，目的性。每个系统都有自己明确的目的，目的不明必然导致管理的混乱。要根据系统的目的和功能设置各子系统，建立其结构，各子系统的目的由系统目的分解而来。一般来说，一个系统只有一个目的。

第二，整体性。整体性是系统的最基本的特征之一，它是由目的性引申出来的。主要解释了整体与局部、整体效果与个体效能的关系。要素与系统关系十分密切、不可分割。系统的整体功能建立在一定的要素功能基础上，但又大于各要素功能的简单相加。没有要素的功能，就没有整体功能；但是，如果各要素不能进行科学的综合和继承，就不能取得整体效果。因此，把握形同的整体，着眼于整体效应，这是我们认识和运用系统原则的精髓。

第三，层次性。只要是系统，想必都有一定的层次结构，每一层次都有各自的功能，规定明确的任务和职责、职权范围。系统的层次性，要求管理必须分层次进行，建立层层管理、层层负责、各负其责的管理秩序。从社会管理系统来说，可以划分为宏观、中观、微观三个不同的层次；从一个部门、一个单位的管理来说，可以划分为决策层的管理、管理层的管理和执行层的管理，各系统的层次之间有着密切的相互联系。

3. 系统原则所引申的管理原则

(1) 整分合原则

整分合原则要求管理工作必须在整体规划的基础上明确分工，在分工基础上有效综合。具体来说："整"，是根据系统原则的整体性要求，从整体上把握系统的目标、所需的条件和所处的环境，防止偏离总目标；"分"是根据系统原则的层次性要求，按照整体目标的要求，对总任务进行科学的分解、合理的分工，建立各种规范；"合"是根据系统原则的目的性要点，在分工之后，对各要素之间的各种关系不断综合与协调，从而保证整体目标的实现。进行"整——分——合"分析应该注意以下几点：

①树立整体观点

整体观点是大前提，最终目的是扩大整体效应，实现整体目标。

②抓住分解这一关键

分解正确，分工就合理，规范才科学、明确。不善于分解，就不会合理分工，无法抓住关键，只能疲于应付，难以成事。

③分工与协作相结合

分工固然重要，但它并不是目的，还必须进行强有力的组织管理，使各环节同步协调，有计划按比例地综合平衡，既分工又协作才能提高效能。

④明确分解对象

我们所说的分解，是围绕目标对管理工作进行的分解，而不是对管理功能的分解。管理功能要求人、财、物等要素统一，否则，管理便无法进行下去。

（2）优化组合原则

贯彻整分合原则，要求既要搞好分工，也要搞好协作，所以，分工不能随心所欲，分级也不能没有标准，各级更不能任意组合。要想有效实现系统的目标，提高其整体效果，必须使系统的组合达到优化。

优化组合，主要包括以下两个方面：

①目标优化组合

实行目标管理的单位，要发动群众，民主制定科学的总目标，然后根据优化组合原则，把总目标层层分解到下级组织或个人，发挥各自的长处，组成优化的目标体系。在实现目标的过程中，要使各个分目标之间相互促进、相互协调，从而保证总体目标的完成。

②组织优化组合

组织优化，要建立稳定的管理三角。组织结构常见的为各种三角形，其中以正三角形结构最稳定、最合理。

优化组合，必须贯彻管理跨度原则。管理跨度，是指一个上级能直接有效地领导下属人数的限度。管理跨度的大小，受管理者的素质、能力、支持及管理对象的状况、分布距离等所限制；它决定着组织的管理层次、人员数量；它对组织结构的横向划分、纵向联系产生影响。在一个管理三角形中，一般来说，越是上层领导，直接管理的人就越少，越是往下，直接管理的人就越多，形成塔状的梯形结构。

（3）相对封闭性原则

这里所说的封闭，是针对系统内部的管理而言的，但是，系统的封闭是相对的，这种相对性主要表现在系统总是要与外系统发生联系。对于系统外部，呈现出开放状态。因此，内与外，封闭与开放，都是相对的。实践证明，一个单位内部管理好坏，主要看它是否根据系统原则，对本单位进行封闭管理。也就是说，系统内部要形成有效的管理运动，必须使系统内的管理手段、措施等构成一个连续的、封闭的回路，这就像电线一定要形成回路，电子才能得以运动而产生电流一样。不封闭的管理，不能形成有效的管理运动，漏洞百出，难以获得理想的整体效果。

（二）人本原则

1. 人本原则的概念

管理是一个动态过程，是包括管理者、被管理者和管理环境三个要素相互影响、相互制约、相互促进的活动过程。管理三要素以人为核心，以发挥人的主观能动性和创造性为根本；离开了人，既不存在管理者与被管理者两大类要素，更谈不上管理。人本原则，就是一切管理应以做好人的工作，调动人的积极性、主动性为根本。

人是生产力诸要素中最活跃的因素，现代管理把人的因素放在第一位，重视处理好人际关系，尽量发挥人的自觉性和自我实现精神，这是管理思想上的巨大进步，它与过去把人当成一部"活机器"进行严格而僵化的管理是有根本区别的。随着科学技术的进步，人们的工作更多地依靠脑力和智力，一些高技术的工作，实际上很难用简单的办法来加以监督，这就必须依靠人们的主动性和创造性，重视人的能量的开发，在管理过程中贯彻人本原则。在目前篮球队伍管理中，有些管理者、教练员，只习惯采取强制性体罚的管理办法，对被管理者进行各种各样的限制，而不是千方百计地激发他们的积极性和主动性，因而无论在训练、比赛和文化学习等方面，效果不佳、事倍功半。

2. 人本原则引申的原则

（1）行为原则

行为是人们外在活动的表现形式，意识则是人们内心的活动表现。人的行为受人的动机支配，而人的动机是由人的需要决定的。行为原则，就是了解人的需要与动机，根据人的行为规律进行管理。

贯彻行为原则，必须了解人的心理反应，激发人的动机，增强人的心理适应性，扩大人的心理容量。

①了解人的心理反应

在管理活动中，各类管理诱因（包括第一、二信号系统的外界环境）与人的大脑发生反应，能产生心理现象与心理能量，从而直接影响管理行动。

②激发人的动机

人的行为受动机支配，一个树立为国争光思想的运动员，才有刻苦训练、拼搏不止的表现。而人的动机又是需要决定的，一名教练员的业务水平提高到一个新的水平时，需要晋升高一级技术职务，就会产生申报高一级教练员技术职务的动机。由于需要的不同，人们的动机就有很大差异，由于素质的不同，也会形成积极的动机和消极的动机，并针对情况，采取措施，以强化积极动机，消除或剥削消极动机，从而产生正确行动，有效达到管理目标。

③增强人的心理适应性

适应是指对外界环境和内心世界变化而产生的相应承受力。心理适应使人能够应付复杂的环境变化。由于诱因的多次出现，人的心理器官反复受到刺激，渐渐习以为常，随之适应下来。我国运动管理中提出的"三从一大"训练原则，尤其是从"实践出发"，就是贯彻行为原则，增强人的心理适应性，一名训练有素的体操运动员，在器械上面表演自如，泰然自若；反之，一名未经过训练的人登上器械，心理上一定会产成慌乱。

高度的心理适应能力，是在长期的实践和经历中反复磨炼出来的，所以，管理者必须投身于管理实践，才能提高管理能力和水平。

（2）能级对应原则

"能级"是一个现代物理学中的概念，能是做功的量。在现代管理中，机构和人都有一个能量问题，根据能量大小进行分级管理，能量大的人办高能级的事，能量小的人办低能级的事，做到能级对应，这就是能级对应原则。

贯彻能级对应原则，尤其要注意人的能级对应。人的能力有大小，要根据人的能力水平安排相应的能级工作，才能各得其所、各尽其能。

（3）动力原则

管理与物质运动一样，必须要有动力，有了动力才能推动管理活动的进行。开发各种推动管理运动的动力，科学地综合运用不同动力，为科学管理提供强有力的动力支持，这就是管理的动力原则。

①动力的种类

贯彻动力原则，必须掌握三种动力，即物质、精神、信息。这三种动力，各有特点。应正确配合使用，使其发挥整体效应。

物质是第一性的，物质的存在决定人们的意识。物质是人类赖以生存的基础，所以物质动力是根本动力。物质动力就是通过给予一定的物质鼓励和经济效益来调动人的积极性。物质奖励包括奖金，也包括晋职、加薪以及创造优越的工作条件等。物质动力不是万能的，使用不当，也会产生一定副作用，因此，使用物质动力时，往往需要结合使用其他动力。

精神动力就是运用精神的力量激发人的积极性。人是唯一有精神意识的动物，正确地运用精神动力可以弥补物质动力的不足，而且本身就有巨大的威力。精神动力包括爱国主义、受到尊重、同志友谊、组织关怀和思想政治工作等。精神动力是调动人的积极性的一种重要动力，如果把它与物质动力等结合运用，可以取得更好的效果。我国一贯重视运用精神动力，重视做好思想政治工作，积累了宝贵经验。日本的管理学家指出，今后科学管理的方向是向中国精神学习精神鼓励，当奖励电视机、汽车已不能激起人们的兴趣时，采用"授予先进称号"等方法，更能调动劳动者的积极性。

信息动力，就是指通过增长知识、交流信息所产生的动力。在人类物质生产过程中，信息不仅是一种无形的资源，而且是一种有效的动力，它具有超越物质和精神的相对对立性。社会生产力的发展，把人类从自然经济推向商品经济、从封闭状态推向全面开放，使信息传递的重要性越来越明显地显示出来。

②如何正确运用动力

首先，三种动力要综合运用，达到扬长避短，取得最佳效果。在具体运用中，可以根据实际情况，有所侧重，即以某种动力为主，结合运用其他动力。其次，要正确认识和处理个体动力与集体动力的关系。较为理想的是让个体动力在大方向基本一致的前提下，得到充分发展，以求获得比较大的集体矢量。如果片面地让每个个体在无任何约束条件下充分自由地发展，或者把每个个体动力矢量硬性拨向一个统一的集体方向，其结果均不理想。在此，运用动力时，要掌握好适宜的"刺激量"。刺激量过大，没有必要；刺激量过小，起不到作用，必须掌握好这个度。一般来说，刺激量要逐步提高，要制定刺激量的标准，并公开施行。

（三）动态原则

1. 动态原则的概念

任何事物都在发展变化之中，管理也不例外。管理活动是一个多因素、纷繁复杂、千变万化的系统工程。动态原则，是指在管理活动中重视动态特征，注意把握管理对象的变化情况，不断调节各个环节，以实现整体目标。

管理的动态特征，主要表现于构成管理系统的诸要素之间的相互作用和管理的时间与空间之间的变化关系。

管理系统诸要素之间的相互作用，体现为相关因子的变化关系。当相关事务结合以后，其数量由小变大，由少变多，其质量由弱变强，是积极相关；反之，为消极相关。贯彻动态原则，须引向积极相关。两个事物之间有包容、隶属关系，或相等和等价关系的，成为完全相关；两个事物之间彼此有程度不同的影响和相互作用的，成为不完全相关，它们没有因果关系和决定关系，而只有影响作用；两个事物之间不存在相互作用与影响的，是完全不相关。两个事物，当一个数量增加时，另一个也随之增加，成为正相关；当一个数量增加时，另一个数量减少，则称为负相关。某事物只与单个其他事物相关的，是单相关；而与多个事物相关的，称复相关。现代管理，不仅要提高每个人的积极性，提高其个体效应，而且要增强人与人、人与物的整体效应。

时间与空间都是运动着的物质的存在形式，两者无法分离。管理系统的结构，往往要随时间的变化而变化，在不同时间、不同地点，采取同一措施，可能取得完全不同的结果。在不同的条件下，时间因素和空间因素还可以相互转换，如篮球运动队，在训练场地充足的条件下，为了加大全队训练总负荷，提高训练密度，训练时间不延长，把全队分为两个组同时进行训练；如果场地紧张，则可不分组而采取延长训练时间来达到目的。

2. 动态管理引申的管理原则

（1）弹性适应原则

管理所碰到的问题，往往带有很大的不确定性，并且都带有一定的后果。所以，动态管理必须留有余地，保持充分的弹性，以适应客观事物各种可能的变化，就是弹性适应原则。

在管理工作中，既要注意局部弹性，又要注意整体弹性。要采取遇事冷静的积极弹性，避免遇事"留一手"的消极弹性。

（2）时机价值原则

时机，就是时间的概率。"不讲早迟，只要适时"，可见掌握时机之重要性。"时机就是胜利"，掌握了时机，就能掌握胜券，失掉时机，就会造成失败，导致前功尽弃。

时机有它的特定性质，一旦当它以某种形式表现出来，就成为瞬时价值，这一瞬时就成为"关键时刻"。在这些关键时刻里，事物往往可以朝多方向或以各种不同的速度发展，我们如能审时度势，稍许添加能量和条件，就可以使其沿着我们需要的方向前进。一旦错过机会，再要拨正方向，往往需要付出极大的代价。甚至不能成功，造成"一失足成千古恨"。说明选择和把握时机，充分发挥时机的作用，运用时间的概率价值，以期达到常规条件下达不到的目的和成就，就成为管理工作中的重要课题。

二、篮球队伍的管理方法

篮球队伍的管理方法主要包括：行政方法、经济方法、法律方法和思想教育方法。科学的管理需要有力的、规范的行政方法和法律方法来支撑，需要灵活的、合理的经济方法及思想教育方法作保障。它们均属于定性范畴的管理方法。

（一）行政方法

篮球队伍的行政管理的行政方法是指依靠各级管理机构和领导者的权力，运用行政手段，按照行政系统规范进行管理活动的方法。它是行政管理系统采用命令、指示、规定、指令性计划和职责条例等行政手段对其各子系统进行调节与控制。由于它是由上级发布命令，下级则要服从上级，上下级之间的关系非常清晰，这就要求在运用行政方法上，上级对下级所下达的命令、指令或指令性计划等，一定要符合部门的实际和管理活动的规律；更要求上级领导除了要有责任外，还必须具有较好的领导素质，即有较高的理论政策水平和较强的组织管理能力，否则，就会降低管理的质量，影响管理的功效和目标的实现。在篮球队伍管理中，行政方法主要有如下四个特点。

1. 权威性

运用行政方法进行管理，起主要作用的是权威。因为行政方法是否有效，所发出指令的接受率以及上下级之间的沟通，在很大程度上取决于管理者的权威。行政方法的这种权威性，有利于发挥领导层的决策作用，便于通过有利的行政措施，对所辖各级管理部门进行有效的组织、指挥、调节和控制。当然，领导者权威的提高，主要是自身在管理活动中所表现出来的良好的领导素质和才能，并依靠被领导者的拥戴，这一点对于我国的篮球队伍管理系统正确地选拔和考核管理干部是十分重要的。

2. 强制性

行政方法是通过各种行政指令来对管理对象进行指挥和控制，因而行政方法就必然具有鲜明的强制性。行政方法的强制性一般只对特定的下级部门或特定的所属对象才会产生效果。

3. 纵向性

也称垂直性。行政方法是通过行政系统对子系统进行控制管理的，行政命令通常是通过垂直纵向逐层传达执行。然而，在篮球队伍管理中，往往会出现一些横向传达命令的事情，产生很多矛盾、多头指挥等问题，从而使行政指令失灵。因此，需通过沟通和协调，来保证管理目标的实现。

4. 针对性

也称具体性。表现为从行政命令发布的对象到命令的内容都是具体的。从行政方法的上述特点中不难看出它在管理活动中的作用，概括起来有如下几点：①有利于集中统一，避免各行其是；②有利于管理职能的发挥和管理目标的实现；③行政方法还有利于灵活地处理管理中的特殊任务，对于篮球队伍出现的新情况，遇到的新问题，能通过管理部门有针对性的行政命令，使一些特殊或紧迫的问题获得较好而及时的解决。

虽然行政方法有不少优点，对搞好篮球队伍管理起着重要作用，但也存在一些不足和弊端。比如，行政方法不利于管理的分权，难以发挥下属的积极性，加之协调任务重，不利于横向沟通。

由于行政方法强调领导者的权威性，易于导致出现"人治"的现象。尤其是随着改革的不断深入，篮球队伍管理部门的多元化，行政管理方法所发挥的作用将逐渐减少。

（二）经济方法

所谓经济方法，是指依靠经济组织，按照客观经济规律的要求来实现管理目标所采用的各种经济措施和手段。其目的是达到较高的经济效益和社会效益，以实现管理的目标。在管理实践过程中，常用的经济手段有价格、税收、工资、奖金以及经济合同等。不同的经济手段在不同的领域所起的作用是不同的。在宏观管理领域中，主要是运用价格、税收、信贷、利息等经济手段；在微观领域中，主要是运用工资、奖金、罚款等经济手段。

不论是在宏观领域还是在微观领域都要重视物质利益的原则，正确处理好国家、集体与个人之间的经济关系。在社会主义市场经济中，经济方法可以有效地提高篮球队伍管理的效能，克服管理中那种单纯依靠行政管理的做法，调动和激发运动员、教练员的积极性、主动性，从而不断增强管理的活力。具体来讲，经济方法的作用主要体现在以下几个方面。

1. 有利于提高经济效益

提高经济效益，就篮球队伍管理而言，就是要提高篮球队伍的投资效益。如初级训练投资的经济效益，其主要指标有：培训和训练运动员的数量，输送运动员的数量，运动员的成才率等。高级训练投资的经济效益，可以通过培养和训练优秀运动员的数量，在国际国内重大比赛中获奖牌的数量等项目指标反映出来。正确、适当、科学、合理地运用经济方法，可以有效地提高各层次运动训练投资的经济效益。篮球队伍管理经济的运用直接关系到运动各级训练组织的积极性和提高训练工作的效率，因此，必须尽量做到少花钱、多办事、办好事，克服那种大手大脚铺张浪费的不良作风，不断提高篮球队伍管理的社会经济效益。

2. 有利于强化管理职能

强化管理职能，主要表现为上级管理机构能通过各种经济手段来控制下级管理组织和被管理者的工作及训练情况，将他们的经济利益与必须承担的工作任务、本职责任挂起钩来，区别情况进行赏罚。

3. 有利于适当分权

经济方法的经济制约作用，给基层单位以相应的经济自主权创造了条件。例如，实行费用定额管理、经费包干管理，既有利于分析和比较培养运动员的费用消耗和其他各种训练费用消耗和实际情况，又有利于充分发挥下级部门的自主权，使管理的逆向作用得以较好的发挥。这样一来，上级管理机构就不必为下级机关和人员由于缺乏应有的经济利益而对工作持消极态度担忧，相反，下级和相关人员还会主动利用下放的权利，在本职工作中积极地完成任务。

4. 有利于客观地检查评价管理效果

由于运用经济方法是通过具体的经济指标反映管理效果的，所以具有客观性、可比性的特点。为了充分调动下级管理部门和被管理者的积极性，经济方法所采用的各项经济技术指标和效果，一般也都是公平的、有效的。诸如运动员、教练员奖励制度，是以某次竞赛的成绩作为奖励标准，具有明显的激励效能。此外，运动竞赛中的效益也是将经济收入作为评价效果好坏的依据之一。

当然，运用经济方法也同行政方法一样，有利有弊。它的缺陷是不利于解决管理中的某些具体问题。因为经济方法是一种强调物质利益原则的方法，只注重利用经济手段来调节人们的经济利益关系，其本身带有一定的局限性。如果对物质利益不注重适度原则，过分强调经济方法的作用，就会适得其反。在篮球队伍管理中常会出现因物质利益上的不平衡，使一些运动员产生错误认识和行为。例如，有些运动员把注意力仅仅局限于物质利益的追求，形成"一切向钱看"的错误倾向，有的运动员在获得高额奖金后，就放弃了继续拼搏的精神，运动成绩迅速下降，严重影响了运动员的健康发展。由此可见，经济方法也要与思想教育方法、行政方法等结合使用，以便消除经济方法所带来的副作用。在社会主义经济体制中，独立单位逐渐成为实体，通过经济手段来调整各种关系，经济方法具有更大的效能。

（三）法律方法

篮球队伍管理的法律方法，指在篮球队伍管理中运用法律、条例和章程等各种形式的法规来警醒管理的方法。篮球队伍管理的法律方法具有强制性、普遍性、规范性和阶段性等几大特征。运用法律方法管理篮球队伍运作，是篮球运动管理实行"法治"的重要内容之一。法律方法在篮球队伍管理中的主要作用表现在以下几个方面。

1. 建立、健全和保持、维持正常的管理秩序

篮球队伍管理的目的是提高运动管理系统的功效，实现管理目标。而管理功效提高的关键在于人、财、物等的合理流通。如果把这种合理流通方式通过法律方式规定下来，通过法律规范来调节各种关系，则可以建立正常的管理秩序，使整个篮球运动管理系统按照法律规范正常有效地运行，形成一个良性循环的运行机制。

2. 规定和调节各种管理关系

篮球运动所涉及的范围很广泛，它包括国家、集体等之间各种错综复杂的利益关系。由于法规是篮球队伍管理中各种利益关系按照一定规范进行有效调节的依据，尤其是在规定和调节不同行政管理系统、不同管理层次关系等方面，法律方法更具有特殊制约作用。从而可有效地解决和消除那些互不买账、相互推脱的不良现象。

3. 促进篮球运动的发展

篮球运动的发展要有一定的法规作保证。例如篮球人才的选拔与培养；运动员安置；设施的设计与建筑；篮球场馆的管理和使用等，都应予以法律保护。而对那些有碍篮球运动发展的因素，如对篮球运动管理中责权不清；信息不通；人才浪费等，进行必要的法律制裁等。我国篮球运动的发展需要充分利用法律保护和发挥制裁功能，因而需要加强对促进篮球运动发展的有关法律条文的制定。

（四）思想教育方法

思想教育方法，指通过特定的宣传和教育，使人们自觉地趋向共同目标并采取行动的管理方法。

思想教育方法是以对人们思想活动的发展规律的正确认识作为其客观依据的。掌握人们的思想活动规律，可以从几个方面加以理解：首先，社会物质生活条件是思想形成和发展的基础。当前我国正处在经济改革的时期，人们思想观念普遍受到市场经济的影响。因此，篮球队伍管理部门的思想教育工作者和管理人员，必须使自己的认识符合于变化了的新情况，认真研究和把握新时期存在于教练员、运动员队伍中思想活动的特点和规律，有效地、有针对性地抓好思想教育工作。其次，应看到虽然客观外界条件对人们的思想有重大影响，但由于人的主观因素的作用，能够有分析、有选择地对待和制约着客观外界条件的影响。因此，在运动思想教育方法的同时，要对人的主观因素进行具体分析，注意启发和激励人们主动接受教育和自觉进行自我教育，引导人们正确处理国家利益、集体利益之间和个人利益的关系，当前利益和长远利益的关系，局部利益和整体利益之间的关系，使人们的思想朝着健康的方向发展。最后，人的行为是在一定的思想支配下进行的。人的需求引起动机，动机支配人的行为，行为导向目标。因此，人们的一切行动，包括管理活动，无不受到动机的制约。而人的正确动机可以通过非强制性的思想教育方法来激励和转换而获得。可以说，思想教育的方法就是为了激发人们良好的动机，使之趋向共同的理想

与目标。

在篮球队伍管理系统中，任何工作的进行都离不开灌溉、疏导和对比等思想教育工作方法，激励行政管理人员、教练员、运动员工作和训练人员，以促进管理目标的实现。另一方面，思想教育方法对其他管理方法的综合运用起着宣传、解释的优化作用。各种管理方法所具有的优点、缺点，如何兴利除弊、综合运用，如何适应现代篮球运动管理的发展而不断完善等问题，都需要应用思想教育方法，通过多种形式的途径向人们进行宣传、解释，使之能正确认识和客观对待以及灵活运用各种方法，以便发挥它们的作用，提高篮球运动管理整体功效。实践证明：我国各级管理所应用的各种方法或者所制定的各种法规、方针、政策和规整制度等实施的好坏都同思想教育宣传、解释是否有力密切相关。从思想教育方法的作用可以看出它具有如下几个基本特点。

1. 先行性

任何一种管理方法的实行，特别是管理规章制度的实施，都应事先向群众进行广泛宣传，首先使群众充分了解这些规章的内容，然后再思考自己如何配合行动。

2. 滞后性

大量的思想教育工作是在事情发生之后或出现思想问题的苗头的时候加以运用的。要求管理者对已经发生的问题实事求是地、科学地、正确地进行分析，以理服人，使思想教育工作落到实处。

3. 表率性

管理者要对人们进行思想教育，必须严格要求自己，做出表率，否则将事与愿违、适得其反。

4. 疏导性

开展思想教育必须动之以情、晓之以理、因势利导，以提高思想认识，启发人们的自觉性，从而达到教育的目的。

此外，思想教育方法还具有灵活性、真理性等特点。在篮球队伍管理实践中，只有正确地运用思想教育方法，把握思想教育的特点，才能及时地解决管理中的各种问题。思想教育应贯彻于篮球队伍管理的全过程，思想教育不仅是领队的事，教练员同样负有思想教育任务。

第三节　篮球队伍管理的因素及内容

一、篮球队伍管理的构成要素

在现代管理中，行为科学学派成为现代管理理论的主流，人与人的关系，已特别受到重视。从事篮球活动的过程，在很大程度上就体现了人与人的关系。社会心理学家分类显示，篮球队属于小的有组织的团体，它是包含运动员、教练员的社会共同体。在篮球运动过程中，其成员之间存在着现实的相互作用和联系，其运动过程必将受到管理所包含的因素的制约。

篮球队中的每一个成员都有一个共同明晰的群体目标和个人目标，他们被指派担负一定的角色（如前锋、中锋和前卫），然后根据各种角色活动的类型，承认其根据规定和指导原则进行活动。但就篮球队伍群体效率而言，需要队员以最佳方式达到球队的目标，所以篮球队伍管理主要有以下几个构成因素。

（一）规范管理

规范管理是我国篮球队伍建设的根本任务之一。它的主要任务是履行道德品质和社会规范教育。

当前，我国社会正处在转轨型时期，人们的价值观念正在发生转变。由于大环境的影响和球队内部管理的不足，成员中的思想观念还存在不少误区。目前最重要的是要坚持不懈地对球队成员进行爱国主义教育。伟大祖国永远是运动员温暖的怀抱和坚定的肩膀，哺育我们成长，辅助我们攀登高峰。一个人或者一支运动队要想干出一番大事业不能没有精神支柱，众所周知，爱国主义就是当年中国女排强大的精神支柱。在世界体坛升国旗、奏国歌，为国争光是当年女排最大的号召力、凝聚力和战斗力。

规范管理要以正面教育为主，把关心队员、爱护队员作为管理的出发点，与运动员交朋友，了解他们的心理活动，采用循循善诱、疏导谈心等多种形式和方法解决思想和实际问题，使其自觉提高觉悟，并要定期或不定期表彰先进和模范人物，使全队有学习的榜样，赶超的目标。

（二）目标管理

人的行为特点是有目的性的行为，与无目的性的行为的行为结果迥然不同。漫不经心地训练或练习是做无用功。当运动员在学习某技术时，有无目的与要求是区别计划训练和简单重复的基本特征。练习虽然是多次完成某一动作，但并不是一动作的机械重复。无论是训练或是个人练习都是有目的、有指导、有组织的学习活动，而简单重复本身并没有改进动作方式目的。因此，在篮球训练中，运动员为自己确定一个适宜的目标，对于提高训练效果具有重要意义。

目标管理的目的在于提高训练效果。动机是内在的，目标是外在的。管理往往通过设置目标来激发动机，指引行为，这是一种激励的方法，所以目标管理被视为管理的核心组成部分。目标管理有助于激发和强化运动员的训练动机。集体运用中，可分为建立目标、计划实施、检查评估、调节反馈和奖罚小结等五个步骤进行。

1．训练管理

运动训练是指在教练员的指导下，为不断提高运动成绩而专门组织的一种教育过程。从训练管理职能上可分为编制计划、组织实施、教育激励、检查等四个步骤。

训练管理是一个计划—执行—控制，再计划—再执行—再控制的螺旋式上升过程。这个过程的效果是由教练员的管理水平高低来决定的。常规运动训练控制系统由教练员与运动员组成。运动员作为被控制系统是在控制系统——教练员的严格控制下进行训练的，运动员没有独立性。然而，运动员的训练活动往往又是在教练员不能有效实施直接控制的情况下进行的，因此，在现代篮球的训练过程中，训练的管理要由"计划训练"向"目标训练"过渡。计划训练是指运动员必须严格按照教练员制定的计划进行训练，目标训练则是根据"目标管理"原理，不仅要求运动员按照总目标、总计划的模式进行训练，而且允许运动员在总目标、总计划规定的范围内，根据自己的特点和机体状况，灵活机动地确立具体目标，选择最优练习方法和手段进行自主训练。这种训练既有教练员对训练总目标的宏观主导控制，又有运动员主观能动的自我微观控制，它是一种较为科学的多层次训练管理

《 高校篮球训练与教学实践 》

方法。

2. 比赛管理

比赛是篮球运动最鲜明的特点。通过比赛可以全面检查训练工作，激发运动员的荣誉感和上进心，因此，球队成员要根据比赛的不同性质制定不同的要求，认真对待每一场比赛。就一场比赛而言，比赛管理可分为赛前准备、赛中管理、赛后总结三个工作步骤。

（1）赛前准备

一场比赛的赛前工作重点是开好准备会。准备会应争取做到知己知彼，虚实并举，明确对策，并有"预案"。对比赛中的文明礼貌、体育道德等也应该提出具体要求，还要加强准备活动的指导。进入场地要求精神饱满、斗志昂扬，这些并非小事，而是集中注意力和进行自我激励的一种策略和手段。

（2）赛中管理

赛中既要要求队员认真贯彻既定比赛方案，又要多谋善断、随机应变，力争比赛进程中的主动，应利用规则加强同场上的联系，但应情绪稳定、雍容大方，集中注意力于全局，不为暂时的领先或落后所左右。

赛中管理的关键有两点：一是人，二是谋策。对场上和配用队员都充满信任，要用其所长，敢于动用后备力量，重视整体战斗力的使用和发挥；场上情况千变万化，要审时度势，抓关键，抓要害，谋对策；少指责，多鼓励，对具体问题少说"不该怎么做"，多说"应该怎么做"，言简意赅，要多鼓励，赛中管理也是人的管理，要讲究管理艺术，不断提高管理水平。

（3）赛后总结

赛后应及时进行总结，奖励。发挥成绩，纠正错误，以利再战。总结应提倡只对一个实质问题加以分析、研究，明确改进意见，并落实到今后的训练中去。重大比赛要进行全面总结、奖评。

3. 日常管理

日常管理要通过建立适宜又严格的规章制度来实现。球队成员的个性、爱好和打球动机各自不同，这就需要用纪律和制度来规范行为，统一步调。

在一般情况下，篮球队应建立以下几种制度：①言行规范制度；②日常生活制度；③训练制度；④比赛制度。通过这几项制度的建立和执行，让队员们达到这样的目标：

第一，创造和保持球队的整体良好形象；

第二，保持和增强队员的体力；

第三，加强和提高调节与控制情绪的能力；

第四，形成球队良好的整体性格。

制订与执行规章制度应注意以下几点：①发扬民主，发动队员参与规章制度的制定；②在规章制度面前人人平等；③依靠党团员在执行中起到带头作用；④教练员、队长，应成为执行各项规章制度的楷模。

总之，规章制度是球队的"宪法"，它同球队的管理原则和管理目标是一致的。而教练员决定着执行规章制度的广度和深度，应做到有法必依，令行禁止，不能搞形式主义，否则，就会形同一纸空文。

二、篮球队伍的管理内容

（一）形成团队精神

篮球运动是一项团队活动项目。一个相处融洽、配合默契的团队，才能同心协力、同舟共济，才能在比赛中取得优异的成绩。因此，篮球队伍的管理者应该想办法使球队形成一种优良的团队精神。而这种团队精神的形成，有赖于球队成员良好的心理相容性和凝聚力，由两个决定性因素所反映出的团队人际关系的融洽程度所决定。

系统理论的有关观点认为，整体的属性和功能大于各孤立部分的总和。这就说明一支球队按照正确的方式联合起来，就会产生难以预料的力量。在不少篮球队中人们不难发现，有的球队中成员人际关系友好、真挚，集体心理宽松、和谐、上下齐心合力，这个球队便表现出一种积极进取的面貌，这就必然对其成员形成一种向心作用产生积极影响；而另一支球队，成员间却相互猜疑嫉妒，甚至有时会产生矛盾和冲突，内耗严重。毫无疑问，如此的内部环境对其成员必会产生离心作用和消极影响。可见，不同的群体心理氛围在球队中产生的作用与影响是有区别的。重视配制良好的心理氛围可在球队内部产生以下积极的作用。

1．合力作用

在集体比赛的项目中，除了比技术外，很重要的一条就是比团结。这便说明集体的力量并非完全取决于个体的素质和技术，而是在很大程度上取决于集体内人与人的关系。如果球队内部成员都热爱集体，目标一致又齐心合力，就有利于形成集体的内聚力，从而提高训练或比赛的整体效应，增大合力，产生 $1+1>2$ 的效果。

2．互补作用

在球队中，只有在一种良好的心理氛围中才能形成多方面的双方交流，做到取长补短，共同进步。

"人才互补理论"认为，若具有不同知识、才能、气质、性格的科学工作者组成一个研究集体，它的知识结构、职能结构的合理程度和学术水平将是任何一个科学家都望尘莫及的。在篮球队则更需要这种互补性的存在，这不仅因为无论是教练员还是运动员都不可能是十全十美的完人，而且还因为比赛中需要不同"位置"特点的最佳搭配和组合方式才能形成一个高度协调、高度默契，并能形成综合优势的战斗集体。

3．集体交流，配合默契的作用

篮球运动是个集体项目，技战术的运用，需要同队成员间信息传递和高度的默契和配合，而高度的默契配合只能来自平时的不断沟通、交流与切磋。如果球队缺乏一个宽松、融合的内部环境，没有一种互为依存的良好心理氛围，这种交流和切磋将是不可能的。

4．调节情感的作用

情感基础是篮球团队心理氛围的最大特点。密切同他人的交往是每个人的内心深处与生俱来的一种基本需求。为球队培植一种宽松、融合的心理可以促进人际交往，通过亲切交往诉说各自的喜怒哀乐，可相互激励、相互慰勉，从而调节、增进成员间的思想情感，使人与人之间产生一种亲密感和相互信任，并从中吸取力量。这种来自情感交融的力量有时是无法估量的。

（二）培养球队核心

篮球核心的培养是现代篮球运动发展趋势的要求。篮球核心是球场上的主要得分手或者组织者。他们综合了技术、智慧、自信和意志等竞技素质，是球队的灵魂。

当代篮球核心必须具有非凡的身体素质、超高的技术技巧、良好的心理素质和极强的战术意识。因此，我们必须坚持科学选材与训练相统一的原则，全面训练与扎实细致的原则，在专门能力训练的基础上发展创新的能力，让篮球明星带动全队训练和比赛成绩的全面提高，让球队核心的光照耀后来者前行，并促进与推动篮球运动的发展。

（三）保持队伍的战斗力

管理出成绩，管理出战斗力。中外篮球的管理实践暗示我们：篮球队伍水平的高低，取决于管理者对管理与训练关系处理水平的高低。一支高水平的篮球队伍，所凭借的是七分管理三分训练。我国篮坛劲旅广东宏远队，是一支特别能战斗的队伍。他们保持旺盛的战斗力的秘诀有三点：一是有一个团结协作的管理班子，二是培养形成队员的作战欲望和高昂的士气，三是保持队伍不减员、无伤病。当然，这种旺盛的战斗力不是上述因素的简单相加，而是各种因素的有机融合。要保持篮球队伍的战斗力，应充分发挥不同层次的运动员在队伍管理中的作用：

1．球队队长的作用

教练员应充分发挥队长在领导球队和增进队员团结方面的作用。队长同全体队员情同兄弟姊妹，有比教练员接受全队队员更多、更优越的条件，无论在训练、比赛，还是在日常生活中，队长都是教练员的好助手，应充分调动队长的积极性，帮助队长培养威信，关心队长的成长，要放手工作，严格要求，并同他保持经常接触，以便使队长与队员之间、队长与教练员之间建立一种良好的队友关系。

队长应从思想强、资历老的队员中产生。他应对球队应满怀热情，又能处处以身作则，还应做好"助理教练"。虽然只有少数人才能做到，然而是优秀球队的必然需要。教练员应在培养上做好工作。

2．球队骨干队员的作用

球队骨干队员一般指主力队员，善于调动主力队员的积极性，并由此影响全队，是教练员做好全队管理工作的一个重要环节。应当看到，主力队员的实力越强、名望越高，对他们的管理越复杂。工作中既要注意新生主力队员的自尊心，循循善诱，虚心听取他们的意见，又要晓之以理，严格要求、严格管理，要求他们同全队其他成员一样，自觉遵守球队各项管理制度，处处争做一般队员的榜样。主力队员是全队的"排头兵"，主力队员管好了，管理工作则事半功倍。

3．调动年轻队员的积极性

年轻队员是全队取得更大成功的希望所在。他们的主要情感要求是关心其迅速成长和全队的信任。工作中应以鼓励为主，加强个别交往和谈心，要使他们自尊自信，理解教练员的满怀期待之情，并教育全队给予更多的关心和爱护。

（四）管理方法的创新

现代管理方法的作用是巨大的，但管理方法不能自动发挥作用。方法能否合理地发挥作用，还在于管理者能否妥善运用它。篮球运动实践的大量事实说明，同样的管理方法在不同的管理者手中，所发挥的作用和取得效果大为不同。在任何一种管理方法的运用中，要根据不同的管理目标和任务、不同的管理层次和管理对象，进行创造性大小不同的选择如果管理者只是机械地照搬某种方法模式，无视具体管理对象的特点和客观条件的变化，不讲求管理方法的创新，是不可能取得任何管理效果的。

第四节　篮球运动员选材管理

一、影响篮球运动员选材的因素

（一）遗传因素

遗传学的观点认为，人体的一切外在表现都是遗传基因和环境因素相互作用的结果。早年的研究表明，杰出的运动能力在很大程度上受控于基因。因此，运动能力的遗传与变异是运动员科学选材的主要理论依据。随着分子遗传学的发展，对运动能力的遗传学研究已成为热点。众所周知，在竞技体育运动中不是每一个健康适龄者都能成为世界冠军，只有那些具有天赋的运动员才能攀上世界的顶峰，原因在于人体运动方面的各种性状在一定范围内受到遗传因素的制约。那些优秀的运动员后代中，只要不是极端的个体，其子代中有50％以上的人在运动能力方面会有突出的表现，而且还有可能超过亲代个体，所以在选材工作中，要了解其亲代的运动能力，对照亲代的某一特定的性状的遗传度。凡遗传度高的性状且又符合篮球运动自身特点需要的，在选材中要给予优先的关注。但还要观察被选运动员在生长发育过程中、在环境与训练的作用下所表现出来的运动能力是否已显示出特别的优势。运用遗传学的观点、方法来分析评价被选运动员运动能力的发展潜力，提高预测的准确性。

弹跳力是篮球运动员的主要素质，也就是下肢力量和起跳时的爆发力量，有研究表明，最大等长肌肉力量和肌肉横截面积84％到90％是由遗传因素决定的。另外，身高也是篮球运动员选材的重要形态指标。

（二）身体形态和机能要素

篮球运动员体形特点是：身高而细、四肢长、手掌较大且手指长、足弓较高、跟腱长且清晰、臀部小、跟关节围度较小。但是，篮球运动员选材对身高、上下肢相对长度、跟腔长度及足弓高度等更为重视。

肢体长度的变化，可直接反映出骨骼系统生长发育的情况，而身高在很大程度上取决于下肢长。因此，可通过下肢长/身高×100来进行预测。在身高和体重等相同的情况下，下肢较长的运动员具备了更有利的条件。在青少年发育开始阶段，腿部的发育要早于腰部，所以选材时这个指数偏大些比较好。这也是预测今后体形的重要指标之一。

弹跳力是篮球运动员最重要的身体素质之一。人的身体形态对弹跳力的发展影响较大。一般来讲，小腿肌肉韧带相对长的人弹跳力和爆发力比较好。因此，跟身长/小腿加足高×100这个指数可以反映小腿肌肉的工作能力。

在生理机能方面，随着篮球竞赛规则的改变，篮球比赛的时间愈来愈长，这就要求运动员有较好的心肺功能。肺活量等相关指数，可间接反映肺功能。另外，也可以通过最大吸氧量来反映运动员的极量负荷。

（三）身体素质

1. 速度素质

速度素质是指人体进行快速运动的能力或在最短时间完成某种运动的能力，速度对篮球比赛有着重要的意义。速度素质好，能加快攻守速度和节奏，可获得在攻守时间上、位置上和人数上的优势，有助于提高攻守的成功率，提高比赛强度和运动负荷，从攻守数量上和质量上超过对手，掌握比赛的主动权。

2. 耐力素质

耐力是机体长时间活动并抵抗疲劳的能力。耐力素质的好坏与人体的循环系统、呼吸系统、肌肉系统和神经系统等机能水平直接相关。所以，对耐力素质的评定也代表着对其他相关素质的间接评定。

3. 弹跳素质

篮球运动员的弹跳能力是影响比赛中争夺制空权的重要因素。弹跳素质与爆发力、无氧代谢能力及全身协调能力有关。篮球运动员在比赛中要完成大量的跳跃动作（抢篮板球、盖帽、抢断球、跳投、行进间投篮以及空中接力扣篮等），需要雄厚的弹跳素质作为资本。

4. 力量素质

力量是一切竞技体育取胜的重要素质，也是篮球运动员的一项重要素质。一名篮球运动员不但要具备较强的下肢爆发力，还需要上肢的快速力量和腰背肌的爆发性力量完成比赛中大量的跑、跳、投、抢动作以及腾空的高难动作。

5. 灵敏素质

灵敏是人在各种复杂、突变的条件下快速、协调、准确、灵活地完成动作的能力，是各种素质和运动技能在运动中的综合表现。灵敏素质的发展有利于篮球运动员掌握各种复杂的技术、战术和提高比赛中的应变能力。

（四）心理因素

现代竞技运动实践表明，心理状态对人的体力活动影响是十分重要的。目前，心理选材的主要方法是借用实验心理学、运动心理学、运动生理学及相邻学科（如教育学、心理统计、心理实验）的某些方法，并根据运动项目的特点和所测试的心理指标特点进行设计的。常用的有：反应时、反应准确性、时间知觉、肌肉用力感、动作稳定性、操作思维能力、气质类型、神经类型。最近，科研人员发现：应用于心理选材的这些指标，对篮球技术的学习速度、掌握的程度以及在练习过程中的表现优劣相关程度较高；而与运动竞赛中的能力发挥水平的相关程度较低。近年来随着认知心理学理论的发展和日趋完善，在体育理论和体育实践中，人们已经越来越关心认知本身对运动训练和竞赛发挥等环节的影响。因此，一些新的心理学指标被一些学者提出。近年来，随着认知心理学理论的发展和日趋完善，在体育理论和体育实践中，人们已经越来越关心认知本身对运动训练和竞赛发挥等环节的影响。

二、篮球运动员选材中应注意的问题

篮球运动员选材工作中，管理的主要任务并不是去进行具体的测试与调查，而是组织管理和监督、审查等工作。这些工作应紧紧围绕选材的专业技术要求，发挥对选材技术性工作的服务和保障作用。在选材的管理中，主要应注意以下几个方面的问题。

（一）组织专家研究确定运动员选材目标

篮球运动员选材，实质上是选出那些在现有训练条件和训练能力下，经过训练可以在规定时间实现运动训练目标的运动员的活动。其中就有一个选择什么样的运动员才能达到训练目的的问题，这就是确定运动员选材的目标。运动训练管理者应根据这种要求，组织有关专家研究确定运动员选材目标，并对之进行科学论证，使选材目标能够满足上述要求，确保选材目标的科学性和准确性。

根据篮球运动选材目标，管理者还要组织有关人员筛选运动员选材的测试指标、调查内容以及测试、调查的方法手段，进而研制出运动员选材模型，并对运动员选材模型进行科学论证。

（二）组织培训选材测试与调查人员，实施调查测试

为了保证运动员选材测试与调查工作的客观性、有效性和可靠性，在实施选材测试调查工作前，管理者应组织专业人员对测试与调查人员进行培训，使这些人员能够按照统一的方法与程序进行测试和调查。此外，管理者还应制定严格的运动员选材工作日程，提前准备好测试仪器和调查量表、测试场地、器材等，组织好测试调查对象和测试调查人员。

（三）组织实施篮球运动员选材的测试调查工作

在完成前述准备工作的基础上，管理者就可以按照选材工作日程，组织实施运动员选材的测试调查工作。在实施工作中，管理者应对测试调查人员科学地分组分工，使整个选材测试工作系统有序地进行。

（四）审核确定篮球运动运动员选材结果

测试工作结束后，管理者应及时组织有关人员将测试结果输入计算机进行数据模型化处理，组织教练员对初选结果进行综合评价和分析，并提出拟入选的运动员名单。管理者对入选运动员进行审核后，应将经领导批准的运动员选材结构予以公布，并组织办理入选运动员的调入或借调手续。

三、篮球运动员训练管理

（一）规划目标及模型建立

运动训练的终极目标是在比赛中创造优异的运动成绩，但其直接目标则是提高运动员的竞技能力。而运动训练的过程就是运动员竞技能力发展变化的过程。这里，如果我们把事物的变化理解为某种状态的转移，同样可以把运动员竞技能力的变化表达为运动员竞技能力状态的转移，即由起始状态向目标状态的转移。目标及模型构建的基本内容主要包括三个方面：一是起始状态诊断，二是确定训练目标，三是具体构建运动训练目标与模型的内容。

1. 起始状态诊断

对运动员起始状态诊断，运动训练学、生物学、心理学及社会学都有专门的研究，特别是马特维也夫对此有系统的论述。从事系统化的竞技活动，最重要的前提条件是个人运动天赋、个人定向、需要和兴趣。运动员能否成才，很大程度上取决于个体年龄敏感期是否有适宜性、针对性、选择性的目标与运动训练。而这一过程是动态性的，多年训练活动一般人为地分为基础训练时期、实现最大运动成绩可能性时期和可能的最长运动寿命，以及保持健康的状况。

2. 确定训练目标

（1）建立运动员培养的长期目标

作为对运动训练活动的结果的预见，是针对为什么而进行的。训练目标有终期目标、基础目标、中期目标，以及多年竞技活动的阶段目标，各有其不同的重点、内容与要求。

训练目标主要取决于个体竞技天赋诊断的科学性、客观的预测以及实现的可能性。训练目标是由教练员提出来的，但要争取运动员个人意愿的一致以及在遵循规律性的基础上处理分歧问题。为实现训练目标教练员需要有扎实的专业知识，积极借助于团队力量，摸索训练规律与教学艺术。

(2) 长期训练目标具体化

要实现训练目标，只有在掌握竞技体育规律、专项特点和运动员个体天赋与个体特点，以及实现目标的实际条件的基础上进行。在这个过程中，只有把目标具体化并分解为具体的操作形式，才具有实际的建设性的意义。其具体化主要有三个方面的方式：一是从个体天赋、专项定向和运动员个人生活方式出发，按照运动员个体的运动成绩实现的可能性、涉及因素，设定不同等级运动训练的具体目标。二是根据实现目标的时间、年龄、运动员的训练年限和比赛时间使目标具体化。三是按培养运动员的素质与能力发展要求的各个部分（方面）使目标具体化，习惯上按身体、技术、战术和心理训练划分目标。

3. 对训练具体目标进行定量预测和模拟

提出目标的具体性、现实性和操作性在很大程度上也取决于在何种程度上成功地将目标表达成客观的可测量的定量化指标。虽然按新运动员的初始成绩无法可信地判断若干年后运动成绩达到怎样的水平，但可根据本专项已知的运动员发展过程，其运动成绩变化的规律性趋势，根据运动年限，动态性地提出预测性运动成绩参数，尤其是针对近 2～3 年内，可以成为方向标志之一。运动员个体运动成绩多年动态的基本规律是：在提高成绩水平的同时，随着运动年限的增长，逐渐降低成绩的增长值，随后保持成绩水平的稳定，而后成绩出现下降（这时候年龄和其他因素开始限制运动成绩水平）。在做成绩预测时要注意身体发育敏感期和其他因素的影响，校正可能出现的偏差。除了预测运动成绩外，以往不同训练阶段有关运动员的训练、心理、生物等阶段的动态指标与规律，也可以作为辅助运动成绩的预测指标。但要注意，运动员形态、机能的变化还受到遗传因素、发育因素、环境因素的影响，是复合作用于运动员在运动成绩、机能状态、心理素质等方面产生的效应。从总体上说，随着训练积累、规律探索和相关学科理论、方法的移植应用，具体指标预测量化的程度和符合现实的程度趋向更加科学、准确、有效。

(二) 构建运动训练的目标及模型

所谓建模 (modeling)，就是对所要模拟的系统特征进行抽象提取的过程，也就是利用模型来代替系统原型的抽象化（形式化）过程。这种抽象的过程需要经过一定的简化并信赖于部分假设，建立一个准确的系统模型，客观性和有效性是对模型的首要要求，也是进行系统仿真的前提和必要条件。所谓客观性，是指模型以现实世界的客观实体为基础，与研究对象充分相似。而模型的有效性是对建模的必然要求，否则利用无效的模型会得出错误的认识或结论。利用模型进行试验的活动称为仿真 (simulation)，也称模拟。模型是实际系统与试验目的之间的桥梁，而仿真是模型的试验活动。

1. 模型的基本类型

广义模型分为集成模型、控制论模型、变粒度模型和智能模型。集成模型的分类实际建立的模型很少有明确地属于某一类的。有时对某个建模对象的深入描述本身就需要几类模型。通过有目的地反复试验，概念模型也可以规范化，得出令人满意的结论。规范模型除了用于深刻揭示对象的内在本质外，也可用于描述。

2. 建模的基本依据

建模的基本依据是相似性原理，而相似与否取决于所要研究的问题，主要有：第一种是几何比例相似性，可以在外观上相似，也可以是针对所研究问题的几何相似。如用于风洞吹风实验的飞机原型，主要不是用于看，而是用于研究空气动力学的特性。第二种是特性比例相似，是用特性相同的不同事物来代替原来的事物进行研究，以降低研究难度。如一个弹簧系统的特性与一个 RLC（电阻、电感、电容串联）网络的特性在其运动特性上完全一致（如运动微分方程与参数一致），尽管弹簧系统属于机械系统而 RLC 网络属于电系统，但仍然可以用这个 RLC 网络来代替机械的弹簧系统进行研究。第三种是感觉相似性，是使得我们的感觉如视觉、听觉、触觉等相似，这在虚拟现实、训练模拟中容易做到。如可以用头盔显示器显示某个虚拟的物体并描述它的运动等，这个物体并不存在，但通过视觉、听觉创造出了存在的感觉。第四种是逻辑相似性，这种相似是知识层面的相似，也就是利用基于知识的判断来产生与原有事物相一致的动作。如一个医学专家诊断系统可以与医生处理某种病的诊断具有相似性，同样，也要用计算机模拟训练、比赛。第五种是过程相似性，一个事物和另一个事物在过程上相似，这样就可以利用这个事物的过程去研究另一个事物的过程。第六种是功能相似，研究一个事物的功能可以通过另一个事物进行。如用水池的浮力作用研究空气的浮力作用等。

　　3．建模的基本途径

　　建模的方式是要确定模型的结构和参数。一般有三种途径：一是对内部结构和特性清楚的系统，即所谓"白盒系统"，可以利用已知的一些基本定律，经过分析和演绎推导出系统模型。如训练组织系统安排，训练、比赛相关参数，生理、生化、心理测试结果，可以依据运动训练的相关理论基础、训练原理、训练原则、训练方法、训练手段等进行建模。二是对那些内部结构和特性不清楚的系统，即所谓"黑盒系统"，如果允许直接进行试验观测，则可假设模型，并通过试验验证和修正建立模型，也可以使用辨识的方法建立模型。现阶段对运动训练极限负荷适应、训练节奏把握、赛前状态形成与调整等以此建立模型。三是介于两者之间的还有一大类系统，对于它们的内部结构和特性有部分了解，但又不甚了解，此时则可采用前面两种途径相结合的方法。当然，即使对于第一种系统，有时在演绎了模型结构后，尚需通过试验方法来确定出它们的参数，因此第三种方法用得最多。如训练参数、生理、生化、心理的综合参数建模可采用第三种方法。建模的结果就是模型。系统是复杂的，系统的属性也是多方面的，一般而言，也没有必要考虑系统的全部属性。模型是思考的工具，出于思考的目的，一个好的模型没有必要对系统完全忠实。因此，系统模型只是系统某一方面本质的描述，本质属性的选取完全取决于建模的目的。所以，对于同一个系统来说，根据不同的目的，可以建立不同的系统模型。因此，系统模型的建立既是一种技术，也是一种艺术。运动训练"目标—模型"既有思想模型内容，又有数学模型内涵；既是对事过境迁的训练现象进行研究，又是对未来训练的预先设计；既有抽象性，又有可操作性。

四、选拔运动员

　　通过对优秀篮球运动员竞技能力构成因素的分析，选材应该注重那些先天遗传性影响较大、后天训练影响性较小的竞技能力构成因素，即遗传度较高的指标。

　　（一）遗传度在选材中的应用

　　当遗传度较高的遗传性状是该项目竞技能力主要影响因素时，选材必须从严；遗传度相对较低的性状在选材时可适当放宽，但在该性状发展最快的"敏感期"，应当从严。因为在该性状发展最快的"敏感期"，遗传因素作用最为显著，该遗传性状表达充分。同时，在选材中遗传度低的性状，虽然后天的环境与努力训练可以使其得到一定的发展，但由于遗传性状相关性的存在，常常会因某方面能力的低下，而影响整体能力的表现。因此，了解掌握不同性状的遗传度，有利于科学选材工作的进行。

1. 形态指标（遗传学称体表性状）的遗传度

体长各指标的遗传度在 75％～85％之间；体宽各指标的遗传度在 75％～95％之间；三围指标的遗传度在 54％～94％之间，去脂体重的遗传度为 87％。除胸围、臂围、腿围、体重等受先天环境影响较小外，其他形态指标的遗传度均较大。篮球运动对于体长、体宽、三围等均有特殊的要求，而反映这些特征的指标遗传度相对都较大，对于篮球运动员选材来讲，应该重视这些项指标的遗传研究。篮球项目对体重的要求相对要小，尤其是青少年运动员在青春期自身体重的变化本身就很大。因此，对体重的考察可关注其去脂体重。对运动员体重的这一要求，主要是提高其骨骼肌百分比，以提高运动能力。体重的遗传度较其他体形指标低，尤其是一般体重。在选材过程中，重点应考虑去脂体重，男性应多考虑母亲，女性应多考虑父亲。

2. 生理指标的遗传度

反映生理机能水平的指标遗传度均很高，说明生理指标通过后天的努力来改善比较困难，选材时应从严考虑。特别是对于影响该项目的主要生理机能指标的遗传度，更应充分注意。同时，由于机能水平的变化受生长阶段性规律的制约，如果不在发育"敏感期"通过训练进行最大程度的挖掘潜力，这些性状往往往得不到充分的表达。因此，对各生理指标的检测，不仅应在选材的开始阶段，更应贯穿在整个训练过程之中，才能做出最后的评价。血型与运动能力的关系主要体现在血型与心理素质的内在联系，不同血型的人具有不同的心理素质特点。血型几乎完全由遗传因素控制。当今世界各体育强国在选拔运动员时都注意检查血型，并根据血型安排其所适宜的运动项目或集体项目的位置。有研究表明："B 型血的人行动敏捷，灵敏性好，弹跳能力尤其好，故在篮球项目中 B 型血的运动员较多"。但至今除此之外，没有其他更多的资料和数据来证实和支撑这一结论。

3. 生化指标的遗传度

人体的生化过程与代谢特征，能影响到人体生理机能和运动素质的表现。几项生化指标的遗传度变动幅度都比较大，说明生理代谢能力的高低与代谢特征的形成是由遗传决定的。在选材时，不仅要注意与运动专项直接有关的生化指标遗传度的高低，还应注意通过科学训练的促进，使其最终能组合形成运动专项所需要的代谢能力特点。

4. 主要运动素质的遗传度

柔韧性的遗传度为 70％，后天的发展受到了限制。动作频率遗传度为 30％，说明后天的环境和训练对其影响较大，但我国科研人员在测定儿童、少年 60 米步频和 10 秒原地高抬腿次数时，均与成年人无显著性差异，说明动作频率是天生的，后天难以改变，这一结果是研究者的失误，还是测量方法的不恰当，值得探讨。与其他性状相比，运动素质的遗传度相对较低，这说明后天环境和训练对运动素质的影响是比较大的，可塑性较强。了解各种运动素质的遗传度，使选材过程中的测量更有针对性。同时，在评价运动素质指标的过程中还应注意遗传性状相关性的规律。

5. 主要心理指标的遗传度

个性特征主要受遗传因素的影响，遗传度都比较高，个性特征一旦形成，就相对稳定，难以改变。在国外，澳大利亚篮协颁发篮球奖学金的第一标准就是要求候选者在个性心理上能有成为优秀的世界级运动员的潜力。因此，选材时务必要重视对心理与个性的选择，一旦失误，后天很难改变。

（二）实用性在选材中的运用

任何先进的理论最终都要回归到实际中去运用和证明。在球员的选拔过程中，在坚持科学性的同时，有效地结合实际操作性。考虑到队里的实际运用需要和科研环境的约束，在队员的选拔过程中，应优先考虑队员的成长潜力，而不是队员的当下参战能力。因此，要从身体体型条件和基本身体素质上选拔运动员。

第五节　篮球运动员竞赛管理

一、竞赛管理的意义

在激烈的篮球竞争中，以提高运动员素质和岗位技能，弘扬团队协作，无私奉献，爱岗敬业精神为目的的运动员竞赛活动，已被越来越多的领导和教练员所认同、接受，并积极参与。篮球队正面临转型的关键时期，从而对人才队伍的建设提出了更高的要求。篮球强人是篮球队伍的重要人才。面对篮球队改革不断深化的新形势，面对竞争日趋激烈的国际国内市场，篮球队伍必须建立一支以高级经营管理人才为骨干的高素质的员工队伍。当前，我国篮球队伍的技术素质，从总体来讲还不能完全适应竞争的要求。其中知识技能型人才和复合技能型人才十分短缺，已经成为困扰篮球队伍发展的重要因素之一。而运动员竞赛的广泛开展，正是实施"人才强队"战略的一项重要举措。篮球队伍比武能够营造学习技术、尊重人才的浓厚氛围，进一步激发教练员和科研人员学习技术、岗位成才的积极性，提高他们的理论水平和实际操作能力，有力地促进篮球队伍建设，为篮球队伍的发展提供了坚实的人力资源保障。

篮球比赛攻守对抗的凶悍性和技艺化，激烈精彩，引人入胜。优秀篮球队的比赛更为人们所关注成为现代社会文化的一部分，越来越深刻地影响着人们对社会生活和经济生活的追崇。

（一）促进篮球运动的发展

篮球运动是较受欢迎、较易开展的一个体育项目，通过竞赛能够吸引更多的人，特别是青少年来参加这项运动，从而在更大的范围内推广这项运动；通过竞赛可以检查篮球教学训练的质量与效果，促进技术和战术水平、身体素质和心理素质等的提高；通过竞赛也可以互相观摩，交流学习，增进友谊；通过竞赛还可以锻炼参加者的品质风格，培养参加者的团队精神，激发参加者的进取愿望。

（二）丰富文化生活的内容

篮球竞赛是社会的一种文化生活，参加竞赛本身就是一种锻炼健身的生活方式；观看激烈对抗的比赛，欣赏比赛中的精湛球艺，也使人们的生活空间和余暇得到扩展及充实；公平激烈的竞赛本身就传播着平等竞争的文明风尚，也鼓舞着人们对真实、自信、进取和创新的向往；竞赛过程的变幻和比赛结果的不可预测，还给人们带来极大的悬念与乐趣，引发和满足人们对身体健康和美好生活的追求。

（三）适应社会活动的需要

篮球竞赛作为一种特殊的手段，能够起到提高国家声誉、振奋民族精神和创造社会安定环境的作用；也能够起到改善和促进国家关系，以及充当和平友好及慈善使者的作用；还能够起到推动竞技体育体制的改革和加快运动项目走向市场的作用。

（四）推动职业篮球的产业化

从传统意义上来讲，组织篮球竞赛是一种消费。美国职业篮球联盟的经营效果，可以说为组织篮球竞赛从消费向生产转化树立了典范。在高水平的篮球队伍中，组织经营性的篮球竞赛，作为体育产业的一种形式，可使其成为社会经济生活的一部分。

（五）带动社会相关行业的发展

篮球职业性的竞赛作为一种经济行为，不仅为自身的生存发展创造了良好的物质条件，也为其他行业提供了机会。高水平、较大规模的篮球竞赛必然会促使举办地的基础设施得以改善，促进相关产业的发展。如组织高水平的篮球竞赛，会使传媒业、旅游业、宾馆业、商业、餐饮业、保险业和公用事业等许多行业的生意兴隆起来，服务质量也会得到一定的提升。

二、竞赛管理的分类

根据比赛形式的划分，竞赛管理大体上可以分为非职业性比赛和职业性比赛两大类。

（一）非职业性比赛

1. 综合性运动会中的篮球比赛

篮球作为综合性运动会中的一个项目，与其他项目一起在同一时期内进行比赛，从一个侧面反映参赛国家或单位的体育运动整体水平。这种比赛有国际性运动会中的篮球比赛，如奥林匹克运动会、世界大学生运动会、世界中学生运动会、洲际和地区运动会中的篮球比赛等；也有全国性运动会中的篮球比赛，如全国运动会、解放军运动会、工人运动会、大学生运动会和中学生运动会中的篮球比赛等；还有各个省、地、市及企事业、学校等基层单位运动会中的篮球比赛。

2. 单一篮球项目运动竞赛

主要反映参赛国家或单位单项运动的水平。有国际性的比赛，如世界锦标赛、世界青年锦标赛、各大洲的锦标赛、各大洲的青年锦标赛；也有全国性的比赛，如全国甲级联赛、全国乙级联赛、全国青年联赛以及各行业系统的比赛；还有省、地、市及基层单位的篮球比赛。

3. 国内外交往性比赛

主要为了加强交流，增进友谊，发展相互关系。有国际性的比赛，如国家之间双边的访问比赛，几个国家之间多边的邀请比赛；也有国内省、地、市之间的协作性比赛；还有基层单位之间的友谊比赛和表演比赛等。

除了上述的这些比赛之外，还有少年儿童的小篮球比赛、三对三的篮球比赛、扣篮和投篮比赛，以及专门的残疾人轮椅篮球比赛、聋人篮球比赛。

这类非职业性的比赛，普及的面比较广，参加比赛运动员的层次各不相同，技术水平也有较大的差异，有利于吸引更多的人参加篮球运动。

（二）职业性比赛

1. 国外职业比赛

主要是为了依靠比赛的票房收入和其他收入来维持球队生计与创造利润。最有代表性的是美国 NBA 男子职业篮球联赛；还有一些国家举办的职业联盟比赛，如意大利、希腊、菲律宾、韩国的职业篮球联赛，以及一些国际性的俱乐部比赛等。

2. 国内职业比赛

主要是为了通过改革推动我国篮球运动跟上世界篮球运动的发展趋势，从管理体制、竞赛制度和方法等方面与国际接轨，从而提高整体水平。目前也是在篮球管理体制中实现从计划经济向市场经济的过渡。我国从 1996 年开始首次举办了男子 8 支球队参加的职业篮球比赛，目前的 CBA 联赛和 WCBA 联赛就是这种职业性比赛的延续和扩展。

职业性比赛，涉及的范围比较窄，但参加比赛运动员的技术水平比较高，它带有明显的商业性，能够促进篮球运动的产业化进程。

三、竞赛管理的要素

（一）篮球运动员思想教育

1. 坚持对优秀运动员进行理想信念教育

把理想信念教育作为优秀运动员思想政治教育的核心内容，这是十分必要和及时的。因为优秀运动员的理想信念得不到解决，世界观、人生观和为国争光的动力就无从谈起。理想信念教育，既是新形势下竞技体育凝聚精神的需要，也是新形势下的优秀运动员思想教育急需重视的一个严肃而迫切的课题。

坚持以理想信念教育为核心，是推进竞技体育全面发展的必然要求。无论过去、现在还是将来，我们都必须保持坚定的理想信念。理想信念是奋斗目标，是精神支柱，是一种强大的精神力量。一个民族、一个国家，如果没有自己的精神支柱，就等于没有灵魂，就会失去凝聚力和生命力。一个人有了正确的理想信念，就会执着奋斗，自强不息；一个国家、一个民族有了正确的理想信念，就能励精图治、百折不挠。在加强和改进新形势下的优秀运动员思想教育的工作中，抓住理想信念教育这个核心，就抓住了根本，抓住了灵魂，抓住了关键。实践证明，哪里的理想信念教育做得好，哪里的思想教育就坚强有力，党组织的凝聚力、战斗力就强；哪里忽视理想信念教育，哪里的思想政治教育就软弱涣散。

加强新形势下的优秀运动员理想教育，首先要明确理想信念的深刻内涵，全面把握理想信念教育的内容和要求。

（1）信念、理想和现实的关系

信念是一种重要的个性心理活动。指个体对于自然和社会的某种思想、学说以及自己所遵循的生活原则和所追求的理想的较为稳固的看法。表现为人们的生活立场，是人们行动的支配力量。信念具有一定的稳定性，对主题的心理活动及主题的实践活动产生持久的影响，它决定着一个行为的原则坚韧性。人的世界观、人生观、道德观等都是由信念所组成的一定的体系。信念是在认识过程中确立的，并受到认识的深度和发展的影响；同时又是以个人的日常实践经验为基础的，它是个体的认识和情绪的统一。倘若没有情绪的充分体验，认识就很难转化为信念；消极的情感体验还可能阻碍个体的正确认识及其向信念的转化。树立正确的信念是人们正确地认识自然、科学地改造社会、改造自身的根本保证。理想以信念、信仰为基础，信念、信仰决定理想的内容与方向，有什么样的信念、信仰，就有什么样的理想。

优秀运动员要充分认识理想实现的艰巨性，以正确的认识和态度来追求理想。在现实生活中，运动员希望早点实现理想，但实现理想的道路并不是平坦和笔直的，是充满了曲折、困难和挫折的，运动员在追求理想实现中遇到艰难困苦是不可避免的，关键是看以什么样的态度去面对它，是积极努力还是消极回避，不同的是选择会产生不同的结果。在现实与理想之中总是存在一定的矛盾，但总的来说它们是辩证统一的。一方面，现实中孕育着理想，形成理想，包含着理想实现的条件和因素；另一方面，只有抱有坚定的信念和决心，克服种种困难，毫不畏缩，在努力奋斗中实现自己的理想，才能实现理想与现实的完美统一，创造有价值的竞技人生。

（2）坚持对运动员进行理想信念教育是客观现实的迫切要求

第一，从新形势下的若干特点看坚持优秀运动员理想信念教育的重要性。

一是社会价值目标的急变性，易造成优秀运动员目标追求的失落。由于社会变迁的迅速和广泛，过去在计划经济条件下形成的价值目标体系受到了严重的冲击和挑战，而新的适应社会主义市场经济体制的价值认识、价值目标和价值追求尚未完全建立起来。这种价值目标认同与社会现实变化的错位和落差，往往会造成社会价值目标追求上形成"真空地带"。这个时期，如果放松教育与引导，就易造成优秀运动员的理想目标认识和追求上的无所适从、方向不明。二是社会价值目标的多样性，易造成优秀运动员目标选择的困惑。如果我们在社会价值追求和价值目标多样化面前，不坚持社会主导的价值追求和价值目标的教育和引导，运动员就会在社会价值取向和目标追求的多样化面前，误把允许的当作提倡的，把暂时存在的当成一成不变的，把组成部分当作主体部分，造成价值目标选择把握困难。三是社会价值目标开放性，易造成优秀运动员价值目标确定的错位。开放性是新形势下的又一个重要特点。随着我国开放程度的扩大，互联网技术的飞速发展和加入世界贸易组织步伐的加快，西方敌对势力对我国西化的图谋不可轻视，资本主义腐朽的世界观、人生观和价值观以及生活方式对优秀运动员的影响不能低估。只有教育引导优秀运动员在积极学习西方先进的运动技术的同时，又自觉抵制其腐朽、消极的思想影响，才能使优秀运动员在改革开放条件下，确定自己正确的价值目标和理想追求。

第二，从当前形势下的优秀运动员自身状况看坚持优秀运动员理想信念教育的迫切性。

处于当前形势下的优秀运动员大致有以下几个特点：

一是出生成长在改革开放和社会主义市场经济不断深入发展时期，由于主客观原因，这一时期的运动员的理想信念并未在其思想上扎根，而各种流行的思潮、观念和学说却先入为主给他们以广泛的影响，这使他们崇高的社会理想的追求和共产主义信念的坚定性与20世纪80年代以前的优秀运动员相比，存在很大差异。现代的运动员所受到的教育和影响差异很大，人生观、价值观都发生了改变，而且以前各方面的发展速度都过快，国家在这种大的时代背景下，尤其要从一些不好的运动员身上发生的不良事件下手，抓紧思想教育管理，更新的力度要更大，找到正确的引导途径，为塑造高素质的国家队多做工作。

二是运动员中独生子女居多。独生子女性格特点独特。当前，我国在队的运动员大多是独生子女，他们是在过多的家庭照顾下长大的，有很强的优越感，缺乏人际交往的训练和艰苦环境的磨炼。独生子女独特的生活环境使新形势下的运动员在一定程度上存在一定的矛盾。矛盾主要是指自我期望值高与现实愿望实现率低的矛盾，对环境高要求与自身低奉献的矛盾。还有就是退役之后的就业，除了一部分特别优秀的运动员外，大部分运动员退役就业压力很大，即使找到工作，也是一些非技术或对文化素质要求不高的工作，这种现象已经对在训练的现役运动员产生了较大的负面影响，也对运动员的招生和运动员队伍稳定造成不利影响。

第三，新形势下从坚定共产主义理想要求看坚持优秀运动员理想信念教育的必要性。优秀运动员是运动员中的精英和代表，是勇攀竞技体育事业高峰的主力军，更应具有坚定的共产主义理想和崇高的人生追求。远大的理想、坚定的信念和崇高的个人追求，对优秀运动员的自身素质、运动成绩和技术水平的提高有着极其重要的作用。

一是动力作用。理想是人生的精神支柱，是建功立业的基石。优秀运动员只有具有明确的奋斗目标和远大的事业追求，才能做到刻苦训练、为国争光，产生经久不衰的训练和比赛动力。

二是自警作用。在新形势下，极端个人主义、拜金主义、享乐主义还存在相当的市场和影响，在体育界也不例外。优秀运动员在思想政治教育与不断探索和改进的过程中，有了坚定的理想，就能对各种错误思潮的影响和腐朽人生观的侵袭保持高度的自律和警觉，增强拒腐防变的免疫力。总而言之，对优秀运动员进行理想信念教育，是取得优异运动成绩的重要前提。

2. 坚持对优秀运动员进行爱国主义教育

爱国主义作为一种精神支柱、一种凝聚力潜藏在人们的内心深处，同人们的情感、信念、使命和责任感汇合成维系中华民族生存与发展的内在心理机制，构成永不消失的精神支柱、民族之魂。爱国主义是中国各族人民团结奋斗的一面旗帜，是中华民族强大的精神支柱。爱国主义也是竞技体育必须自始至终抓住和把握的一条主线，在任何时期，都不能放松对运动员的爱国主义教育，如果竞技体育丢掉了爱国主义，那么竞技体育事业就会迷失方向。对优秀运动员的爱国主义教育是新形势下的优秀运动员思想教育的主要内容之一，对优秀运动员进行爱国主义教育要有创新思路并体现竞技体育的特点。

（1）首先要发扬中华体育精神，这是做好优秀运动员思想政治教育的前提

体育，是精神文明的组成部分，是社会精神文明的窗口。尤其是优秀运动队伍，肩负为国争光的任务，优秀运动员是广大青少年精神崇拜的偶像，必须塑造自身的精神来驱动自己攀登体育高峰，同时通过战胜自己的精神面貌为社会的精神文明建设做贡献。

我国竞技体育多年来的经验和事实证明：一个具有强大凝聚力的运动队，可以创造出惊人的奇迹而长盛不衰，反之，即使一度名声显赫，也只能是昙花一现。把优秀运动员凝聚在爱国主义旗帜下，是优秀运动队的崇高使命和要求。它激励运动员为祖国荣誉而奋力拼搏，把升国旗、奏国歌作为自己的理想和奋斗目标。

中华体育精神集中反映了我国体育运动崇高的精神文化价值。多年以来，它们不但激发和鼓励了一代又一代运动员、教练员在训练竞赛中，尤其是在国际大赛中，不畏艰险、不断进取、团结拼搏、勇攀高峰，推动我国竞技运动取得举世瞩目的成就，而且也极大地激发了全国各族人民同心协力、与时俱进、开拓进取的意志和振兴中华的爱国热情。中华体育精神顺应和代表了中国先进文化的前进方向，是中国人民宝贵的精神财富。弘扬中华体育精神，是培养和弘扬民族精神的需要，也是社会主义精神文明建设的重要内容，在全面建设小康社会的历史进程中有着不可替代的作用。

（2）对优秀运动员进行爱国主义教育，要根据不同年龄阶段，不同训练时期、不同运动水平，进行有针对性的分层教育

这是新形势下做好优秀运动员思想政治教育值得考虑的一个新动向。在对优秀运动员进行思想政治教育时，一方面坚持一把钥匙一把锁，同时考虑运动员思想的不同层次开展

有针对性的分层教育；另一方面也要坚持多把钥匙一把锁，发挥运动员思想政治教育的综合教育力量，只有这样才能够取得好的效果。

（3）对运动员进行爱国主义教育，要结合新中国体育事业的辉煌成就全方位开展

优秀运动员及教练员是"社会公众人物"和新闻媒介关注的焦点人物，他们在赛场上的精湛技艺和出色表现被誉为爱国主义、集体主义、民族精神的反映和体现。一些体育明星被人们视为民族的英雄和骄傲，是广大青少年崇拜、模仿的对象。这就对优秀运动队的思想政治工作提出了更高的要求。因此，要结合新中国体育事业的辉煌成就全方位开展爱国主义为中心的思想政治工作。

（4）对优秀运动员进行爱国主义教育，必须把中华体育精神同有竞技体育特色的"爱国与奉献"的思想政治教育结合起来

在竞技体育领域，我们要结合中华体育精神开展具有体育特色的爱国与奉献的思想政治工作。经过几代人的努力和实践，凝聚成为国争光、无私奉献、科学求实、遵纪守法、团结友爱、顽强拼搏的中华体育精神，激励着广大教练员和运动员无私奉献，为国争光。爱国奉献是基础，团结遵纪是要求，求是奋斗是保证，拼搏争光是目标。各个优秀运动队要不失时机地结合中华体育精神，开展有体育特色的爱国与奉献的思想政治工作。要登上运动生涯最辉煌的顶点，天赋和刻苦训练是基础，但作为中华儿女，踏上世界冠军、奥运冠军领奖台最大的动力却是满腔的爱国主义热情。体育界创造的思想政治工作的警句、格言和经验，已经成为整个国家精神文明宝库中的璀璨明珠，也体现以通过广泛的群众体育活动为全社会的思想政治工作扩大了阵地，提供了有利的方式和手段。

（5）对优秀运动员进行爱国主义教育，必须同"社会主义荣辱观"教育结合起来

荣辱观是由世界观、人生观、价值观所决定的。不同的荣辱观，是不同的世界观、人生观、价值观的反映。荣辱观渗透在整个社会的生活中，不仅影响着社会的风气，还体现着社会的价值导向。"八荣八耻"的社会主义荣辱观，是着眼当代中国发展的全局，面向中华民族的未来，紧密联系当前社会风气中存在的突出问题，汲取我国传统荣辱观的精华，具有很强的民族性、时代性和实践性。

但在市场经济的大潮里，国际的经济文化交流加快，各种文化思潮也打破国界，从四面八方涌来的运动员，受到各种思想观念和行为方式影响的渠道也比过去增多了，思想观念和价值取向的选择性、多变性、差异性也明显增强。但是，热爱我们的国家，振兴我们的民族精神，遵守法律和具备良好的道德，应该成为每个运动员的人生价值取向，特别应该成为运动员立志成才的标准。因此，在新形势下，加强运动员的爱国主义教育和思想道德教育，就要以马克思主义为指导思想，整合多样化的社会意识，用建设中国特色社会主义的共同理想信念凝聚人心，这是时代对运动员思想道德建设提出的新要求。应具体贯彻落实教育运动员牢固树立社会主义荣辱观，能使他们积极塑造正确的世界观、人生观、价值观，就能大力弘扬以爱国主义为核心的民族精神和以顽强拼搏为核心的中华体育精神，促进我国竞技体育事业的持续发展。

社会主义荣辱观使我们对运动员进行爱国主义教育有了具体的内容，坚持用社会主义荣辱观来教育我们的运动员，能够旗帜鲜明地向运动员指出在社会主义社会里，什么是真善美、什么是假丑恶，应当坚持什么、反对什么、提倡什么、抵制什么，让运动员明确当代中国最基本的机制取向和行为准则，是引领运动员思想道德的光辉旗帜，给运动员的生活、学习、训练和比赛指明了方向，给运动员不断攀登竞技体育高峰提供了精神动力。

总之，随着世界经济体育的快速发展和高科技不断与经济体育的结合，世界体坛格局也会发生很大的变化，要想我国竞技体育在世界竞技舞台上不断取得优异的运动成绩，要使运动员为国争光的精神和斗志不断得到激发，必须牢牢把握爱国主义这条主线，一刻也不放松地对优秀运动员进行爱国主义教育，把我国的竞技体育水平推向更高的高度。

3. 坚持对优秀运动员进行集体主义教育

人们生活在世界上，就离不开各种各样的集体。社会主义集体主义作为一种世界观，体现了历史唯物主义的基本原则。在社会主义初级阶段，虽然是以公有制为主体的多种经济成分并存的状况，但并非要抛弃社会主义集体主义。集体主义作为道德的一个基本原则和最根本的出发点和归宿，强调的是通过协调个人利益和集体利益二者的利益关系以达到共同发展的目的，并处理好社会主义社会中的各种人际关系，解决好各种矛盾，成为推动社会向前发展的强大动力。对于从事竞技体育的运动员，他们所取得的每一点成绩，都离不开运动队集体的帮助。新形势下，在部分运动员中存在一种不良的倾向，即抛开集体，突出个人。因此，新形势下运动员思想政治教育要把集体主义教育放到一个重要的位置，让集体主义精神深入到运动员的日常生活、训练和比赛中去。

坚持集体主义原则，最重要的就是要摆正集体利益和个人利益的关系，把社会整体利益放在个人利益之上，个人利益服从社会整体利益。对优秀运动员进行集体主义教育要有创新思路并体现竞技体育的特点。

（1）对优秀运动员进行集体主义教育，必须强调集体利益高于个人利益

集体利益与个人利益的关系，是一种以集体利益为主导的辩证统一关系。集体利益具有共同性，个人利益具有个别性，两者相辅相成、互相依赖、互相渗透。运动员的个人利益是运动队集体利益的源泉，运动队集体利益是运动员个人利益的保障，没有运动员个人利益的存在，没有运动员个人训练和比赛的积极性，就没有运动队集体或国家利益。反之，运动员个人生活在运动队集体环境，如果没有其他运动员、教练及管理者的协作配合，没有社会方面的关照，也不可能取得运动成绩并获得个人利益，个人利益的实现就流于空谈。

同时要强调运动队集体利益高于运动员的个人利益，是指在运动员个人利益与运动队集体利益发生矛盾时，运动员要顾全大局，以集体利益为重，应当为集体利益而放弃个人利益，一致对外，为了集体和团体比赛的胜利，牺牲个人利益。但这并不意味着束缚个性的发展和抹杀个人利益。在社会主义国家中，集体利益和个人利益本质上是一致的，集体利益的实现，本身就包含着个人正当利益的实现。

（2）对优秀运动员集体利益主义教育，必须在强调集体利益高于个人利益的前提下，同时强调保证运动员个人的正当利益

社会主义的集体主义并不否认正当的个人利益，而是主张把个人利益和集体利益结合起来。它强调集体必须充分关心和保护个人的合法权益，使个人的正当利益得到实现，并力求使每一位集体成员的个性、才能得到最好的发挥，重视个人的正当利益，维护个人的尊严和价值，并使个人的个性得以自由和谐的发展。一方面，只有在集体中，个人才能获得全面发展的手段和个人自由；另一方面，只有集体才能为个人利益的满足、全面发展和个人自由的真正实现提供和创造充分的条件。社会主义集体利益本身包含着广大人民群众各种各样的个人利益，而且是个人利益的基础和源泉。那种认为强调集体利益就会约束个人和限制个人的观点，是毫无根据的。因此为了运动队集体在重大国际国内比赛的胜利，

在强调国家利益和集体利益的同时，更要重视运动员个人的正当利益的满足和个人才华的发挥，重视个人价值的实现，才能更有利于社会和国家利益的发展。

（3）对优秀运动员进行集体主义教育，就必须反对个人主义

个人主义作为一种价值观念和思想道德体系，是西方资本主义的产物，与利己主义同义。它强调优先满足和实现个人的欲望和要求，其核心是把个人价值看得高于一切，把个人利益在国家、集体、他人利益之上，为了个人利益，不惜损害社会、集体和他人利益。个人主义不是科学的世界观、道德观和价值观。

改革开放以来运动队的实践证明，运动员个人主义的发展只能使运动员离开运动队集体的利益去追求个人利益，追求个人享乐，只能使运动员丧失对国家、民族、社会的责任感，使整个运动队失去凝聚力。因此，我们在对优秀运动员进行思想教育时，就必须反对个人主义。

总而言之，新形势下加强对优秀运动员思想教育，一定要把集体主义教育放到一个重要位置，并与爱国主义教育配合，才能不断激励运动员前进。

（二）篮球运动员文化学习和生活管理

1．健全文化学习的管理机构

随着训练强度的不断增大，"学训"矛盾也变得越来越突出，为了保证篮球运动员的文化学习，要健全运动员文化学习的管理机构，对运动员的学习要持有严格的教学态度。对于运动员由于比赛或训练所耽误的课程，应该在其训练或比赛结束后，进行相应的补习，以此来保证运动员的文化学习。

2．建立一套包括考勤、学籍管理、奖惩等内容的管理制度

没有制度，不成方圆。对于运动员的学习来说也是如此。如果没有相应的制度体系来保证运动员的学习，那么徒劳地说要加强运动员的文化学习就变成了"空"的口号。我们只有建立一整套包括考勤、学籍管理、奖惩等内容的管理制度，才会从思想上真正引起家长、教练和运动员自身的重视度，才能真正地让运动员体会到学习的重要性。

3．采用灵活多样的方式，科学地安排和落实学习时间

（1）建立健全严格的生活制度

管理者对球队的作息时间、内务卫生、请假审批、业务生活，乃至运动员个人的生活习惯等都应做出具体、明确的规定。此外，还须制定文明公约、卫生公约等辅助规定。这样有利于对运动员进行严格管理，为正常的训练提供保障。为了保证这些制度的实施，还应进行监督检查，如教练员轮流值班就是一种较好的监督检查措施。

（2）训练后的恢复与营养安排

恢复是生活管理中的一项重要内容。严格遵守生活制度是疲劳后快速恢复体力的重要前提，在此基础上还须采取一些专门的措施与手段来促进运动员的恢复，通常可进行交换活动调节，如药物浴、蒸气浴、按摩与保障足够的睡眠、以食物进行能量消耗的补充等。

管理者要特别注意运动员的营养安排。营养师应根据运动员的实际情况和需要制定食谱，对其进食量、饮水量及营养素的摄入量做出相应的规定。

（3）运动员参加竞赛期间的生活管理

参赛期间运动员的生活管理比平时训练的生活管理更为严格，特别要注意加强纪律要求。通过严格的生活管理，帮助运动员保持良好的竞技状态，同时配合必要的心理训练，稳定其情绪，以便在比赛中正常的发挥应有水平。

参考文献

[1] 肖春元. 大学体育篮球教学改革研究 [M]. 哈尔滨：黑龙江教育出版社，2019.

[2] 王建永. 高校学术文库体育研究论著丛刊 学校篮球运动理论与发展体系研究 [M]. 北京：中国书籍出版社，2019.

[3] 余丁友. 现代篮球运动教学与训练研究 [M]. 北京：冶金工业出版社，2019.

[4] 李志伟. 现代高校体育与健康教程 [M]. 天津：天津大学出版社，2019.

[5] 邹毅超. 体能训练的理论与实践研究 体能训练对大学生体质健康的影响 [M]. 成都：电子科技大学出版社，2019.

[6] 谭晓伟，岳抑波. 高校篮球教学开展的理论与实践研究 [M]. 长春：吉林人民出版社，2018.

[7] 何小军. 大学体育与健康 篮球选项教程 [M]. 成都：西南交通大学出版社，2018.

[8] 李忠义. 校园篮球执教之路 [M]. 北京/西安：世界图书出版公司，2018.

[9] 史振瑞. 移动健康和智慧体育 互联网＋下的高校体育革命 [M]. 天津：天津社会科学院出版社，2018.

[10] 杨照亮. 基于体育强国背景下现代篮球运动的教学与训练研究 [M]. 长春：东北师范大学出版社，2018.

[11] 宋良忠. 产生式系统理论与篮球课程改革 [M]. 沈阳：辽宁大学出版社，2018.

[12] 张义飞，刘俊. 大学体育 [M]. 长春：吉林大学出版社，2018.

[13] 答英娟，包静波. 体育与健康 [M]. 北京：北京邮电大学出版社，2018.

[14] 周玉成，台盼盼. 大学体育综合教程 [M]. 哈尔滨：黑龙江美术出版社，2018.

[15] 金向红，陈德泉. 新编大学体育 [M]. 苏州：苏州大学出版社，2018.

[16] 陈志伟，林致诚. 大学体育 [M]. 厦门：厦门大学出版社，2018.

[17] 霍彦京. 体育与健康 [M]. 北京：北京工业大学出版社，2018.

[18] 苏春昱，张俊杰. 体育与健康 [M]. 汕头：汕头大学出版社，2018.

[19] 龚颜，刘强. 高中体育选项走班教学指南 [M]. 天津：天津科学技术出版社，2018.

[20] 张民安，林泰松. 体育教学法 [M]. 广州：中山大学出版社，2018.

[21] 罗玲，温宇. 体育教育教学改革研究 [M]. 北京：民族出版社，2017.

[22] 刘琦，刘亚辉. 体育与健康 [M]. 徐州：中国矿业大学出版社，2017.

[23] 谭晓兰. 体育与健康 [M]. 北京：北京理工大学出版社，2017.

[24] 吴棠. 高职体育与健康课程教学及实践研究 [M]. 长春：吉林人民出版社，2017.

[25] 唐长青. 大学体育游戏创编与教学 [M]. 北京：光明日报出版社，2017.

[26] 朱岩，刘涛. 大学体育教程 [M]. 上海：上海交通大学出版社，2017.

[27] 刘静民，李晓甜. 大学体育与健康 [M]. 上海：同济大学出版社，2017.

[28] 杨春越，左文琪. 大学体育与健康 [M]. 北京：北京工业大学出版社，2017.

［29］张相安，杨建华. 大学体育与健康［M］. 北京：北京邮电大学出版社，2017.

［30］雷源，彭丹梅. 大学生体育与健康［M］. 北京：北京理工大学出版社，2017.

［31］董大志，周余. 现代体育教学管理探索与课程实务研究［M］. 北京：中国书籍出版社，2016.

［32］蒋宁. 传统与现代交汇下的体育教学改革探索［M］. 成都：西南交通大学出版社，2016.

［33］樊晓东，杨明. 学校体育文化建设［M］. 武汉：武汉大学出版社，2016.

［34］梁占歌. 体育与健康课教学设计经典案例研究［M］. 合肥：安徽大学出版社，2016.

［35］彭杰，杨秀英. 大学体育与健康教程［M］. 北京：现代教育出版社，2016.